大连理工大学年鉴 2007

THE YEARBOOK OF DALIAN UNIVERSITY OF TECHNOLOGY

大连理工大学学校办公室　编

图书在版编目(CIP)数据

大连理工大学年鉴(2007) / 大连理工大学学校办公室编
大连:大连理工大学出版社,2008.6
ISBN 978-7-5611-4522-7

Ⅰ.大… Ⅱ.大… Ⅲ.大连理工大学—2007—年鉴
Ⅳ.G649.283.13-54

中国版本图书馆 CIP 数据核字(2007)第 056079 号

大连理工大学出版社出版
地址:大连市软件园路 80 号 邮政编码:116023
发行:0411-84708842 邮购:0411-84703636 传真:0411-84701466
E-mail:dutp@dutp.cn URL:http://www.dutp.cn
大连金华光彩色印刷有限公司印刷 大连理工大学出版社发行

幅面尺寸:210mm×285mm 印张:14.25 字数:392 千字 插页:10
印数:1～1000
2008 年 6 月第 1 版 2008 年 6 月第 1 次印刷

责任编辑:水 舟 责任校对:君 伟
装帧设计:季 强 宋 蕾 版式设计:孙懋德

ISBN 978-7-5611-4522-7 定 价:60.00 元

8月25日上午，中共辽宁省委书记、省人大常委会主任李克强在张成寅、夏德仁、曾维、怀忠民、肖盛峰、戴玉林等省市领导陪同下视察我校。图为校党委书记林安西在海岸和近海工程国家重点实验室向李克强书记汇报学校工作。

7月27日，教育部副部长章新胜应邀在我校作题为“全球化进程中的大学创新与服务”报告，就国际国内形势与高等教育、创新人才培养与高考制度及本科生培养模式改革、大学的社会服务、高等教育国际化的战略选择等高教热点问题进行了精辟论述。

4月27日上午，我校在伯川图书馆报告厅召开全校干部大会，宣布中央关于大连理工大学校长职务变动的决定，由欧进萍院士接替程耿东院士担任大连理工大学校长。中组部干部三局副局长夏崇源宣布中共中央和国务院的决定。教育部副部长吴启迪，辽宁省委常委、大连市委书记张成寅分别代表教育部和辽宁省委、大连市委讲话。

在全校干部大会上，新任校长欧进萍院士（左）与老校长程耿东院士。

1月13日，中国大连高级经理学院在我校隆重揭牌，这是党和国家为全面落实大规模培训干部任务，进一步加强和改进企业经营管理人员的教育培训所采取的重要战略举措。中国大连高级经理学院依托我校成立，是继2005年中国浦东、井冈山、延安干部学院之后成立的又一所国家级教育培训基地。图为中共中央组织部副部长王东明同志向中国大连高级经理学院的揭牌表示祝贺并发表重要讲话。

国务院国有资产监督管理委员会副主任、党委副书记王勇和教育部党组成员、部长助理郑树山共同为学院揭牌。

7月16日，钱令希院士九十华诞之际，《力学与工程应用》学术报告会及文集首发式隆重举行。

5月14日至15日，教育部组织的专家组对我校“十五”“211工程”进行验收，专家组对我校“十五”“211工程”建设项目取得的成果给予充分肯定。在“十五”“211工程”建设中，我校圆满完成并大部分超额完成了建设任务，为建设国际知名的高水平研究型大学打下了坚实基础。

9月16日，物理与光电工程学院揭牌成立，瑞典皇家工学院院长、瑞典工程科学院Anders Flodström院士和瑞典皇家工学院教授、瑞典皇家科学院Börje Johansson院士被聘为我校名誉教授，并分别受聘担任学院顾问和院长。图为欧进萍校长与Anders院士为我校物理与光电工程学院揭牌。

欧进萍校长向诺贝尔物理奖评选委员会委员、瑞典皇家科学院院士，我校物理与光电工程学院院长Börje Johansson教授颁发聘书。

化工学院孟长功教授获得第二届全国高等学校教学名师奖并荣获“全国师德标兵”称号。

3月29日，我校全燮教授（左一）、张淑芬教授（右一）受聘为长江学者特聘教授，姜辛教授（右二）、宋春山教授受聘为长江学者讲座教授。图为四位教授在人民大会堂举行的聘任仪式上合影。

6月21日，由我校承办的第六届全球智能控制与自动化大会在大连举行，大会吸引了来自全世界的业内人士近1400人，其中包括10多名中国科学院及工程院院士和4位美国工程院院士。教育部副部长吴启迪、辽宁省副省长鲁昕等领导应邀出席开幕式。

7月20日，来自全国51所研究生培养单位的347名优秀的博士生及主管或从事研究生教育的领导、专家相聚我校，参加2006全国博士生学术论坛（力学、土木工程、水利工程）。

为贯彻落实全国科技大会和辽宁省科技大会精神，推进振兴东北老工业基地建设，切实提高企业自主创新能力，3月8日，大连理工大学和辽河石油勘探局在长期友好合作的基础上经协商组建了高层次校企合作研发机构——“辽油—大工”研究院。图为“辽油—大工”研究院签约暨揭牌仪式。

5月10日，沈鼓—大工研究院启动运行。该研究院2005年7月挂牌后，顺利完成了体制机制架构、人才招聘、科研对接等诸多筹备工作。

11月1日，我校与大连高新技术产业园区签署全面合作协议，大连理工大学—七贤岭国家大学科技园嘉创大厦启用、大连理工大学国家技术转移中心大厦主体封顶仪式同时举行。大连市市长夏德仁出席并讲话。

6月23日，校长、中国工程院院士欧进萍和中国化学工程集团公司总经理兼党委书记金克宁共同在校企联合申报和建立国家工程实验室协议书上签字。根据协议，双方将共同向国家发展和改革委员会申报“国家工程实验室”建设项目，联合开展先进化工成套技术与装备的研究、开发工作。

4月29日，东北地区首家桥梁、建筑结构的民用风洞实验室在我校顺利落成，实验室的建立填补了东北地区在该领域风洞实验上的空白。

4月28日，我校与芬兰国家技术研究中心签订合作协议。

大连理工大学年鉴

(2007)

主　　编　李成恩

副 主 编　姚化成　那日萨　张强忠

参编人员　屈丽虹　崔　旦　陈延龄　姜红梅

柳欣欣　郭淑媛　李　铮

大连理工大学年鉴

（2007）

撰稿单位审稿人员

（以姓氏笔画为序）

于泽涛　尹世泽　王连焕　冯宝军　冯振业

李英壮　李英华　刘志杰　毕明树　宋　丹

张维平　张言军　罗远环　周秀华　周福战

姚　山　娄　颖　赵胜川　高　展　尉洪光

姜再华　梁　茵　薛　徽　翟钢军

目 录

特 载

中央任命欧进萍院士为我校校长

4月27日上午，我校在伯川图书馆报告厅召开全校干部大会，宣布中央关于大连理工大学校长职务变动的决定，由欧进萍院士接替程耿东院士担任大连理工大学校长。中组部干部三局副局长夏崇源宣布中共中央和国务院的决定。教育部副部长吴启迪，辽宁省委常委、大连市委书记张成寅分别代表教育部和辽宁省委、大连市委讲话。教育部人事司司长吴德刚、教育部直属司副司长陈维嘉、国防科工委人事教育司副司长武浩丽、辽宁省委组织部副部长王业卿、辽宁省教育厅副厅长周浩波、大连市委常委、组织部部长李敏也等领导出席了会议。大会由校党委书记林安西主持。

中组部干部三局副局长夏崇源同志宣布了党中央国务院关于大连理工大学校长职务变动的决定，任命欧进萍同志为大连理工大学校长(副部长级)，免去程耿东同志的大连理工大学校长职务。对程耿东在担任大连理工大学校长的十余年间为学校发展做出的贡献给予高度评价：程耿东同志是大连理工大学的学子，长期在学校学习工作，对学校充满了感情，多年来为学校的改革与发展辛勤耕耘，无私奉献，把自己的全部心血倾注在大连理工大学这片热土上。程耿东同志政治立场坚定，认真贯彻执行党的教育方针和科教兴国人才强国战略，坚持社会主义办学方向。他熟悉高等教育规律，行政管理经验丰富，为学校健康稳步快速的发展打下了坚实的基础。他学术水平高，科研能力强，带出了一支好的学术团队；他待人诚恳，与人为善，为学校的各级领导班子建设带了好头。

夏崇源还对我校新任校长欧进萍同志进行了介绍。他说，欧进萍同志是中国工程院的年轻院士，多年在高校从事教学、科研和行政管理工作。他立场坚定，在大是大非面前头脑清楚，旗帜鲜明，认真学习邓小平理论和“三个代表”重要思想，积极贯彻党的教育方针，坚持社会主义办学方向，坚持党委领导下的校长负责制；他熟悉高等学校及高等教育规律，视野开阔；他服从组织安排，团结同事，合作共事，为人坦诚直率，处事讲究原则，严格要求自己。组织上相信欧进萍院士任大连理工大学校长后，会与林安西同志一道，团结其他班子成员，带领全校教职员工承前启后，继往开来，把学校的工作进一步推向前进，努力开创大连理工大学工作的新局面。

教育部副部长吴启迪代表教育部党组表示，坚决拥护中共中央调整大连理工大学行政主要领导的决定。对大连理工大学自改革开放以来，尤其是实施“211工程”和“985工程”建设以来，全面贯彻党的教育方针，坚持社会主义办学方向，大力实施科教兴国和人才强国战略，努力抓住国家振兴东北地区等老工业基地的历史性机遇，坚持以贡献求支持，以创新促发展，学校各项事业取得了长足的进步，综合实力进一步提升。她说，这些成绩的取得来之不易，凝聚了全校师生员工和学校党政领导班子团结拼搏的心血和汗水，也是与校长程耿东同志兢兢业业、不辞劳苦、辛勤努力的工作分不开的。程耿东同志勤奋敬业、求真务实、严谨治学、清正廉洁的工作精神和作风赢得了大家的信任、拥护和尊重。鉴于年龄原因，他多次提出退出学校领导岗位，让年轻同志接班，表现出一位老同志、老党员对党的教育事业、对大连理工大学长远发展高度负责的精神。今天，在他即将离任之际，我代表教育部党组，对他多年来的辛勤努力工作和对大连理工大学改革与发展所做出的突出贡献表示崇高的敬意和衷心的感谢!! 希望他卸任学校领导职务后，继续关心、支持学校领导班子建设，为学校事业发展、为我国教育事业改革与发展献计献策，贡献力量。她同时对学校的进一步发展提出希望。希望学校切实增强高校自主创新能力，为创新型国家建设提供强有力的人才支持和科技贡献；希望学校以服务求支持，以贡献求发展，进一步增强为振兴东北老工业基地特别是辽宁省经济建设和社会发展服务的能力；希望学校巩固保持共产党员先进性教育活动成果，不断加强学校领导班子思想政治建设。

中共辽宁省委常委、大连市委书记张成寅受省委、省政府委托，代表市委、市政府表示坚决拥护中央决定，对欧进萍同志到大连工作表示热烈欢迎。张成寅在讲话中对大工及程耿东校长多年来为辽宁及大连的经济社会发展做出的重要贡献表示衷心感谢。他表示，辽宁省和大连市将一如既往地支持大连理工大学的发展，并在营造环境、促进发展等方面继续做好服务。他同时希望大连理工大学继续以振兴东北老工业基地为己任，加强科学研究，培育创新文化，培养创新人才，努力成为国内自主创新的战略高地，积极发挥自主创新的生力军作用；希望理工大学在学校党委和新校长的领导下，继续突出办学特色，积极探索提高人才培养的新方法和新途径，为辽宁省和大连市的经济振兴和社会发展提供强有力的人才支持和智力保证。

校党委书记林安西在讲话中说，这次我校行政主要领导的调整，是中央根据高等教育发展全局需要、新老交替和干部交流的精神，着眼于加强大连理工大学领导班子建设所做出的重要决定，充分体现了中央对大连理工大学的重视，体现了中央对大连理工大学领导班子建设的关心和支持，我们坚决拥护中央的决定。他代表全校师生员工向程耿东表示崇高的敬意和衷心感谢，对欧进萍校长表示热烈欢迎。他同时祝愿程耿东院士离开校长岗位后，在学术研究领域取得新的成就。他说，中央选派欧进萍同志到大连理工大学担任校长，进一步加强了大连理工大学的领导力量。他表示，将和欧进萍校长及领导班子一道，带领全校师生员工，开创大连理工大学工作的新局面，为建设国际知名的高水平研究型大学努力奋斗。

程耿东在讲话中深情地回忆了在大连理工大学 42 年的学习、生活和工作历程。他诚恳地希望全校师生员工欢迎新校长，欢迎新思想，欢迎新理念，欢迎新风格，迎接变更和改革，推动学校各项工作与时俱进。他坚信，在林安西书记和欧进萍校长为首的党政班子的领导下，在全校师生员工的共同努力下，大连理工大学一定会创新人才辈出，创新成果不断，一定能早日建设成为国际知名的高水平研究型大学。

新任校长欧进萍首先感谢中央和各级组织的信任以及全校师生员工的信任，感谢林安西书记与程耿东校长和广大师生员工一起为学校进一步发展奠定的厚实基础。他表示，将在学校党委领导下，始终与广大师生员工一道共谋发展、开拓进取，推动大工不断进步和发展，营造人才培养、人才集聚、人才建功立业更加自由、民主、和谐的校园，努力创造大工更加辉煌的未来，早日把拥有 57 年历史的大连理工大学建设成为国际知名的高水平研究型大学。

中国大连高级经理学院隆重揭牌

经中央领导同志批准，1 月 13 日，中国大连高级经理学院在我校隆重揭牌，这是党和国家为全面落实大规模培训干部任务，进一步加强和改进企业经营管理人员的教育培训所采取的重要战略举措。

中国大连高级经理学院依托我校成立，是继 2005 年中国浦东、井冈山、延安干部学院之后成立的又一所国家级教育培训基地。这所学院的诞生，有利于党政领导干部、企业经营管理人员和专业技术人员“三支队伍”一起抓，进一步完善全国干部教育培训基地建设的新格局，更好地完成大规模培训干部、大幅度提高干部素质的战略任务。

中共中央组织部副部长王东明受中共中央政治局委员、书记处书记、中共中央组织部部长贺国强的委托，代表中共中央组织部向中国大连高级经理学院的揭牌表示祝贺并发表重要讲话。国务院国有资产监督管理委员会副主任、党委副书记王勇和教育部党组成员、部长助理郑树山共同为学院揭牌。国家发展和改革委员会社会事业发展司司长李守信，中组部干部教育局局长李培元，国务院中央机构编制委员会办公室四司副司长牛占华，中共辽宁省委常委、组织部长骆琳，中共大连市委副书记怀忠民，我校党委书记林安西等出席揭牌仪式，仪式由我校校长、中科院院士程耿东主持。

王东明副部长在讲话中指出，成立中国大连高级经理学院，是贯彻落实十六届五中全会精神，落实大规模培训干部任务，加强和改进企业经营管理人员教育培训工作的一项重要举措。学院的建设要致力于促进企业的改革与发展。学院主要培训国有重要骨干企业和金融机构现职的高级管理人员、后备领导人员和全国企业经营管理人员培训基地的领导成员及骨干教师，同时要加强对外交流与合作，成为国际交流与合作的窗口与平台。要坚持改革创新，形成自己的办学特色。既要坚持正确的办学方向，围绕企业改革与发展的需要，不断增强培训的针对性和实效性，又要注意吸收世界发达国家办学机构的好办法、好经验。在办学理念、教学体系、管理体制、运行机制等方面不断创新，形成自己的办学特色。要以学院的揭牌为契机，努力建设一流的管理团队、一流的师资队伍、一流的科研队伍、一流的教学设施和办学手段，同时要按一流学院的要求，进行基础设施建设，努力打造一流的高级经理学院。

教育部党组成员、部长助理郑树山在致辞中说，教育部一直重视和支持高校培养培训企业经营管理人才工作，高水平大学为企业家队伍建设贡献力量也是义不容辞的责任。依托大连理工大学的中国大连高级经理学院应运而生，是企业高级经营管理人才培养的一件大事，它不仅要载入大连理工大学发展的史册，也将载入高等教育发展的史册。

中共辽宁省委常委、组织部长骆琳在致辞中说，中央把高级经理学院设在大连理工大学，这不仅是对大连理工大学和大连市的高度信任，也是对辽宁省的高度信任和厚爱，是对振兴辽宁老工业基地的巨大支持和鼓舞，对于增进全国各地企业家和高级经营管理人才进一步了解和熟悉辽宁、大连，促进各地与我省的合作与交流，在更高层次上实现老工业基地的全面振兴必将起到十分重要的推动作用。他还表示，辽宁省委、省政府将继续一如既往地支持大连理工大学的建设与发展，并将为中国大连高级经理学院的建设与发展做好各项服务工作。

我校党委书记林安西表示，大连理工大学在中组部、教育部、国家有关部委办、省、市的领导和支持下，将总结和发扬26年来企业管理人才培训中积累的经验，以强烈的历史使命感、政治责任感和勇挑重担的决心，举全校之力，把中国大连高级经理学院办成一所培养适应建设创新型国家需要的高级企业管理人才的国家基地。学院将广纳海内外人才，吸取国内外现代企业管理教学的成功经验与方法，按照国际化、专业化的要求制定教学计划、精选教学内容，聘请学术水平高、实践经验丰富的国内外专家及高级经理授课，确保教育培训质量。

参加揭牌仪式的还有：中央组织部干部教育局、中央组织部办公厅、教育部直属高校工作办公室、国资委企业领导人员管理一局、辽宁省委组织部、省发改委、省教育厅、省人事厅、省国资委、大连市委组织部等有关部门负责同志，中国石油股份有限公司大连分公司、大连重工有限责任公司、大连冰山集团公司、大连重工起重集团、东北特钢集团等企业主要负责同志，我校党政领导班子成员和师生代表共三百余人。

作为在国内较早引进国外先进管理思想和理论，率先开展MBA教育的基地，我校在企业高级经营管理人才培训方面积累了较为丰富的经验。根据中美两国政府签订的《中美科技管理和科技情报合作议定书》，1980年两国合作举办的中国工业科技管理大连培训中心就诞生在大连理工大学，该中心成为改革开放后我国学习和引进国外先进管理思想和理论的第一个窗口；1984年，大连培训中心在成功地开展了高级管理者培训教育基础上又开始了MBA教育项目，成为中国最早的MBA教育基地。从2002年起，这个培训基地成为原国家经贸委确定的“全国企业经营管理者培训重点基地”——“大连经理学院”，是8个重点培训基地中惟一依托全国重点大学的基地。经过26年的建设与发展，学院已经形成了鲜明的办学特色，现有管理科学与工程、工商管理2个一级学科博士点、12个二级学科博士点，21个硕士点和MBA、EMBA专业学位授权点，已培养MBA 2800人，EMBA 213人，培训各类管理干部8000人，为我国企业管理现代化做出了贡献。

大连理工大学概况

1949年4月建校，时为大连大学工学院；1950年7月，大连大学建制撤销，大连大学工学院独立为大连工学院；1960年10月成为教育部直属全国重点大学；1978年2月被重新确定为教育部直属全国重点大学；1986年4月设立研究生院；1988年3月更名为大连理工大学；1996～2000年实施“九五”“211工程”建设，教育部、辽宁省、大连市共建大连理工大学；2001～2003年，教育部、辽宁省、大连市重点共建大连理工大学，实施“985工程”一期建设；2003～2005年实施“十五”“211工程”建设；2003年12月被中央确定为中管干部学校；2004年教育部、辽宁省、大连市继续重点共建大连理工大学，实施“985工程”二期建设。

2006年10月，学校有教职工3219人，其中专任教师1653人，包括中国科学院和中国工程院院士10名，长江学者奖励计划特聘教授11名，陈嘉庚技术科学奖获得者2名，何梁何利奖获得者2名，国家杰出青年基金获得者23名，国家百千万人才工程第一、第二层次6名，教育部跨世纪优秀人才基金获得者15名，高等学校青年教师教学科研奖励基金获得者3名，高等学校百名教学名师获得者2人，博士生导师303名，正高职402名，副高职877名。学校全日制在校学生28 428人，其中全日制本科生18 408人，各类研究生15 406人(其中博士生2948人，硕士生12 458人)，另有外国留学生255人，独立二级学院(城市学院)学生6327人，继续教育学院学生12 646人，研究生进修班学生1700人。

学校以人才培养与科学研究为中心，本科生教育与研究生教育并重，已形成以理工为主，经、管、文、法等学科协调发展的多学科体系。学校现有9个国家重点学科(工程力学、应用化学、机械制造及自动化、港口海岸及近海工程、计算数学、等离子体物理、水工结构、船舶与海洋结构物设计制造、管理科学与工程)，18个一级学科博士点、104个二级学科博士点、146个硕士点、16个博士后科研流动站，还有工商管理硕士(MBA，含EMBA)、公共管理硕士(MPA)、建筑学、工程硕士4个专业学位授予权和高校教师在职攻读硕士学位授予权。学校现有52个本科专业，4个第二学士学位专业。

学校科研工作具有较强实力，有4个国家重点实验室，2个教育部重点实验室，1个国家级技术中心，2个国家培训中心，8个部省级工程(技术)研究中心，13个省级高校重点实验室，57个独立的研究中心、研究院(室)，73个研究所。2001年以来，学校共获国家级教学、科研、发明奖19项，省部级以上104项。

学校占地4511亩(300.7万平方米)，建筑面积126.8万平方米，馆藏图书232万余册，各类电子期刊1.7万余种，各类数据库63种。

学校广泛开展对外交流与合作，现与23个国家和地区的近140所大学和研究机构建立了稳定的交流与合作关系，聘请名誉教授、客座教授、顾问教授221人。

学校正以“985工程”和“211工程”建设为龙头，以创新为灵魂，抓住国家振兴东北地区等老工业基地的契机，实施人才强校战略，为把大连理工大学建设成为国际知名的高水平研究型大学而奋斗。

重 要 文 件 和 讲 话

大连理工大学2006年工作要点

2006年学校工作的指导思想是：以邓小平理论和“三个代表”重要思想为指导，坚持科学发展观，贯彻十六届五中全会精神，贯彻落实全国科学技术大会精神，解放思想、深化改革，把创新作为学校建设的灵魂，加速实施人才强校战略，不断提高自主创新能力和创新人才培养质量，加快国际知名的高水平研究型大学建设。

一、创新思路，集思广益，科学制定学校“十一五”规划，为“十一五”发展开好局

1.紧紧抓住建设创新型国家的历史机遇，紧紧抓住东北振兴和沿海开放双重机遇，深入贯彻十六届五中全会精神，深入贯彻落实科学发展观和全国科学技术大会精神，精心做好“十一五”规划，为“十一五”进一步发展开好局，起好步。各单位、学科、专业都要以学校“十一五”规划目标为牵引，确定自身的发展目标。

2.做好“十五”“211工程”学科建设项目的总结和教育部总体验收组织工作；做好“十一五”“211工程”立项的准备工作。加速“985工程”二期学科建设项目的实施进程，制定2006年度的项目经费执行计划，并启动2006年建设项目，对2004年、2005年“985工程”二期执行情况进行检查。

3.做好全国重点学科评审准备；结合研究生院建院20周年庆祝活动，加强学科建设工作的宣传，总结学科建设与各学位点的标志性成果，做好全国研究生院评估准备。组织制定第十批增列的学位点建设规划，增列博士生指导教师和硕士生指导教师，搞好研究生导师队伍的建设，规划第十一批拟申报增列的学科点。对以前自行设置的学科点进行内部评估与整顿。促进学科结构的调整。扶持交叉学科以及传统学科中新的学科增长点。

4.启动西部校区的建设。完成西部校区详细规划的制定工作，做好分期建设的计划和准备。2006年首先启动化工学院实验楼和综合楼、中国大连高级经理学院大楼的建设，完成这些项目的设计和前期手续等准备工作，争取2007年初动工兴建。做好2007年建设项目的立项工作。逐步缓解学校科研用房紧张的状况。

5.在中组部、教育部的领导下，抓好中国大连高级经理学院的教学与管理，积极举办好在5月、6月、10月和11月份的四期专题研讨班，高质量地完成中组部下达的2006年培训计划。准确把握学院的功能定位，在教学体系、管理体制、运行机制等方面大胆改革创新，形成自己的办学特色，致力于建设成名符其实的国家级高级经理学院。

二、把创新人才培养作为根本任务，大力推进教育教学改革

1.围绕创新人才培养这一主题，要大力推进本科教学改革。以专业培养计划的修订和专业建设负责人聘任制度的建立为契机，全面推进专业建设。积极争取国家级、省级重大教学改革立项，提升教学水平。努力减小课堂教学规模，继续推进大班改小班改革，积极创造“个性化”和“互动式”教学环境，提高课堂教学质量。推进研究生助课。分析教授上讲坛的主要问题，推进教授给本科生授课制度。以国家、省、校三级精品课程建设为核心，加大课程建设力度，继续推行精品课程首席主讲制度和核心课程主讲教师资格认证制度。以“十一五”规划教材、系列教材和紧缺教材建设为重点，鼓励编著出版高水平教材。加强校级实验中心建设，认真做好国家级、省级实验教学示范中心的申报与评审工作。全

面推进专业实验室建设,迎接省教育厅的评估。加强实践教学过程管理,保障实践教学效果。

2.进一步明确导师在研究生培养过程中应承担的责任和义务,增强导师对培养研究生的责任感,确保研究生的培养有项目支持和经费保证。

3.继续推行“以课题为牵引,以团队为基层组织的研究生培养模式”,做好教育部“研究生教育创新计划”项目,建设好“研究生创新中心”,办好创新“主题”。组织验收历年研究生教改基金项目。进一步完善研究生培养质量保证体系。承办好力学、土木工程和水利工程三个学科的“2006 全国博士生学术论坛”。保证研究生学位论文质量,提高博士论文的创新水平。继续培育全国百优的博士学位论文,争取更多的省优学位论文。

4.规范非学历研究生教育,进一步明确校、院(系)两级责、权、利。出台专业学位研究生收费标准和相关文件,加大学费收缴力度。组织迎接“化学工程”等 20 个领域工程硕士研究生培养质量的全国评估。

5.以中央 16 号文件和辽宁省委 18 号文件精神为指导,深入贯彻落实学校党委《关于进一步加强和改进大学生思想政治教育的实施意见》及《关于构建全员育人、全过程育人、全方位育人格局的实施意见》。进一步挖掘和创建学校人才培养工作的有效载体和鲜明特色,不断强化育人主体、细化育人过程、优化育人环境,构建大学生思想政治教育的科学体系。继续全面深入推进学生工作的“八项工程”,提升思想政治教育工作的针对性、实效性。

6.加强学风建设和大学生科技创新工作。加强校园文化建设,规范校园文化活动体系,邀请高水平艺术团体、高水平文艺专家走进学校。筹建大学生发展咨询中心,全面负责实施大学生生活、学业、发展、成长成才、心理健康教育咨询与指导。要高度重视做好个别学生的引导和帮助工作。完善健全贫困家庭学生的资助与帮助体系,研究贫困家庭学生的资格认定的科学方法。加大工作力度,推进大学生后备军官选拔培养工作。

7.适度调整本科生招生地域结构和专业结构。加大招生宣传的力度,继续开展“大工学子母校行”活动,完善本科招生咨询服务体系。加强各类招生考试工作全过程的科学管理,规范招生考试及录取工作的程序和办法,按照“阳光工程”的要求实施招生工作。积极探索人才培养新模式,设立“尖子班”,为优秀新生提供更好的教育和发展空间,吸引高分考生报考。

8.进一步提高研究生的生源质量。充分利用各种渠道,加大招生宣传力度,加强院系与其他高水平大学的学科之间的联系,改善生源结构,重点开发优秀博士生生源。择优选拔和加大接收免试推荐硕士生。配合学科结构的调整,继续做好跨学科招收、培养研究生,完善跨学科培养硕士、博士生办法。进一步完善博士生考试制度,确立多元化、合理的考核体系。继续建设硕士生专业课入学考试题库。

9.加强毕业生就业指导服务体系的建设,积极引导和鼓励毕业生面向基层就业,促进毕业生到基层、到西部、到祖国最需要的地方,以及到关键岗位建功立业。下大气力促进毕业生充分就业,提升毕业生就业层次。加强对就业弱势群体的指导与服务。

10.继续加强软件学院师资的培养、引进和提高工作,拓宽学科、专业领域。迎接上半年教育部对国家示范性软件学院的验收。城市学院要进一步形成办学特色,提高办学质量,规范管理,确保稳定,认真做好第一届即 2007 届毕业生就业工作。规范继续教育学院运行机制。

11.促进学生国际交流,扩大“4+2”,“2+2”等项目;建立学生赴国外企业研修制度。积极争取国际著名企业在我校设立奖学金。吸引更多的自费留学生、发展中国家公派留学生到我校留学,提高学位留学生比例。

三、打造科技创新平台,加强自主创新

1.适应建设创新型国家对自主创新的强烈需求,主动与国家创新体系建设紧密结合,加快推进学校创新体系建设。以完善和调整科技管理政策为主线,组建科研特区——大连理工大学科学技术研究院,推进重大研究项目的组织和交叉学科的研究工作。以建设“985 工程”二期科技创新平台为核心,做好各级重点实验室、工程(技术)研究中心、哲学社会科学创新基地等三个“金

字塔”和成果转化与服务平台的建设与管理工作，谋划和组织国家实验室和国家工程实验室的培育工作。

2. 加强与科研院所和企业的紧密合作，建设好船舶制造国家工程研究中心，大连光电子研发中心、校企研究中心和基地。发挥大连理工大学—七贤岭国家大学科技园、国家技术转移中心的作用，完善科技成果孵化链，积极参与区域创新体系的建设。

3. 适应学科和科技发展、竞争需要，推进组织机构变革，重组部分院系，催生新的研究机构。

4. 在保持我校基础研究优势的同时，大力组织申报并承担国家、地方“十一五”各类重大科技计划项目。抓住中央《关于进一步繁荣发展哲学社会科学的意见》实施重大机遇，推进哲学社会科学研究工作。进一步加强各类科研团队建设，集中力量重点支持若干具有潜力的团队。鼓励教师申报发明专利。做好科技奖励的组织工作，提高科技奖励申报质量。严格科研经费转入、转出、使用管理，重视学术道德和作风建设。

5. 以建设较为完整的国防科技资质认证体系（包括保密、质量和科研生产许可证）为目标，实现国防科技工作跨越式发展。开展国防科技相关基地的建设，加强国防科技项目的组织、申报与管理工作，推进与国家、地方国防科研单位和军工企业的沟通合作。

6. 加强和拓展国际交流工作。梳理校际协议、名誉/客座教授名单，巩固并扩大与具有实质性国际间合作项目的大学或企业的关系。加强国际学术合作、交流与技术转移工作，推进与海外研究开发机构建立联合实验室或研究开发中心，鼓励教师积极主动参与国际大科学工程和国际学术组织，承担国际合作项目。

7. 认真贯彻落实《教育部关于积极发展、规范管理高校科技企业指导意见》，全面推进校办产业现代企业制度建设。抓好以完善落实“四项管理制度”为核心的规范化管理工作，落实董事会、监事会工作目标责任制、企业财务预算制和企业年度考核制，努力提高企业运营质量。继续加快发展科技、工程设计与建设、现代出版三大产业链。进一步重组、整合企业资产、优化结构，吸引社会资金，使校办产业朝着社会化、规模化方向发展。积极推进企业文化建设，解决好在产业结构调整和企业改制中出现的矛盾和问题。

四、深化用人机制改革，推进人才强校战略

1. 进一步增强人才队伍建设的使命感和紧迫感。以人员管理和分配制度改革为动力，坚持培养引进并举的原则，提升教学科研、管理和实验技术队伍的整体素质和综合实力。调整人才引进政策，加大高层次人才及团队引进力度。改革用人管理体制，实施更加灵活的用工制度，积极增加教学科研人员队伍的规模。继续加强流动人才和兼职教师队伍建设，完善“海天学者基金”管理办法和“兼职教师聘任办法”。

2. 积极推进教学科研人员的核编定岗工作，改善师资队伍的职称、年龄、学历、学缘和梯队结构，增强发展后劲。修订教师任职条件，完成教师职务评聘和副高职及以下人员履职考评工作。加大教师培养力度，在继续全面提升教师学历学位和能力水平的同时，加强国家公派出国项目，如留学基金委项目、富布赖特项目等的选派工作。根据学科发展需要，目标更明确，集中选派留学人员，以加速提高教师队伍的质量。加强工科专业青年教师的工程实践培训，定期安排青年教师到企业调研实践，形成制度。继续加强博士后流动站建设，扩大博士后规模。

3. 加强人员管理工作，严肃校纪校规。制定“校、院（系、部、处）”的两级考勤备案制度并使其制度化运行。规范二级单位、附属单位人员津贴、奖金发放管理。

4. 加强学生工作队伍建设，制定辅导员、班主任工作规程。加强辅导员培训工作，推行年级主任制度，对辅导员实行分年级培训和管理制度。健全研究生管理网络，配齐助管，明确职责。

五、推进管理创新，服务中心工作

1. 切实提高对管理重要性的认识，大力提高管理水平，坚持“从严治教，规范管理”，坚持“勤俭办学，厉行节约”。

2. 围绕学校总体发展目标和中心工作，积极落实“985工程”二期中央专项和地方配套资金。探索安全、经济的融资渠道，确保学校持续、快速发展的资金需求。

3. 推进节约型校园建设,有效控制水、电、暖、煤气等经费开支。做好公房和校园设施的维护和维修工作,做好多媒体教室和设备的管理和维护工作,保证实验室和校园设施安全运行。改革公房管理分配办法,试行公房有偿使用。研究新一轮的水电收费办法改革。做好大型仪器设备的综合管理,提高设备共享程度。

4. 加强和规范后勤工作,切实实现由粗放型向精细化管理的转变,实现指标核定体系的定量化、精细化,向管理要效益,向管理要质量。继续深化后勤系统人事、分配制度改革,调动管理人员和职工的积极性。积极探索后勤集团服务、经营实体的管理体制、运行机制的完善,努力将后勤办成"让师生员工满意的后勤"。

5. 加强住宅管理规范化。结合我校实际,研究出台新的住宅管理办法。摸清住宅底数,健全住宅档案,为实施有效管理奠定基础。做好东山住房的调整清理工作。加强物业管理,努力提高服务质量。

6. 继续加强图书馆的数字化和网络化条件建设,建设图书馆的文献信息存储系统,进一步形成网络化资源服务为主,本地镜像存储服务为辅的文献信息服务格局,建立包括学校图书馆和院系资料室文献资源的统一文献书目检索平台。开通图书馆馆内的无线网络信息服务。完成CALIS重点学科导航库的建设工作,迎接CALIS项目验收。扩充网络视频会议系统容量。升级校园网主干核心路由设备。

7. 做好体育馆设备维护保养,节约运行成本,力争保持收支基本平衡,保证安全运行,充分发挥好其体育教学、训练、健身重要基地及学校对外展示形象的窗口作用。

8. 全面启用办公信息系统,推进电子校务。继续完善用人公开招聘制度,实施各类进校人员全过程公开,即公开用人岗位、公开考核程序、公示聘用结果,推进校务公开。规范学校无形资产的使用和管理。做好档案管理工作,迎接省教育厅对学校档案工作评估检查。

9. 围绕"防范风险、增加价值"的审计目标,加大审计力度和扩大审计覆盖面,探索经济责任审计成果有效利用,提高资金使用效益。

10. 打造我校附属学校、附属高中以及幼儿园品牌,严格控制规模,重视素质教育,进一步提高教学质量。

11. 落实"服务师生员工,保障中心工作,维护校园稳定"的工作理念,做好学校的公安保卫工作。提高政治敏锐性,维护学校的政治稳定。加强校园治安、防火、交通安全管理,落实一把手负责制,切实落实检查、运行、整改等各项管理制度,确保不发生安全责任事故。

六、巩固和扩大党员先进性教育成果,凝神聚力谋发展

1. 认真贯彻《第十四次全国高等学校党的建设工作会议》精神,以党的执政能力建设和先进性建设为核心,围绕学习贯彻党章做好理论研究和长效机制建设工作,巩固和扩大党员先进性教育成果,尤其是抓好各项整改措施的落实和回头看工作。

2. 加强学生党员发展工作和学生党支部建设工作,在部分院系试行设立学生党建辅导员岗位,保证党员发展质量。以党校为依托,加强和完善学生入党积极分子培训、预备党员培训、党支部书记培训等方面工作。

3. 进一步加强党务工作者队伍建设,提高党务工作者的工作能力和水平。更好地发挥院系党组织的保证监督作用。

4. 推进干部管理工作的民主化进程,制定《大连理工大学党政领导干部选拔任用工作细则》。完善干部考核工作科学化和民主化,探索体现科学发展观要求的院系党政班子和领导干部综合考核评价办法。适当选择专题,加大机关及院系干部的培训力度,落实中央提出的大规模培训干部、大幅度提高干部素质的要求。

5. 在继续施行院系青年教师到机关挂职锻炼的同时,有计划安排机关干部到院系、附属单位、后勤部门和企业任职,努力建设热心服务、业务精通、作风过硬的高水平机关管理干部队伍。重视后勤系统干部队伍建设,确保后勤干部的知识、素质、能力、年龄结构与后勤保障工作相适应。

6. 紧紧围绕国家、省、市国民经济和社会发展"十一五"规划,结合学校的中心工作,有针对性地推进党员干部的理论学习。继续实施学校文化建设,继续推进"教书育人,率先垂范"的师德师风建设。加强新闻网、校报、电视台和广播

台等校内媒体建设。主动策划对外宣传项目，提高学校的知名度。

7.认真贯彻落实《建立健全教育、制度、监督并重的惩治和预防腐败体系实施纲要》，以制度建设为核心，坚持从严治校，防微杜渐，从源头上预防和治理腐败。

8.充分发挥统战工作在争取人心、凝聚力量方面的重要作用，加强民主党派基层组织的思想建设、组织建设。认真做好各级人大代表、政协委员的推荐工作。关心2800多名离退休同志，认真落实好两级管理规定。支持和鼓励离退休同志力所能及地继续从事科学研究和人才培养工作。

9.进一步发挥教代会代表的作用，并积极探索二级教代会的具体工作制度。发挥好扶贫帮困基金的作用，关心和救助困难群体。认真组织开展增强共青团员意识主题教育活动。深入开展青年志愿者和社会实践活动。推进青年志愿者活动的项目化、规范化建设。

认真办好改善师生员工工作生活条件的六件实事：

(1)购买通勤班车二台(其中一台大客、一台面包)。

(2)对西山第二食堂进行煤气改造。

(3)优化校内树种结构，进一步改善校园绿化环境。

(4)对二馆、校部机械馆进行修缮。

(5)停雪24小时内，保证全校包括物业管理区的主要道路、背阴路和斜坡路的清雪。

(6)继续对南山文萃轩小区进行环境改造。

中共大连理工大学委员会关于深入开展以“八荣八耻”为主要内容的社会主义荣辱观教育的决定

胡锦涛总书记在看望出席全国政协十届四次会议的委员时，发表了关于树立社会主义荣辱观的重要讲话。胡锦涛总书记在讲话中提出，在我们的社会主义社会里，要引导广大干部特别是青少年树立社会主义荣辱观，坚持以热爱祖国为荣、以危害祖国为耻，以服务人民为荣、以背离人民为耻，以崇尚科学为荣、以愚昧无知为耻，以辛勤劳动为荣、以好逸恶劳为耻，以团结互助为荣、以损人利己为耻，以诚实守信为荣、以见利忘义为耻，以遵纪守法为荣、以违法乱纪为耻，以艰苦奋斗为荣、以骄奢淫逸为耻。胡锦涛总书记的重要讲话，体现了中华民族传统美德与时代精神的有机结合，体现了社会主义基本道德规范和社会风尚的本质要求，体现了社会主义价值观的鲜明导向，对于形成良好社会风气，构建社会主义和谐社会具有重要意义。讲话发表后，迅速在全社会引起热烈反响。为了贯彻落实中共教育部党组《关于学习贯彻胡锦涛总书记讲话精神切实加强社会主义荣辱观教育的通知》精神，学校党委决定，在全校深入开展学习贯彻胡锦涛总书记讲话精神，加强社会主义荣辱观教育活动。现将有关工作和要求通知如下：

一、深刻认识胡锦涛总书记讲话的重大意义，引导学生树立社会主义荣辱观

树立和弘扬社会主义荣辱观，是坚持党的教育方针，全面推进素质教育，培养社会主义建设者和接班人的需要；是加强和改进大学生思想政治教育的需要；是落实科学发展观，办好让人民满意的教育的需要。

各院系、各部门、各直属单位一定要从培养社会主义事业合格建设者和可靠接班人的高度出发，教育广大青少年学生牢固树立社会主义荣辱观，自觉养成“热爱祖国、服务人民、崇尚科学、辛勤劳动、团结互助、诚实守信、遵纪守法、艰苦奋斗”的良好品德，努力培养有理想、有道德、有文化、有纪律的一代新人。

二、以社会主义荣辱观教育为重点，切实加强学生思想道德建设

要把社会主义荣辱观教育放到教育工作的

重要位置,作为学生思想政治教育的一个重要内容,结合深入推进中发[2004]8号和16号文件的贯彻落实工作,不断丰富教育的内涵和效果。

一是要把加强社会主义荣辱观教育和充分发挥课堂教学主渠道作用结合起来。要把社会主义荣辱观引入教材、引入课堂,在思想政治理论课中重点突出社会主义荣辱观的内容,在人文社会科学有关专业课、基础课中融入社会主义荣辱观的内容,党委宣传部、学生工作部和人文社会科学学院要组织举办以社会主义荣辱观为主要内容的专题讨论,开办以弘扬社会主义荣辱观为主要内容的专题讲座。

二是要把加强以“八荣八耻”为主要内容的社会主义荣辱观教育和实施学生思想政治教育“八项工程”结合起来。增强社会主义荣辱观教育的针对性和实效性,促使大学生深入理解并自觉树立社会主义荣辱观。

三是要把社会主义荣辱观教育与学生社会实践结合起来。把“八荣八耻”为主要内容的社会主义荣辱观融入到支教、支农、大学生社区挂职锻炼、大工学子报国企业行等社会实践和志愿活动中去,加强指导,积累经验,引导学生在实践中了解社会,增长才干,熏陶思想,提高觉悟,把树立和弘扬社会主义荣辱观的客观要求内化为大学生的自觉行动。

四是要把社会主义荣辱观教育与师德师风建设工程结合起来。弘扬“厚德、博学、笃行”的优良传统,强调教师“德艺双馨”:既要以精彩的课堂教学把学生带进科学殿堂,同时要以高尚的师德给学生以道德教化。要严格对学生思想政治教育工作队伍的选拔、任用和培养,特别是学生辅导员、班主任的思想政治教育和培训,使其成为直接面对学生弘扬社会主义荣辱观的表率和模范,提升教书育人、管理育人、服务育人的水平和能力。

五是要把社会主义荣辱观教育与校园文化建设和构建和谐校园结合起来。要通过进一步弘扬“学在大工”的优良传统,建设优良的校风、教风、学风;优化、美化校园文化环境,开展丰富多彩、健康向上的校园文化活动,推动形成厚重的校园文化积淀和清新的校园文明风尚,建设和谐校园,使学生在良好的校园人文、自然环境中陶冶情操,促进全面发展和健康成长。

加强社会主义荣辱观教育,是学校当前和今后一个时期的一项重大而紧迫的战略任务。全校各级党组织,必须从贯彻落实科学发展观,从坚持党的教育方针、加强大学生思想政治教育、办好让人民满意教育的战略高度出发,把树立社会主义荣辱观作为思想道德建设的基础性工程和长期任务,科学规划,精心部署,缜密落实,把工作抓实做好。要充分发挥校报、网络、电视、宣传栏等载体的作用,宣传社会主义荣辱观的重大意义和深刻内涵,宣传学生思想政治教育的成功经验和社会主义荣辱观教育的体会,要深入挖掘、大力宣传校园内外弘扬社会主义荣辱观的先进事迹和典型人物,营造良好的舆论氛围。全校各级干部,全体教职员工和学生要积极行动起来,以“八荣八耻”为思想和行动指南,增强牢固树立“热爱祖国、服务人民、崇尚科学、辛勤劳动、团结互助、诚实守信、遵纪守法、艰苦奋斗”观念的自觉性,为实现国际知名的高水平研究型大学的目标而努力奋斗。

(2006年3月21日)

中共大连理工大学委员会关于构建全员育人、全过程育人、全方位育人格局的实施意见

为贯彻落实中共中央、国务院《关于进一步加强和改进大学生思想政治教育的意见》,提高大学生的思想政治素质,促进大学生的全面发展,树立并落实“全员育人、全过程育人、全方位育人”(以下简称三全育人)的科学理念和要求,进一步挖掘和创建学校人才培养工作的有效载体和鲜明特色,特制定本实施意见。

一、指导思想

以马列主义、毛泽东思想、邓小平理论和“三个代表”重要思想为指导,全面落实党的教育方针,牢固树立“学校教育,育人为本,德智体美,德育为先”的观念,发扬我校思想政治教育的优良传统与深厚底蕴,紧密围绕建设国际知名的高水

平研究型大学的发展目标，深入贯彻“深怀爱生之心、恪守为师之道、善谋导航之策、多做利生之事”的育人理念，不断提高思想政治教育的针对性、实效性和吸引力，强化育人主体、细化育人过程、优化育人环境，构建大学生思想政治教育的科学体系和长效机制。

二、全员育人

1. 树立全员育人意识。学校的全体干部、教师和职工都要自觉承担对学生进行政治思想和品德教育的工作任务，将思想政治教育渗透到知识传播、行政管理、生活服务等工作中。结合学校中长期规划，完善思想政治教育工作体系，构建精干高效的素质教育平台、信息管理服务平台、活动基地平台、学生工作队伍平台。

2. 建立“齐抓共管”的组织体系。校党委发挥总揽全局、协调各方的作用，举全校之力加强和改进大学生思想政治教育。成立思想政治教育工作领导小组，由校党委书记任组长，主管学生工作和教学工作的副书记、副校长任副组长；成员由党校、宣传部、研究生院、教务处、学生工作处、工会、团委、人文与社会科学学院等单位的主管领导组成，主要职责是负责思想政治教育领导和协调工作，组织制定全校思想政治教育具体方案。

3. 加强全校教师的师德师风建设。广大教师要做到厚德博学、为人师表、率先垂范、言传身教。学校每年对教师进行师德教育专题培训，建立和完善新教师岗前师德教育制度。举办师德论坛，建立师德问题报告制度和舆论监督的有效机制。严格考核管理，把师德表现作为评优奖励和年度考核、职务聘任、派出进修的重要依据，严肃惩处败坏教师声誉的失德行为。

4. 充分发挥学生工作者和思想政治理论课教师的主力军作用，加强这两支队伍的建设与发展。推进学生工作“理想信念塑造工程、党员形象示范工程、文明道德修身工程、优良学风强化工程、扶贫助学励志工程、创新能力培育工程、文化素质提升工程、心理健康教育工程”的深入开展。重视思想政治教育学科建设，成立学生思想政治教育工作专家课题组。推进班主任工作的制度建设，健全班主任考核机制，原则上没有担任班主任经历的教师无资格评定高一级职称。

5. 广大教师做到教书育人。要认真备课，精心组织教学，认真指导学生社会实践，积极进行教学改革，不断总结教学经验，努力提高教学质量，以人格力量和敬业精神感染学生。要结合所教课程特点，在教学各个环节中，帮助学生解决思想与心理等方面的问题。任课教师要努力提高教学效果，经常检查学生上课出勤情况，关心帮助学习困难学生。学校将依情况对教学效果不良的任课教师做出相应的解决和处理。

6. 广大管理者做到管理育人。学校管理人员要规范工作流程，提高办事效率和质量，推进“依法治校”；要经常深入基层，掌握学生思想动态，为各项管理工作的改革与发展提供有效依据。学校将加大监督力度，实行问责制，充分发挥学生申诉处理委员会、校长信箱和学校领导接待日等组织和渠道的作用，收到学生投诉要及时处理，对年内受到投诉三次或三次以上且查证属实性质较严重的单位取消年终评定先进的资格。

7. 广大职工做到服务育人。广大职工要树立全心全意为师生服务的思想，提高从事本职工作的技能，积极完成工作任务。要不断改进服务质量，提高工作效率，努力为广大师生创造良好的教学、科研、学习和生活环境。对服务意识差、态度生硬粗暴的职工要及时批评处理，对屡教不改者予以纪律处分直至解聘。

三、全过程育人

1. 建立全过程育人的新机制。坚持教育引导的整体性和一贯性原则，针对学生成长的不同时期，从学习、工作和生活等各个方面入手，采取有针对性的导航服务，努力实践全过程育人。

2. 做好新生成长、成才、成功三方面教育工作。上好校史教育、人生哲理、学习计划、奋斗目标、行为规范、意志品质“六课”，让学生感受到学校优良的文化传统与丰富的学习生活。

3. 强化学业过程管理。引导和指导大学生在成长的各个阶段制定出切合实际的发展目标。广泛开展优良学风班、先进班级、优秀毕业班的创建、评比和表彰工作；大力宣传学生标兵、科技创新标兵等典型，弘扬学在大工、创新在大工的良好风气。

4. 做好大学生就业指导与服务工作。推进就业工作“一把手”工程，建立校、院（系）两级的就业指导委员会。拓宽就业渠道,加大就业市场建设力度,提高就业率和就业质量。加强学生的职业生涯规划和创业意识教育,引导学生到基层、到祖国最需要的地方去建功立业。积极开展“饮水思源、爱校报国”主题活动,升华毕业生爱国、爱校情怀。

四、全方位育人

1.建立学校各门课程共同育人的思想政治教育网络,充分发挥思想政治理论课的主渠道作用,深入挖掘其他各类课程的思想政治教育资源,在传授专业知识过程中渗透思想政治教育,使学生在学习科学文化知识过程中,自觉加强思想道德修养,提高政治觉悟。努力建设一批具有示范作用的精品育人课程。

2.积极营造健康向上、高品位、高格调的校园文化氛围,培育校园精神、人文精神和时代精神,弘扬学校优良校风、教风和学风。加强校园景观建设和文化设施建设,积极开展各种思想性、艺术性、趣味性相统一的思想政治、学术科技、艺术体育等校园文化活动,打造“峰岚杯”、“大工青年文学艺术奖”、“英语晚会”等极具影响力和号召力的校园文化精品工程。

3.牢固树立实践育人思想,让大学生在社会实践中接受教育。积极探索和建立社会实践的保障体系和长效机制,使社会实践与专业学习相结合,与服务社会相结合,与勤工助学相结合,与择业就业相结合,与创新创业相结合,建立一批大学生社会实践基地,精心组织开展具有我校特色的科技卫生文化“三下乡”、“社区挂职”、“报国企业行”等社会实践活动。

4.以创新教育为突破口,全面提升大学生综合素质。深入推进大学生素质拓展计划实施方案和创新研究训练计划,进一步加强以创新院为龙头的各类创新实践基地的建设,使之成为培养大学生创新创业精神的主阵地。精心组织“攀登杯”、“创业计划大赛”、“结构设计大赛”、“数学建模大赛”等各级各类学科和科技竞赛,做好学生创新能力等级评定工作,对创新人才在专业发展、学业评价等方面予以扶持,鼓励学生个性和特长的发展。

5.发挥党团组织的政治优势和组织优势,加强各级学生组织建设,提高大学生自我教育、自我管理、自我约束、自我服务的能力。建设好以学生会、学生自我管理委员会等为主导力量,以自强社、学生社区临时党支部等为重要组成部分,以广大学生社团为广泛补充的学生组织体系。发挥各级学生组织的桥梁和纽带作用,引导学生培养良好的学习、生活和工作习惯,不断增强集体意识、责任意识和公民意识。

6.不断完善贫困家庭学生资助体系。完善以国家助学贷款为主渠道,以奖学金、助学金和勤工助学为辅助,以社会资助和困难补助为补充的多元化资助体系,建立健全集物质资助与精神激励于一体、诚信教育与励志教育贯穿扶贫帮困始终的助学系统。设立“绿色通道”,规范助学工作流程,确保不让一个学生因为家庭经济困难而辍学。开展好一年一度的“扶贫助学,激励成才”表彰大会,加大自立自强标兵评选和表彰的工作力度。

7.抓好心理健康教育工作。建立以发展咨询中心为主阵地,专兼职心理咨询师相结合,广大学生工作者、思想政治理论课教师和医生广泛参与的心理健康教育体系。有计划地选派学生工作者参加心理咨询师资格培训与考试。进一步做好学生的心理健康普查,完善学生心理健康档案建设。提高心理健康教育选修课的质量,进一步发挥心理咨询电话、网络咨询、学生心理协会的教育与咨询作用。

8.优化校园环境,营造良好育人氛围。进一步推进思想政治教育“进宿舍、进网络、进课堂、进学生活动”工作。加强学生宿舍管理,夯实基础文明建设,增强学生宿舍育人功能。充分发挥校报、新闻网等校园媒体的作用,为构建和谐校园唱响主旋律。协调社会各界整治校园周边环境,加强学校与家庭的联系,实现学校教育与社会教育、家庭教育的接轨。充分调动各方面的主动性和积极性,在全社会形成关心和支持大学生思想政治教育的强大合力。

五、保障机制

1.切实加强学校党委对“三全育人”工作的领导。学校设立专项基金,加大软硬件投入,进一步完善思想政治教育的工作环境,确保学生思想政治教育经费得到充分保证。学校各部门要明确责任,密切协作,切实完成相应任务。

2.建立“三全育人”的长效机制。思想政治工作领导小组负责学校“三全育人”工作的实施，负责统一规划、组织领导和监督检查，建立并完善相关规章制度。各职能部门要本着长期规划的精神，按阶段、分步骤推出相应措施和办法，形成党政齐抓共管的良好局面，构建“三全育人”的新格局。

（2006年4月17日）

大连理工大学关于进一步加强本科教学工作的若干意见

为了进一步贯彻落实教育部关于加强本科教学工作的“教高[2001]4号”和“教高[2005]1号”文件精神，大力推进教育部组织实施的“质量工程”，加大教学投入，突出教学工作的中心地位，不断提高教学质量，经研究，学校就进一步加强本科教学工作形成如下意见。

一、进一步强化教授、副教授承担本科教学工作

1.教授、副教授每学年至少要讲授一门本科生课程，可以与其他教师共同承担讲授任务，但个人的累计讲授学时不得少于16学时。承担本科教学工作将作为教授、副教授职称评聘和岗位考核的基本要求。

2.建立主讲教师任课资格审定制度。教授、副教授、讲师必须具有一门以上课程的主讲教师资格。鼓励教师跨院（系）、跨教研室申报主讲教师资格，鼓励专业课教师申报基础课主讲教师资格。主讲教师资格认定由院（系）组织，教务处建立“大连理工大学本科生课程主讲教师资源库”。在安排课程时，依据“教授—副教授—讲师”的梯次排课原则，从“主讲教师资源库”中落实每学期的教学任务。

3.将院（系）承担本科教学工作任务量作为考核院（系）工作业绩的重要指标之一，也作为核定院（系）编制数的重要依据。下拨院（系）的5%的学费切块收入，按院（系）承担本科教学工作量和招生人数核算。

二、进一步强化教学基本建设

1.加强核心课程建设。由教务处和院（系）共同确定公共核心课程和专业核心课程。公共核心课程建设由教务处负责，专业核心课程建设由所在院（系）负责，教务处和院（系）分别聘请4级以上（含4级）教授担任公共核心课和专业核心课程负责人。核心课程负责人实施竞聘上岗，聘期三年，由学校发放聘书，全面负责课程建设、青年教师培养、教学改革和教材建设。建立核心课程主讲教师聘任制，在本院（系）和跨院（系）聘任有资历、教学效果好的优秀教师担任核心课程主讲。在核定核心课程主讲教师的教学工作量和教学酬金时，可乘1.2的系数。学校每年划拨1000～2000元/门的核心课程建设经费，用于课程改革与建设。

2.强化国家级、省级、学校级三级精品课程建设。将精品课程门数作为考核院（系）工作业绩的指标，院（系）要积极聘请学术带头人、博士生导师担任精品课程负责人、主持教改立项、组织编写教材等。学校对国家级、省级和校级精品课程分别累计投入12万元/门、8万元/门、5万元/门的建设经费，建设周期为5年，同时对国家级精品课程奖励1万元，省级精品课程奖励5千元。对国家级、省级和校级精品课程负责人，在职称评定和岗位定级时给予一定的倾斜。

3.启动百门双语课程建设计划。要求每个专业必须安排不低于2门的双语课程，外语强化专业不低于5门。聘请海外归国教师担任双语课程负责人、主讲教师，聘请国外著名专家来校为本科生上课，尤其是外国专家为外语强化班学生讲授专业课程。增加双语课程教学酬金，对于用外语授课的课程酬金可乘2.0系数，双语授课的课程酬金可乘1.5系数，用中文授课使用外文原版教材的课程酬金可乘1.2系数。每年从双语课程主讲教师队伍中，选派10名教学质量好的优秀教师出国进修、学习。双语课程在建设期间，学校将投入3000～5000元/门的建设经费。

4.加强实验教学建设。打破现有的理论课教师和实验课教师之间的界限，要求理论课教师参加指导实验，提高实验教学水平。校级实验中

心主任由4级以上(含4级)教授担任,实施竞聘上岗,聘期三年,由学校发放聘书。实验室建设立项项目可纳入教师工作量考核中。获得国家级、省级实验教学示范中心称号的分别给予5万元和1万元的奖励。对国家级、省级、校级实验教学示范中心主任,在职称评定和岗位定级时给予一定的倾斜。

5.建立三年一次的校级教学名师评选制,每次评选3~5人。各院(系)要加强对国家教学名师的培育,对于学术水平高、科研能力强,在国内有一定影响的进行教学培育,安排其上课,担任精品课程负责人、主持教改立项、组织编写教材等;加大对教学名师的奖励力度,对国家级、省级教学名师奖获奖者按国家、省奖励经费的1∶1配套;国家级教学名师享受二级教授及以上的岗位津贴,并给予10万元的教学科研经费;校级教学名师给予1万元的奖励。

6.精心组织教学改革项目,培育优秀教学成果,加大奖励力度。获得国家、省级优秀教学成果奖的按国家、省奖励经费的1∶1配套。承担国家级、省级教学改革立项项目有经费资助的,按资助经费的1∶1配套;没有经费支持的按校内重点教改项目给予经费资助。

三、加强网上教学资源建设

1.整合现有的网上教学资源,为教师共享国外高校优质的开放课程资源、国内精品课程资源提供方便条件。

2.建设课程资源共享系统,建立大连理工大学网上学习中心,要求教师所有的教学资料上网,包括课程的教学大纲、主要参考教材、教案、课件、习题等,为学生提供便捷、丰富的网上学习资源。

3.建设实验仪器设备共享系统,进一步扩大引入MIT更多的远程控制实验室,共享国际知名高校的优质实验教学资源,同时进一步完善我校自己的远程控制实验室,扩大规模,以形成远程实验、虚拟实验和真实实验相结合的立体化的实验平台。

四、强化大学生的创新教育

1.加强校、院(系)两级创新基地建设。校级基地重点建设数学建模、软件工程、多媒体、电子设计、机械设计、机器人等6个示范基地。鼓励院(系)建立院(系)级创新基地,学校为院(系)级创新基地每年投入3~5万元/个建设经费。创新基地的指导教师依据指导的学生和取得的创新成果计算工作量。

2.积极支持开展各级科技竞赛。设立大学生科技竞赛专项经费,重点支持由团中央、教育部举办的“挑战杯”、数学建模、电子设计、机械设计、结构设计、机器人等高水平国内比赛及国际大学生数学建模、机器人世界杯等高水平国际竞赛,同时支持开展以学科为基础的各类校内、院(系)内竞赛,扩大学生受益面,营造校园科技创新氛围。

3.进一步实施大学生创新研究训练计划(UIRT)。将大学生参加创新研究、科技竞赛、课外科技活动等纳入培养计划,增加2个必修创新学分,学生参加UIRT项目通过结题、在国内外刊物上发表论文、申请专利、参加竞赛等均可获得创新学分。学校设立科技创新奖学金,奖励在科技创新活动中表现突出的学生。学校在岗教授、副教授和具有博士学位的讲师原则上每年至少提出一项适合学生科研训练的研究项目,接收至少1名大学生(主要面向三年级本科生)承担该项目研究。对具有较高学术水平,能够取得预期研究成果的项目,由学生和指导教师联合申报立项,学校给予500~1000元/项的资助。

4.鼓励教师积极指导大学生科技创新活动。对在国内外有影响、为我校能够争得荣誉的重要竞赛,设立竞赛负责人岗位;教师指导学生科技竞赛、UIRT计划项目计算教学工作量,工作量由组织单位认定;对指导学生获得国家级特等奖的指导教师奖励10 000元/项,国家级一等奖的奖励5000元/项,国家级二等奖的奖励2000元/项;对于所指导的学生在核心刊物上发表论文的指导教师,在评职和考核时予以适当的考虑。

五、加强师德建设,强化教学管理

1.进一步加强师德建设。广大教师要不断提高师德修养,弘扬优良教风和爱岗敬业精神,具有严谨的科学态度和高度的责任心,加强业务学习,积极探索教学规律,开展教学研究,改革教学内容与教学方法,不断提升教学水平。

2.进一步强化教学过程管理。建立完善的教学管理制度和有效的教学过程质量监控体系，规范教学行为，保证教师和学生的教学投入，不断提高教学质量。对课堂教学的备课、讲授、讨论、答疑、作业和考核等主要环节提出基本要求，并进行有效的监督和检查，确保课堂教学质量；鼓励广大教师积极开展教学改革，大力提倡启发式教学，探索有利于创新型人才培养的新的教学模式；加大实验室开放力度，为大学生开展主动性实验提供便利条件；加强实验教学指导，提高实验指导教师水平，保证实验效果；强化对毕业设计(论文)的选题、指导和答辩等主要环节的规范化管理，加强过程指导，保证指导教师和学生的精力投入，确保毕业设计(论文)质量。

3.进一步完善教学质量评价体系。完善院(系)本科教学工作评价指标体系，将评价结果作为考核院(系)工作业绩的依据。完善"专家评教"、"学生评教"和"同行评教"等教学质量评价制度，将评价结果作为教师业绩考核的依据。继续开展"教学质量优秀奖"评选活动，对多次获得教学质量优秀奖者，在职称评聘和岗位定级时给予倾斜。

(2006 年 11 月 27 日)

程耿东同志在全校干部大会上的讲话

(2006 年 4 月 27 日)

各位领导，同志们，老师们：

刚才，中组部夏崇源同志宣布了中央关于我校校长的任免决定。我坚决拥护中央的决定。欧进萍同志年富力强，学术上水平高，高校领导工作有经验，我非常欢迎欧进萍同志来大连理工大学担任校长职务。

感谢国家教育部、省、市领导对我的信任，感谢大连理工大学全体师生员工和离退休老同志对我的信任，我自 1995 年 11 月起有幸担任了大连理工大学第五任校长职务并连任两届，转瞬之间已有十年半。这十年恰逢国家实施科教兴国战略，各级政府和社会将教育放在优先发展的地位，高等教育经历了快速发展的黄金时期。在这样的十年担任一所国家重点大学的校长，有机会为国家社会培养人才出一份力，是我的人生历程中的一段重要经历。在这十年中，在林安西书记及校党政班子的鼎力合作中，在全校师生员工和离退休老同志的倾心支持下，我和我的同事以学校和事业的发展为己任，全力以赴争取机遇，审时度势规避风险，不敢懈怠努力工作，我们争取到了教育部、辽宁省和大连市的重点支持，相继实施了"九五"、"十五""211 工程"和"985 工程"一期建设，正在实施"985 工程"二期建设，学校方方面面的面貌发生了令人振奋的变化，朝着国际知名的高水平研究型大学的建设目标迈出了坚实的步伐。在学校快速发展的同时，我也得以实现自己的人生价值，为学生和老师，为大连理工大学的今天和未来做了力所能及的一份工作，我感到十年的生活充实和无悔。

但是，十年的工作有不足，有失误，造成这些不足和失误的部分原因，是因为我的能力、视野、水平、智慧和事业发展的需要之间有差距。坦率地说，担任校长的时间越长，我也越感到寝寤不安，越感到这份责任的重大。我担心大家听了十年苏州腔的普通话之后还继续下去，会影响我们新思想、新文化的形成。有鉴于此，我多次主动要求适时离任；也是有鉴于此，在此时刻，我呼吁我们全体师生员工欢迎新校长，欢迎新风格，欢迎新思想，欢迎新理念，积极迎接变更和改革，推动学校各项工作与时俱进！

我们的国家处于经济社会发展的一个新起点，今年又是"十一五"的开局之年，国家高度重视自主创新，为学校工作迎来了一个新的发展阶段，在这样的关键时刻，让年富力强、精力充沛的同志担任大连理工大学校长，我由衷地感到愉悦和欣慰。"江山代有才人出，长江后浪推前浪"，我坚信，在以林安西书记和欧进萍校长为首的党政班子的领导下，在全校师生员工的艰苦努力下，大连理工大学一定会创新人才辈出，创新成果不断，一定能早日建设成为国际知名的高水平研究型大学！

谢谢出席今天会议的各位领导，谢谢你们在讲话中对我工作的充分肯定和高度评价，谢谢你们对欧校长工作的支持，谢谢你们对大连理工大学的重视和支持。大连理工大学需要你们更多的支持和帮助，这是我在离任时刻对各位和各位所代表的领导部门发自内心的请求。

最后，在此谢幕时刻，我要再一次谢谢培养我的老师，谢谢给我舞台、支持我工作的班子全体同志和全校师生员工！

谢谢。

（根据讲话录音整理）

欧进萍同志在全校干部大会上的讲话

（2006年4月27日）

各位领导，各位老师，各位同学：

我首先衷心感谢中共中央、教育部等各级组织的信任以及大连理工大学全体师生员工的信任，感谢国防科工委和哈尔滨工业大学的培养，使我能够有这个机会、有这份荣幸，服务于这所我一直仰慕、天下英才向往的大学。

大工与新中国同年诞生，始终得到中央、部、省、市的关怀和支持，与新中国一路风雨兼程、成长壮大。经过57年的建设和发展，大工已经成为以理工为主、经管文法等学科协调发展的国内一流、并逐步迈向国际知名的高水平研究型大学。

这里大师云集、人才济济，有我老师的老师——如钱令希先生，有我尊敬的老师和前辈——如邱大洪、钟万勰、程耿东、王立鼎、林皋、赵国藩、王众托、杨锦宗先生，以及许多不一一提及名字的前辈，还有我科研上有过友好合作的同行。这里还有很多我暂时不熟悉的孜孜不倦、专心治学治教的老师，甘于奉献、爱岗敬业的员工，潜心钻研、不畏艰辛的莘莘学子。

大工人一代又一代的拼搏和努力，创造了大工惊人的进步和辉煌，积淀了深厚的文化底蕴，形成了大工代代相传、不断发扬光大的优良传统，优良校风和优良学风。

大工珍惜人才、重视人才，成为全国广为传颂的佳话，钱令希先生就是传颂中的代表人物！

大工历届学校领导，用心——用他们赤忱的爱心，用情——用他们不断追求新的目标的热情，用力——竭尽全力，带领广大师生员工开拓进取、奋力拼博，取得了一个又一个令人瞩目的成就，为现代中国教育事业的建设和发展做出了重大的贡献，如我们的老校长、著名教育家屈伯川、钱令希等先生，在座的林安西书记和程耿东校长。他们为我履行我未来的职责树立了楷模和榜样。

所有的这些都为大工进一步的发展奠定了坚实的基础！

大学愈来愈是国家、社会、家庭都备加重视和关注的园地，肩负着人才培养、知识创新、社会服务的重要使命。大学校长、特别是大工这样的大学的校长，是一份沉甸甸的担子、更是神圣而光荣的职责。

我感谢程校长在他做校长近十一年的时间里、与林书记和广大师生员工一起奠定了学校进一步发展的坚实基础，期待程校长继续关心学校、特别关心我作为新手的工作，多指教，多提宝贵意见。我庆幸能够与林书记这样的好书记一起合作，能够在朝夕相处的工作中向他学习。

我是今天刚入伍大工的新兵，要做好大工的校长，首先要做好大工的人。我不仅要努力去熟悉大工的环境、大工的人和事，更要努力去感受、体验和领悟大工发展的理念和精神，努力成为创造和传承这种理念和精神的大工人的一员。

大工的发展始终与祖国同呼吸、共命运。当今中国的经济建设和社会发展突飞猛进，东北等老工业基地振兴需要大量的人才和技术，无疑将继续给大工快速发展带来巨大的机遇。大工人将努力肩负起国家赋予的使命，奋发图强，为国家和地方培养和输送更多的高级人才，创造和转化更多的科技成果，迎来更多的发展机遇。

中国教育事业改革创新、不断完善、不断发展也是最好的历史机遇，在中央、部、省、市等上级领导的大力关怀和支持下，大工人将以拼搏奋斗的精神，创造更多的贡献，赢得国家和省市更多的支持。

我相信，学校有这样好的基础、环境、氛围，有这样好的师生员工，有学校党委的正确领导，班子全体成员和全校师生员工一道共谋发展、开拓进取，大工能够不断进步和发展，大工能够营造人才培养、人才集聚、人才建功立业更加自由、民主、和谐的校园，大工能够创造更加辉煌的未来，大工能够更快成为国际知名的高水平研究型大学！

谢谢大家！

（根据讲话录音整理）

学校工作报告

——2007年3月6日在大连理工大学第八届教职工代表大会第三次会议上

校长　欧进萍

各位代表：

现在，我代表学校向大会报告工作，请各位代表审议，并请列席同志提出意见。

2006年是"十一五"开局之年。一年来，在校党委的正确领导下，坚持科学发展观，以建设国际知名的高水平研究型大学为目标，加强学科建设、队伍建设、办学条件和环境建设，努力提高人才培养质量和科技创新能力，学校的各项工作取得明显进展，实现了"十一五"的良好开局。

一、以提升质量为核心，人才培养工作取得丰硕成果

在过去的一年里，学校坚持以提升质量为核心的规模、结构、质量、效益协调发展，改革和完善人才培养机制，加强教学基本建设和人才培养全过程管理，全面加强和改进学生思想政治教育工作，切实为学生的成才导航、服务、助力，广大学生精神面貌呈现新的喜人气象，人才培养工作取得丰硕成果。

截至2006年10月，全日制在校学生总数为28 743人。其中，全日制本科生18 408人，全日制研究生10 020人，预科生60人，外国留学生255人。非全日制研究生（春季MBA、EMBA、MPA、工程硕士、高校教师在职攻读硕士学位）5386人。全日制本科生生源质量良好。在21个省区的最低录取分数线高出当地重点院校控制线30分以上；在招生量最大的辽宁省（1934人，占招生数的42%）的理科录取最低分高出一本控制线52分，创历史新高。研究生生源质量得到提高，学校应届本科毕业生中硕士研究生推免生的比例由2005年的10%提高到15%，共接受推免生719人，占招生规模的25%，其中85%来自"985工程"建设学校、其余15%来自"211工程"建设学校。毕业生总体需求较旺，就业流向合理、就业层次较高，全日制本科毕业生一次就业率为94%，研究生一次就业率为97%。

2006年，学校制定了《关于进一步加强本科教学工作的若干意见》，努力形成提高培养质量的长效机制，教学改革和教学基本建设取得重要成果。在创新人才培养模式上进行了新的探索，开办了将大类培养和专业训练有机结合的首届创新实验班，着重培养优秀创新人才，并为招生和培养模式改革逐步打下基础。2个项目被批准为教育部高等理工教育教学改革与实践项目。孟长功教授获第二届国家级教学名师奖，贺高红、刘志广教授获辽宁省高等学校教学名师奖；贺明峰教授获宝钢教育基金奖优秀教师特等奖。43种教材被列入教育部"十一五"国家级教材规划选题。工程训练中心被评为第二批国家级实验教学示范中心。建立了国内第一个远程实验室，初步实现了国际高校间实验教学资源的共享。

我校学生在国际国内各类科技竞赛中成绩优异，荣获2006中国机器人大赛3D仿真组冠军；"挑战杯"大学生创业计划银奖；在2006年"高教社"杯全国大学生数学建模竞赛中，获全国一等奖3个，在所有参赛高校中位列前十名；建筑与艺术学院学生在全国大学生设计竞赛中获金奖。我校还获得第七届全国大学生英语演讲赛第一名和第七届全国大学生英语辩论赛一等奖。

研究生教育努力探索在规模持续增长的条件下提高培养质量的新途径。我校作为全国17所开展研究生培养机制改革试点的高校之一，启动研究生培养机制改革，其目的是要形成有利于激发研究生创新热情和实践的培养机制和资助机制，促进研究生教育持续健康发展。成功组织承办了2006年全国力学、土木和水利学科的博士生学术论坛和第五届全国工程硕士研究生教育工作研讨会，提高了我校在国内研究生教育领域的影响力。通过选派研究生参加国际会议、联合培养、项目合作研究等形式积极推动研究生参加国际国内学术交流，培养学生的国际视野。

在“国际MBA群英会暨2006中国MBA人物评选活动”中，已故老院长屈伯川博士荣获“推动中国MBA教育特别贡献奖”，管理学院获惟一的学院奖——“中国MBA教育开拓奖”，校友冯丹龙、杨汉松被评为“中国MBA十大风云人物”、“中国EMBA十大风云人物”。另外，应用数学系博士生王琪获宝钢教育基金奖首届优秀学生特等奖。

继续教育学院以优异的成绩通过了辽宁省成人教育教学工作水平评估。

二、加强团队、基地建设和产学研合作，科技创新能力有较大提升

科技工作紧密结合国家中长期科技规划，加强科研团队和基地建设，推进产学研合作，科技创新能力有较大提升。

2006年全校科研总经费达到5.18亿元，比2005年增长23.9%。

基础研究和应用基础研究整体实力不断增强。获得国家自然科学基金项目135项，经费4700余万元，经费总额在全国名列第12位，其中重点项目数和经费额在全国均名列第9位，国际合作项目经费在全国名列第8位。三大检索收录论文数量在全国高校排名连续第三年保持在全国高校前20名以内，2005年排名分别为SCI第17、EI第9、ISTP第11位。

在反映国家需求的各类重大科技计划项目中，我校获得“863”探索导向类项目9项，重点重大课题项目2项；负责支撑计划课题7项；承担2项“973”课题。

国防科研围绕国家和国防发展重大需求，参与领域不断扩大，在“十一五”国防科研立项中取得了较大突破。学校通过了武器装备科研生产单位二级保密资格认证。在机械制造、材料、船舶、光电等领域一批国防基础科研和国防重大项目获得了立项批准，填补了我校在国防领域的多项空白，共获准重大国防科研项目20项，经费达到2000多万元。

程耿东院士获得国家自然科学二等奖，彭孝军教授获得国家技术发明二等奖。我校与北京大学合作的双星计划研究工作入选“2006年度中国高等学校十大科技进展”。

科研团队建设和基地建设成绩显著。2003年建设的第一批团队形成了稳定、富有特色的研究方向，取得一批标志性成果。2006年申报了2个教育部创新团队，其中“精密/特种加工和微制造团队”已经通过评审。船舶制造国家工程研究中心启动建设。以我校为主建设的大连市光电研发中心获得批准，与中国化学工程集团公司联合组建并申报国家工程实验室，前期准备工作已完成。

产学研合作取得新的重要进展。2006年新增省市校企合作成员单位5家，科研项目合作经费3143万元，同比增长20.37%。随着“沈鼓—大工研究院”、“辽油—大工研究院”的启动运行，以校企联建新模式研发机构为标志的产学研合作得到实质性深化。

科技产业按照教育部“积极发展、规范管理、改革创新”的指导方针，重点推进以制度建设为核心的企业规范化建设，积极探索科技成果转化的多种模式和可持续发展机制。产业投资公司及所属主要控股企业主营业务收入1.62亿元，比上年净增28.7%；净资产1.5亿元，比上年净增3.7%，较好地实现了国有资产保值增值。

三、突出重点，优化结构，学科建设迈上新的台阶

学校坚持以重点建设带动学科整体水平提高和学科结构布局的优化，全面完成了“十五”“211工程”建设任务，并顺利通过了由教育部组织的检查验收。验收专家组对我校“十五”211工

程建设给与了较高的评价，认为：学校通过“十五”“211工程”建设，在人才培养、科学研究和社会服务等各方面都取得了新的重要进展，学校的整体办学水平和综合实力得到较大提升，实现了学校“十五”期间跨越式的发展。我们还筹划了“十一五”“211工程”建设项目。

与此同时，“985工程”二期建设顺利实施，打造科技创新平台和哲学社会科学的创新基地的工作取得良好进展，促进了学校高层次创新人才培养能力和科技创新能力的提升，学科结构得到进一步优化，为加快建设国际知名的高水平研究型大学奠定了重要基础。

四、加大人才强校战略实施力度，队伍建设成效明显

加大人才强校战略实施力度，坚持培养和引进并举，采取多种措施加强师资队伍建设，继续推进人事管理制度改革和收入分配制度改革。

一年来，专任教师数量明显增加，队伍结构进一步优化，拔尖人才队伍进一步壮大。目前固定编制教职员工总数3144人，专任教师1574人（比去年增加70人），占教职员工总数的50%。人才引进工作继续保持良好势头，2006年共引进高层次人才101人（首次过百），其中“长江学者”1人，杰出青年基金获得者2人，教授13人，副教授23人，留学回国人员21人，外籍2人，团队引进初见成效。人才引进的数量显著提高，质量和结构明显改善。

吸引更多的国内外优秀博士来校做博士后研究工作。目前在站博士后共180人，已成为我校队伍建设和人才补充的重要来源。

在总结1999年以来的核岗定编工作的基础上，进行了新一轮核岗定编工作。按照国家人事部和教育部关于收入分配制度改革的统一部署，工资制度改革工作顺利推进。第一阶段工资改革完成后，学校套改工资总量每年增加约2805万元，其中在职人员年增约1524万元，离退休人员年增约1281万元。

五、积极推进开放办学，国际合作与交流进一步拓展

为全面推动开放办学进程，学校进一步加大了国际合作与交流的改革和支持力度。专门设立了年额度为600万元的“大连理工大学国际合作与交流基金”，重点支持教师出国进修培训，参加和举办国际会议，支持外国专家及海外留学人员来校进行学术交流、讲学和长短期合作研究。

加大引智力度，聘请高水平专家学者。共聘请语言外教21人，客座教授共16人（含3名院士），名誉教授3人。瑞典皇家工学院院长弗罗茨罗姆院士与诺贝尔奖评委、瑞典皇家科学院约翰森院士分别受聘担任物理与光电工程学院顾问和院长。

进一步为师生参与国际学术交流创造条件，选派各类出国及赴港澳台人员达到502人，比往年有较大幅度的增加。学生交流更加活跃，更多的学生走出国门到海外学习交流。学校又与12所国外及港澳台地区知名大学签订校际合作协议，加大了世界知名高校的学术交流、教师互访、联合培养学生的力度。2006年招收来自35个国家和地区的留学生共计406人，其中学位生67人。

六、加强办学条件建设，为学校发展提供有力保障

2006年，学校加大多渠道筹措办学经费力度，加强办学基础设施建设、公共服务体系建设和设备更新改造，为学校发展提供了保障和支撑。

经费总收入首次突破10亿元、达到10.69亿元，比2005年增长29.4%，是10年前总收入的5倍，标志着学校的办学水平和综合实力达到了新的高度。

历时五年、学校投资4600万元陆续对旧教学科研楼进行了维修改造，到2006年为止，学校大部分老建筑基本得到修缮，同时对教学科研用房进行了调配，较大地改善了基础设施条件。

2006年新增设备10 582台件，价值9326万元，设备总值增加到6.53亿元。

校图书馆被CALIS（中国高等教育文献保障系统）管理中心批准为数字图书馆建设基地（目前全国共有22个）。2006年3月开通市内化工学院与校部的光缆线路，至此，开发区校区、城市学院和市内校区全部与学校本部实现了光缆线

路高速互联。

社会捐资修缮的校本部西山福佳足球场、市内校区海川运动场先后启用。西山第 26 学生宿舍投入使用。

2006 年,学校又开工建设面积达 5.8 万平方米的西山学生宿舍、食堂,以及软件学院学生宿舍,这些建筑将在 2007 年投入使用,届时,学生的生活条件和校园面貌将大为改善。

经过三年多的努力,我们终于完成了西部校区征地工作,取得了 1038 亩的国有土地使用证,校园面积增至 4511 亩,并完成了新征土地的规划工作。12 月初新征土地场地平整工程正式开始,标志着新区建设已经拉开序幕。

七、中国大连高级经理学院培训与建设立项工作全面展开

2006 年是中国大连高级经理学院揭牌成立的第一年。在中组部的直接领导下,在辽宁省、大连市各级领导的大力支持下,圆满完成了中组部部署的四期专题研讨班年度培训任务,共培训国有重要骨干企业领导班子成员 228 人以及部分省属企业的领导班子成员 46 人,取得了良好的培训效果。中国大连高级经理学院的基础设施立项报告也已报送国家发改委,正在批复之中。

关于党委和群团方面的工作,有另行印发的总结,这里不再赘述。

各位代表,回顾过去的一年,在教育部、省、市的正确领导下,经过全校师生员工的共同努力,学校的改革与发展取得了令人鼓舞的成绩,我代表学校向全校师生员工表示衷心的感谢、并致以崇高的敬意!向关心支持学校发展的社会各界人士、海内外校友和离退休老同志表示衷心的感谢!

在看到成绩的同时,我们更应清醒地认识到,建设国际知名的高水平研究型大学是一项长期而艰巨的任务。与国际知名的高水平研究型大学的标准相比较,我们在创新能力、教育质量、师资水平、经费筹措、办学理念、管理体制等方面的差距仍十分明显。与国内顶级大学相比,在一些衡量办学水平的重要指标上也还存在明显不足。我们必须以追求卓越的战略意识和脚踏实地的工作精神,认真分析差距和不足,总结经验,谋划发展,引领未来,努力使学校的各项工作取得新的突破,实现新的跨越。

机　构　与　干　部

校级领导干部

党委书记　林安西

党委副书记　孔宪京　姜德学　邵龙潭

纪委书记　邵龙潭(兼)

校　　长　程耿东(2006.04免)
　　　　　欧进萍(2006.04任)

副 校 长　张国梁(2006.08免)
　　　　　沈宏书(2006.08免)
　　　　　薛　光　姜德学(兼)　郭东明
　　　　　邹积岩(2006.08任)
　　　　　卢中昌(2006.08任)
　　　　　李志义(2006.08任)

校长助理　宁桂玲(2006.08任)
　　　　　李俊杰(2006.10任)

党委委员和纪委委员

党委委员名单

(以姓氏笔画为序)

孔宪京　卢中昌　刘元芳　匡国柱
张国梁(2006.08免)　李志义(2006.08任)
沈宏书(2006.08免)　沈胜强　肖洪钧
邵龙潭　邹积岩　陆尚谟　陈廷国　周　晶
林安西　欧进萍(2006.04任)　姜再华
姜德学　殷福亮　郭东明　郭金明　尉洪光
程耿东(2006.04免)　薛　光　戴大双

党委常委

林安西　程耿东(2006.04免)
欧进萍(2006.04任)　孔宪京　姜德学　邵龙潭
张国梁(2006.08免)　沈宏书(2006.08免)
薛　光　郭东明　邹积岩(2006.08任)
卢中昌(2006.08任)　李志义(2006.08任)

纪委委员名单

(以姓氏笔画为序)

尹世泽(兼纪委副书记)　王连焕　冯振业
刘志杰　张令荣　张秋民　李成恩　李英华
杨春平　苏敬勤　邵龙潭(兼纪委书记)
周秀华　潘　石

校监察委员会

主　任　邵龙潭

副主任　尹世泽

成　员　姚　山　陈　达　李英华　李文刚
　　　　于泽涛　余　虹　袁永博　冯宝军

党校负责人

校　　长　林安西(兼)

常务副校长　姚　山(兼)

副 校 长　姜再华(兼)　冯振业(兼)

校机关各部门各直(附)属单位负责人名单

学校办公室

主　任　李成恩

副主任　那日萨　张　巍

纪委、监察处(合署)
副书记兼处长　尹世泽
副　处　长　许运涛
纪　检　员　孙景利
发展规划处
处　长　郭金明
副处长　迟景明(兼)
组织部、机关分党委(合署)
部　长　姚　山
副部长　刘宇彤　张治宝(兼)
书　记　姚　山(兼)
副书记　张治宝
宣传部
部　长　姜再华
副部长　丁　堃
新闻中心
主　任　姜再华(兼)
副主任　丁　堃(兼)
统战部
部　长　冯振业
武装部
部　长　薛　徽(兼)
学生工作部
部　长　薛　徽(兼)
副部长　郭玉铸(兼)(2006.01 免)　梁　茵(兼)
　　韩贵秋(兼)　房志明(兼)
　　于晓君(兼)　张言军(兼)(2006.01 任)
研究生院
院　长　程耿东(兼)(2006.08 免)
　　欧进萍(2006.08 任)
副院长　邹积岩(常务,兼)　贺高红
　　刘书田(2006.06 免)
　　齐　民(2006.06 任)　宋　丹
学科建设办公室
主　任　贺高红(兼)
学位办公室
主　任　刘书田(兼)(2006.06 免)
　　齐　民(兼)(2006.06 任)
研究生招生办公室
主　任　卫茂荣
研究生教育管理办公室
主　任　韩贵秋
专业学位办公室
主　任　曹志强(2006.04 免)
　　王国红(2006.06 任)
研究生培养办公室
主　任　刘晓梅
教务处
处　长　李志义(2006.10 免)
　　朱　泓(2006.10 任)
副处长　朱　泓(2006.10 免)　郝云忱　张维平
科技处
处　长　李俊杰(兼)
副处长　康旭东　王安杰　郑学锋　卢　新
　　娄　颖(2006.04 任)
保密工作办公室(2006.07 成立)
主　　任　李成恩(兼)(2006.10 免)
　　康旭东(2006.10 任)
常务副主任　康旭东(兼)(2006.10 免)
副　主　任　那日萨(兼)
学生处
处　长　薛　徽
副处长　房志明　于晓君
学生就业中心
主　任　梁　茵
人事处
处　长　邵龙潭(兼)(2006.04 免)
　　毕明树(2006.04 任)
副处长　杨炳君(2006.04 免)
　　毕明树(2006.04 免)
　　韩　敏(2006.07 任,正处级)
　　王涌涛(2006.06 任)
人才工作领导小组办公室
副主任　韩　敏(兼)(2006.07 任)
财务处
处　长　李文刚
副处长　程家旗(2006.04 免)　张积勇
　　廖　丽(2006.06 任)
国有资产处
处　长　刘志杰
副处长　金　锋　闫　肃(2006.09 任)
审计处
处　长　冯宝军
副处长　杨玉新
公安处
处　长　李英华

副处长　韩忠顺

国际合作与交流处

处　长　赵胜川

副处长　张　宪　陈宏俊(2006.09任)

离退休处

处　长　于泽涛

副处长　常　俐(兼)　周胜军

离退休党总支

书　记　于泽涛

副书记　常　俐

基建处

处　长　高　展

副处长　杜志达

住宅办公室

主　任　王旭东

市内校区管委会

主　任　朱相寅

副主任　吴文信

市内校区管委会直属党支部

书　记　朱相寅

副书记　吴文信

档案馆

馆　长　尉洪光

图书馆

馆　长　刘元芳(2006.04免)
　　　　杨海天(2006.04任)

副馆长　刘　斌　金玉玲　罗远环

体育馆

馆　长　周福战

计算中心

主　任　李英壮

副主任　姜文周

驻京办事处

主　任　马　军(2006.04任)

后勤办公室

主　任　王连焕

副主任　陈　达(兼)
　　　　杨炳君(兼)(2006.04任)

后勤分党委

书　记　王连焕(2006.04免)
　　　　杨炳君(2006.04任)

副书记　陈　达

产业分党委

书　记　杨文超(2006.04免)
　　　　程家旗(2006.04任)

副书记　王　锐

工会

主　席　周秀华

副主席　刘兆征　邵　诚(兼)　贾晓津(兼)

人口与计划生育委员会

专职副主任　王晓波

团委

书　记　张言军

副书记　常　亮　陆　凯(兼)

附属高中

校　长　姚世官

附属职业中专

校　长　姚世官(兼)

附属学校

校　长　杜　欣

各学院(系、部)负责人名单

化工学院

院　　　长　曲景平

副　院　长　邱介山　贾晓津　张述伟
　　　　　　郭新闻　韩　铁(兼)
　　　　　　解永平(2006.10任)
　　　　　　宋玉洁(兼)

分党委书记　匡国柱

分党委副书记　张秋民　韩　铁

电子与信息工程学院

院　　　长　殷福亮

副　院　长　杨建华(兼)　林鸿飞　仲崇权
　　　　　　邱天爽(2006.10任)
　　　　　　蒋国平(2006.10免)

分党委书记　杨建华

分党委副书记　李秀花　宋玉洁

机械工程学院

院　　　长　贾振元

副　院　长　王敏杰　王殿龙(兼)　孙　伟
　　　　　　刘　冲(2006.08任)　高顺德
　　　　　　袁晓东(兼)

分党委书记　王殿龙

分党委副书记　季亚男　袁晓东

管理学院

院　　长　苏敬勤
副院长　董大海(2006.09 免)　胡祥培　仲秋雁　李延喜(2006.09 任)　王雪华(兼)　朱方伟(兼)
分党委书记　党延忠
分党委副书记　王雪华　朱方伟

土木水利学院

院　　长　李宏男
副院长　周惠成(兼)　马震岳　姜　峰　张宁川　郭　驰(兼)
分党委书记　周惠成
分党委副书记　李桂玲　郭　驰

建筑与艺术学院

院　　长　孔宇航
副院长　范　悦　王时原(兼)　于德刚(兼)(2006.12 任)
党总支书记　王时原
党总支副书记　于德刚(2006.12 任)

人文社会科学学院

院　　长　洪晓楠
副院长　王　前　魏晓文　郑保章　陈晓晖(兼)
党总支书记　杨连生
党总支副书记　刘乃仲(2006.07 免)　陈晓晖　孙刘劼(2006.07 任)

环境与生命学院

院　　长　全　燮
副院长　修志龙(兼)　陈景文(2006.07 任)　赵雅芝　包永明　王志伟(兼)
党总支书记　修志龙
党总支副书记　贾凌云(2006.06 免)　王志伟

船舶工程系

主　　任　黄　一
副主任　宗　智　林　焰　洪　明　郭永欣(兼)
党总支书记　刘玉君
党总支副书记　郭永欣

应用数学系

主　　任　于　波
副主任　南基洙　张立卫　冯敬海　杨克旭(兼)
党总支书记　卢玉峰
党总支副书记　杨克旭

物理与光电工程学院(2006.09 成立,原物理系建制同时撤销)

院　　长　Börje Johansson(瑞典皇家工学院院士)
执行院长　王德真
副院长　刘金远　赵明山　杨晓英(兼)
党总支书记　丛书林
党总支副书记　赵艳秋　杨晓英

工程力学系

主　　任　张洪武
副主任　李　刚　吴承伟　李丽华(兼)
党总支书记　齐朝晖
党总支副书记　马红艳　李丽华

材料科学与工程学院

院　　长　闻立时(中国工程院院士)
执行院长　张兴国
副院长　齐　民(兼)(2006.07 免)　雷明凯　赵　杰(兼)　刘黎明　周文龙(2006.07 任)　杨雪岩(兼)
党总支书记　齐　民(2006.07 免)　赵　杰(2006.07 任)
党总支副书记　杨春平　杨雪岩

能源与动力学院(2006.01 成立,原动力工程系建制同时撤销)

名誉院长　岑可法(中国工程院院士)
院　　长　宋永臣
副院长　王　健　冀春俊　刘卫国
党总支书记　王晓放

外国语学院

院　　长　杜凤刚
副院长　宋　黎(兼)　时真妹　刘艾云　刘文宇　赵秋娜(兼)
党总支书记　宋　黎
党总支副书记　时真妹(兼)　赵秋娜

电气工程与应用电子技术系

主　　任　吴　彦(2006.12 免)　陈希有(2006.12 任)
副主任　李卫东(兼)　盛贤君　丛吉远(2006.12 免)　李国锋(2006.12 任)　廖敏夫(2006.12 任)

党总支书记　李卫东
党总支副书记　刘　娆

经济系

主　　任　原毅军
副 主 任　任曙明(兼)
直属党支部书记　任曙明

体育教学部

主　　任　元文学
副 主 任　张树山(兼)(2006.05免)
田爱华　杨佳宁
刘立清(兼)(2006.05任)
直属党支部书记　张树山(2006.04免)
刘立清(2006.04任)

软件学院

院　　长　沈宏书(兼)
副 院 长　惠晓丽(兼)　薛　强　王秀坤
霍　星　徐胜君(兼)
党总支书记　惠晓丽
党总支副书记　徐胜君

城市学院

院　长　唐志宏(兼)
副院长　杨　斌

城市学院分党委(2006.12成立,城市学院临时党总支同时撤销)

书　记　郭玉铸(2006.12任)
副书记　杨　斌(2006.12任)

继续教育学院

院　长　沈宏书(兼)(2006.09免)
李志义(兼)(2006.09任)
副院长　翟钢军(常务)　梁宏伟　岩江月
李英壮(兼)

继续教育学院直属党支部

书　记　梁宏伟

国防教育学院

院　长　姜德学(兼)
副院长　鲁战勋(兼)　薛徽(兼)　郝云忱(兼)

中国工业科技管理大连培训中心

主　任　苏敬勤(兼)
副主任　董大海(兼)

中国大连高级经理学院(2006.01成立)

院　长　林安西(兼)(2006.04任)

挂职干部

2005年聘任名单(11名)

姜文凤　教务处副处长
周文龙　科技处副处长
孟庆伟　科技处副处长
吴　迪　研究生院专业学位办副主任
任慧韬　研究生院学科办主任助理
张　博　研究生院学位办主任助理
宋远红　人事处副处长
王宇新　人事处处长助理
丁保军　国际合作与交流处处长助理
陈宏俊　国际合作与交流处处长助理
李延喜　财务处副处长

2006年聘任名单(12名)

李文立　人事处副处长
姜文凤　教务处副处长
黄明亮　科技处副处长
孟庆伟　科技处副处长
仲伟秋　科技处处长助理
王哲龙　研究生院学科办副主任
张　博　研究生院学位办主任助理
任慧韬　基建处处长助理
刘　洁　学校办公室副主任
李　强　人事处处长助理
郭淑红　国际合作与交流处副处长
丁保军　国际合作与交流处处长助理

学术机构

学术委员会组成名单

名誉主任　钱令希
主　　任　程耿东
副 主 任　林安西　邱大洪
委　　员　马腾才　王仁宏　王立鼎　王众托
王秀坤　孔庆炎　孔宪京　刘元芳
刘则渊　刘晓冰　孙宝元　纪卓尚
杨大智　杨学峰　杨锦宗　杨德礼

邱介山　邹积岩　邹继豪　林钧岫
金俊泽　周　晶　钟万勰　胡家升
栾庆伟　贾仲孝　顾元宪　殷福亮
解茂昭　蹇锡高　钱旭红　王　伟
秘　　书　卢中昌

学位评定委员会组成名单

主　席　欧进萍
副主席　王立鼎　孔宪京　张国梁
秘　书　刘书田
委　员　（以姓氏笔画为序）
于　波　王　来　王友年　王立鼎
王秀坤　邓贵仕　孔宪京　全　燮
刘书田　刘则渊　纪卓尚　杜凤刚
杨学峰　李明楚　李锡夔　吴　彦
邹积岩　张国梁　陆　伟　欧进萍
周　晶　贾振元　原毅军　殷福亮
郭新闻　程耿东　解茂昭

学士学位评定委员会组成名单

主　席　张国梁
副主席　李志义　唐志宏
委　员　（以姓氏笔画为序）
王秀坤　王殿龙　王德真　卢玉峰
匡国柱　刘玉君　杜凤刚　杨建华
杨春秋　李志义　李洪春　宋希庚
张立文　张国梁　武春友　郝云忱
洪晓楠　唐志宏　康海贵
秘　书　张晓军　李　丽

指导机构

校务委员会

主　任　林安西
副主任　张国梁　马　辉　宁桂玲
委　员　（以姓氏笔画为序）
王友年　王　伟　王学先　王　前
王海山　王跃方　关东媛　朱相寅
米向锋　齐　民　吴　微　张丽华
张树山　李　松　李文刚　李成恩
李志义　李英壮　李俊杰　杜凤刚
杨学峰　沈胜强　邵龙潭　邹志利
陆　伟　陆尚谟　周集体　孟长功
刘宝庆（校研究生会主席）　郭玉铸
顾　铭（校学生会主席）　高　展
黄　一　黄洪钟
秘　书　李成恩（兼）

第八届教代会民主管理委员会名单

主　任　马　辉
副主任　周秀华　刘兆征　邵　诚　贾晓津
委　员　（以姓氏笔画为序）
于泽涛　王雪华　刘鸿鹤　齐　民
李卫东　李元鸣　李文蛟　李成恩
杨　莉　吴文信　余　虹　张洪武
林　哲　金英伟　周惠成　贾凌云
夏晓梅　梁圣复　彭孝军　韩　敏
褚金奎　翟钢军

本科教学工作指导委员会

主　任　程耿东
副主任　张国梁　沈宏书　姜德学
委　员　邵龙潭　李志义　姜再华　王德伦
周　晶　贾振元　匡国柱　殷福亮
武春友　洪晓楠　吴　微　王　来
杜凤刚　张树山　杨春秋　丛书林
刘玉君　宋希庚　李洪春　唐志宏
秘　书　朱　泓

领导小组

改革与发展规划领导小组

组　长　林安西
成　员　欧进萍　孔宪京　姜德学　邵龙潭
薛　光　郭东明　邹积岩　卢中昌
李志义
秘　书　郭金明

学科建设领导小组

组　长　欧进萍

副组长　邹积岩
成　员　林安西　孔宪京　邵龙潭　薛　光
　　　　郭东明　李志义
秘　书　贺高红

人才工作领导小组

组　长　林安西
副组长　邵龙潭
成　员　欧进萍　孔宪京　薛　光　李志义
秘　书　毕明树

科技工作领导小组

组　长　欧进萍
副组长　郭东明
成　员　林安西　孔宪京　邹积岩
秘　书　李俊杰

外事工作领导小组

组　长　欧进萍
成　员　孔宪京　邵龙潭　郭东明　宁桂玲
秘　书　赵胜川

财经工作领导小组

组　长　欧进萍
副组长　薛　光
成　员　林安西　孔宪京　邵龙潭
秘　书　李文刚

校园规划领导小组

组　长　林安西
副组长　薛　光
成　员　欧进萍　姜德学　郭东明　邹积岩
　　　　卢中昌　李志义
秘　书　杜志达

产业工作领导小组

组　长　欧进萍
副组长　孔宪京
成　员　林安西　邵龙潭　薛　光　郭东明
　　　　李俊杰
秘　书　黄　勃

后勤工作领导小组

组　长　欧进萍
副组长　卢中昌
成　员　孔宪京　邵龙潭　薛　光　姜德学
秘　书　王连焕

干部工作领导小组

组　长　林安西　欧进萍
成　员　孔宪京　姜德学　邵龙潭
秘　书　姚　山

各级人大代表、政协委员名单

第十届全国人大代表　程耿东
第十届辽宁省人大代表　孔宪京
第九届辽宁省政协委员
林安西(常委)　田树军(常委)　王永学(常委)
简国树(常委)　郭东明　王立久　王德真
张　哲　杨学锋
第十三届大连市人大代表
杜凤刚(常委)　蔡志勤(女)
第十届大连市政协委员
田树军(副主席)　王永学(常委)
简国树(常委)　董　闯(常委)　邹志利(常委)
马孝江　关东媛(女)　洪晓楠　胡　英(女)
江崇礼　刘黎明　彭孝军　邵龙潭　孙　化
孙桂艺(女)　王德伦　王敏杰　王学先
吴　微　杨元生　余　虹(女)　张弘弢
张俊善
第十五届西岗区人大代表
宁桂玲(副主任、女)
第六届西岗区政协委员
刘天庆(常委)　陈树文(常委)　董　锋
第十五届甘井子区人大代表
齐　民　韩　敏(女)
第六届甘井子区政协委员
孟长功(常委)　余　虹(女)
第六届沙河口区政协委员
胡浩权(常委)
第七届中山区政协委员
黄　勃　谢洪勇

民主党派大连理工大学基层组织负责人名单

民革大连理工大学支部

主　委　于　波

副主委　金宝玉

民盟大连理工大学委员会

主　委　邹志利

副主委　林青松　姜东光　孙长森　秦学志

民建大连理工大学支部

主　委　朱庆华(女)

副主委　孟庆伟

民进大连理工大学支部

主　委　王德伦

副主委　夏晓梅(女)　刘宪芹(女)

民进大连理工大学附属学校支部

主　委　米向锋(女)

农工党大连理工大学委员会

主　委　李晓杰

副主委　谭家隆

致公党大连理工大学支部

主　委　褚金奎

副主委　李　松　端木琳(女)

九三学社大连理工大学委员会

主　委　丛家瑞

副主委　孟长功　韩　敏(女)

大连理工大学归国华侨联合会负责人名单

主　席　赖国璋

副主席　林孟光　朱舜卿

秘书长　孙效里(女)

院 系 设 置 及 变 更

化工学院
电子与信息工程学院
土木水利学院
管理学院
机械工程学院
人文社会科学学院
建筑与艺术学院
软件学院
环境与生命学院
外国语学院
材料科学与工程学院
应用数学系
物理与光电工程学院
工程力学系
船舶工程系
能源与动力学院
电气工程与应用电子技术系
经济系
体育教学部
国际文化交流学院
国防教育学院
城市学院
继续教育学院

2006 年 1 月 5 日，学校成立了能源与动力学院，动力工程系建制撤销。

2006 年 9 月 15 日，学校成立了物理与光电工程学院，物理系建制撤销。

学科建设与专业设置

2006年大连理工大学学科建设情况综述

"985工程"二期建设

2006年7月财政部教科文司委托北京华审会计师事务所对我校进行了2006年度"985工程"建设项目预算评估,由于学校"985工程"二期建设各平台对2006年上报经费预算中的设备费、业务费、修缮费等做了细致的工作,评估得以顺利通过,我校获"985工程"二期经费的全额拨付。学科办协助校学科建设领导小组,组织进行了校内十三个"985工程"二期建设平台汇报,逐一听取各平台2004、2005年度学科建设成果、经费使用情况及2006年度学科建设规划、经费预算的汇报,并提出了2006年度学科建设规划和经费预算。

经校学科建设领导小组的审批,布置实施2006年度"985工程"科技创新平台和哲学社会科学的创新基地建设经费计4928万元。

"十五""211工程"建设总结验收

学科建设办公室在校长的直接领导下,组织校内"十五""211工程"的10个学科建设项目、3个公共服务体系建设项目(校园网、图书文献保障体系和公共测试分析中心)、必要基础设施建设项目和学术队伍、师资队伍建设项目进行认真的总结、自检和校内专家的严格预验收,完成子项目验收报告;协助编制、修改和完善学校总验收报告。

5月14日、15日,我校顺利通过了由教育部组织的以四川大学校长谢和平院士为组长的专家组对"十五""211工程"建设项目的检查验收。认为我校通过进行重点学科、师资队伍、校内公共服务体系(校园网、图书文献保障体系和公共测试分析中心)以及基础设施等方面建设,在人才培养、科学研究和社会服务等各方面都取得了新的重要进展,学校的整体办学水平和综合实力得到较大提升,实现了学校"十五"期间跨越式的发展。

"十一五""211工程"的预立项

在"十五""211工程"总结和我校"十一五"发展规划的基础上,组织全校各学科对"十一五""211工程"学科建设项目进行了初步申报,经校学科建设领导小组及校内专家论证,对全校11个重点建设项目、3个结合国家需求项目和3个新兴学科发展项目进行了预立项。确立了我校"十一五""211工程"的建设目标为:以重点学科建设为核心,带动相关学科发展,进一步构建学科群体优势;立足特色学科、促进学科交叉,发展新兴学科;加强团队建设、促进拔尖人才成长,提升规划、组织和承接国家重大研究计划与重大工程项目的能力;加强国际交流与合作,在国际学术舞台上参与推动和引领学科发展,逐步实现学科、队伍和人才培养国际化。建设任务包括重点学科建设、校内公共服务体系建设及师资队伍建设等三方面。

重点学科建设

国家重点学科考评与申报:经过前期周密的准备工作,从12月份开始,按照国家文件,进行了9个国家重点学科审评材料的布置和准备,并上报教育部;拟申报的10个国家重点学科也按校内时间表有条不紊地进行了准备。

申报2007年辽宁省高等学校重点学科建设项目:按照省教育厅、财政厅进一步做好重点学科建设工作的相关文件,2006年10月学科办组织我校26个省重点学科申报此项目。

全国第十批学科点增列

2006年1月，教育部下发了第十批学位授权学科专业正式名单，我校的化学、仪器科学与技术、信息与通讯工程、工商管理4个一级学科博士点和科学技术哲学、电机与电器、电路与系统、建筑设计及其理论5个二级学科博士点通过审核，使我校一级学科博士点达到18个，二级学科博士点总数达到107个，覆盖了25个一级学科领域。

尤其令人欣喜的是，本次增列的化学一级学科博士点与原有的数学、物理学一级学科博士点形成理学金三角，将为工程学科的发展，提供坚实的基础；科学技术哲学博士点和思想政治教育博士点同时申报成功，使我校拥有了两个人文学科博士点，对我校人文学科的发展有重大意义，会起到以点带面的作用；仪器科学与技术、信息与通信工程和工商管理等当前的高新技术学科或热点学科将使我校的学科结构得到进一步的优化和调整。

我校还有1个硕士学位授权一级学科点通过评审，5个硕士学位授权点通过评审，使我校硕士点总数达到147个。至此，我校的学科门类已达11个，只有军事学门类尚没有学位授权点。

另外，根据国家提高办学自主权的精神，组织完成了2006年一级学科自主设置学科点的工作，增加了交通系统工程、项目管理、金融管理、环境管理等博士/硕士学位授权点4个，图书馆信息资源管理硕士学位授权点1个，并上报国务院学位办备案。

一级学科评估工作

按照国务院学位办公室及学科评估中心的要求，组织我校数学、物理学、力学、机械工程、光学工程、材料科学与工程、动力工程及工程热物理、电子科学与技术、信息与通信工程、控制科学与工程、计算机科学与技术、化学工程与技术、管理科学与工程、公共管理等14个一级学科博士点参加了2006年的评估，化学工程与技术、管理科学与工程一级学科在本次评估中位列全国第三。

导师队伍建设

组织自行审批博士生指导教师54人，我校现有博士生指导教师303名。组织自行审批硕士生指导教师104名；新增博士生联合指导及副指导教师36名，硕士生联合指导及副指导教师10名。

我校获“辽宁省高校学科建设工作先进集体”

2006年我校学科建设成绩斐然，获得“辽宁省高校学科建设工作先进集体”荣誉称号。学科建设办公室主办两次省学科建设会议，三次在省学科建设会议上作为学科建设的标兵学校，介绍了我校在学科建设方面的经验。

国家重点学科

1. 计算数学
2. 等离子体物理
3. 工程力学
4. 机械制造及其自动化
5. 水工结构工程
6. 港口、海岸及近海工程
7. 应用化学
8. 船舶与海洋结构物设计制造
9. 管理科学与工程

辽宁省重点学科

1. 计算数学
2. 等离子体物理
3. 固体力学
4. 工程力学
5. 机械制造及其自动化
6. 机械电子工程
7. 光学工程
8. 材料学
9. 材料加工工程
10. 动力机械及工程
11. 化工过程机械
12. 信号与信息处理
13. 控制理论与控制工程
14. 计算机应用技术
15. 结构工程
16. 水文学及水资源
17. 水工结构工程
18. 港口海岸及近海工程
19. 化学工程
20. 生物化工
21. 应用化学
22. 工业催化
23. 船舶与海洋结构物设计制造
24. 环境工程
25. 管理科学与工程
26. 技术经济及管理

国家重点实验室

1. 海岸和近海工程国家重点实验室
2. 三束材料改性国家重点实验室
3. 精细化工国家重点实验室
4. 工业装备结构分析国家重点实验室

国家级工程研究中心

船舶制造国家工程研究中心

教育部重点实验室

1. 精密与特种加工教育部重点实验室
2. 工业生态与环境工程教育部重点实验室

辽宁省重点实验室

1. 辽宁省微纳米技术及系统重点实验室
2. 辽宁省内燃机重点实验室
3. 辽宁省工业设备先进控制系统重点实验室
4. 辽宁省生物基化学品重点实验室
5. 辽宁省制造管理信息化重点实验室

教育部工程(技术)研究中心

1. 教育部模塑制品工程研究中心
2. 教育部制造管理技术工程研究中心

辽宁省工程(技术)研究中心

1. 辽宁省精细化工工程研究中心
2. 辽宁省先进装备设计与CAE软件工程研究中心
3. 辽宁省电子政务工程研究中心
4. 辽宁省先进船舶工程技术研究中心
5. 辽宁省高性能树脂工程技术研究中心
6. 辽宁省工业生态与环境工程技术研究中心

辽宁省省级高校重点实验室

1. 海岸和近海工程国家重点实验室辽宁省省级高校重点实验室
2. 三束材料改性国家重点实验室辽宁省省级高校重点实验室
3. 精细化工国家重点实验室辽宁省省级高校重点实验室
4. 工业装备结构分析国家重点实验室辽宁省省级高校重点实验室
5. 微系统与微制造辽宁省省级高校重点实验室
6. 原材料特种制备技术辽宁省省级高校重点实验室
7. 水科学和水利工程辽宁省省级高校重点实验室
8. 船舶与海洋工程辽宁省省级高校重点实验室
9. 先进装备制造技术辽宁省省级高校重点实验室
10. 工业污染防治与生态工程辽宁省省级高校重点实验室
11. 生物工程辽宁省省级高校重点实验室
12. 光电信息工程与技术辽宁省省级高校重点实验室
13. 石油化工技术与装备辽宁省省级高校重点实验室

世界银行贷款、高等教育发展项目建设的教学实验中心

1. 工程训练中心
2. 电工电子试验中心
3. 基础物理实验中心
4. 基础力学实验中心

有权授予学士学位的本科专业[1]

学科门类	专业类别	专业代码	专业名称	学制	批准(核准)时间	所在学院(系)
经济学	经济学类	020102	国际经济与贸易	四年	1998	经济系
		020102	国际经济与贸易(英语强化)	五年	2001	经济系
		020104	金融学	四年	1998	经济系
法学	法学类	030101	法学	四年	2001	人文社会科学学院
文学	中国语言文学类	050101	汉语言文学	四年	1999	人文社会科学学院
	新闻传播学类	050302	广播电视新闻学	四年	1998	人文社会科学学院
	外国语言文学类	050201	英语	四年	1998	外国语学院
		050207	日语	四年	2001	外国语学院
	艺术类	050405	雕塑	五年	2003	建筑与艺术学院
		050408	艺术设计	四年	2002	建筑与艺术学院
理学	数学类	070101	数学与应用数学	四年	1998	应用数学系
		070102	信息与计算科学	四年	1998	应用数学系
	物理学类	070202	应用物理学	四年	1998	物理与光电工程学院
	化学类	070302	应用化学	四年	1998	化工学院
	生物科学类	070402	生物技术	四年	2004	环境与生命学院
	电子信息科学类	071203	光信息科学与技术	四年	2001	物理与光电工程学院
	材料科学类	071301	材料物理	四年	2001	材料科学与工程学院
	环境科学类	071401	环境科学	四年	2004	环境与生命学院
工学	材料类	080202	金属材料工程	四年	1998	材料科学与工程学院
		080203	无机非金属材料工程	四年	2003	化工学院
		080204	高分子材料与工程	四年	2002	化工学院
	机械类	080301	机械设计制造及其自动化	四年	1998	机械工程学院 能源与动力学院
		080301	机械设计制造及其自动化(日语强化)	五年	1998	机械工程学院
		080301	机械设计制造及其自动化(英语强化)	五年	2003	机械工程学院
		080302	材料成型及控制工程	四年	1998	材料科学与工程学院
		080303	工业设计	四年	1998	建筑与艺术学院 机械工程学院
		080304	过程装备与控制工程	四年	1998	化工学院

(续表)

学科门类	专业类别	专业代码	专业名称	学制	批准(核准)时间	所在学院(系)
工学	仪器仪表类	080401	测控技术与仪器	四年	2000	电子与信息工程学院 机械工程学院
	能源动力类	080501	热能与动力工程	四年	1998	能源与动力学院
	电气信息类	080601	电气工程及其自动化	四年	1998	电气工程与应用电子技术系
		080602	自动化	四年	1998	电子与信息工程学院
		080603	电子信息工程	四年	1998	电子与信息工程学院
		080603	电子信息工程(英语强化)	五年	1998	电子与信息工程学院
		080605	计算机科学与技术	四年	1998	电子与信息工程学院
		080605	计算机科学与技术[3]	二年	2001	软件学院
		080606	电子科学与技术	四年	2000	物理与光电工程学院
		080611W	软件工程[3]	二年	2002	软件学院
		080611W	软件工程	四年	2002	软件学院
		080613W	网络工程	四年	2004	软件学院
	土建类	080701	建筑学	五年	1998	建筑与艺术学院
		080702	城市规划	五年	2003	建筑与艺术学院
		080703	土木工程	四年	1998	土木水利学院
		080704	建筑环境与设备工程	四年	1999	土木水利学院
		080703	土木工程(英语强化)	五年	2003	土木水利学院
		080704	建筑环境与设备工程	四年	1999	土木水利学院
	水利类	080801	水利水电工程	四年	1998	土木水利学院
		080803	港口航道与海岸工程	四年	1998	土木水利学院
	环境与安全类	081001	环境工程	四年	1998	环境与生命学院
	化工与制药	081101	化学工程与工艺	四年	1998	化工学院
		081101	化学工程与工艺(英语强化)	五年	1998	化工学院
		081102	制药工程	四年	2002	化工学院
	交通运输类	081207W	物流工程	四年	2004	机械工程学院
	海洋工程类	081301	船舶与海洋工程	四年	1998	船舶工程系
	工程力学类	081701	工程力学	四年	1998	工程力学系
	生物工程类	081801	生物工程	四年	1998	环境与生命学院
管理学	管理科学与工程类	110102	信息管理与信息系统	四年	1998	管理学院
		110103	工业工程[3]	二年	2000	管理学院
		110104	工程管理	四年	1998	土木水利学院

（续表）

学科门类	专业类别	专业代码	专业名称	学制	批准（核准）时间	所在学院（系）
管理学	工商管理类	110201	工商管理[2]	四年	1998	管理学院
		110202	市场营销[3]	二年	2003	管理学院
		110205	人力资源管理	四年	2006	管理学院
		110210W	物流管理	四年	2004	管理学院
	公共管理类	110302	公共事业管理	四年	2000	管理学院 人文社会科学学院

注：[1] 1998年我校按照教育部提出的“普通高等学校本科专业目录”对原有本科专业进行了调整，核准后上报教育部并被批准。

[2] 工商管理专业自2000年起停止招生。

[3] 工业工程、计算机科学与技术、软件工程和市场营销为第二学士学位专业。工业工程专业自2002年起停止招生，计算机科学与技术、软件工程专业自2004年起停止招生，市场营销专业自2006年起停止招生。截至2006年，我校共有52个本科专业，4个第二学士学位专业。

有权授予博士、硕士学位的学科名称

学科门类	一级学科名称	所含专业名称
哲学	哲学	马克思主义哲学
		伦理学
		＊＊科学技术哲学
经济学	理论经济学	人口、资源与环境经济学
	应用经济学	区域经济学
		金融学
		产业经济学
		国际贸易学
法学	法学	民商法学
	马克思主义理论	马克思主义基本原理
		＊＊思想政治教育
教育学	教育学	高等教育学
	体育学	运动人体科学
文学	中国语言文学	语言学及应用语言学
	外国语言文学	英语语言文学
		外国语言学及应用语言学
	新闻传播学	传播学
	艺术学	美术学
历史学	历史学	中国近现代史

(续表)

学科门类	一级学科名称	所含专业名称
理学	*数学	**基础数学
		**计算数学
		**概率论与数理统计
		**应用数学
		**运筹学与控制论
		**金融数学与保险精算(2004自主设置)
	*物理学	**理论物理
		**粒子物理与原子核物理
		**原子与分子物理
		**等离子体物理
		**凝聚态物理
		**声学
		**光学
		**无线电物理
	*化学	**无机化学
		**分析化学
		**有机化学
		**物理化学(含化学物理)
		**高分子化学与物理
	生物学	生物化学与分子生物学
		生物物理学
	系统科学	系统分析与集成
工学	*力学	**一般力学与力学基础
		**固体力学
		**流体力学
		**工程力学
		**计算力学(2002自主设置)
		**岩土与环境力学(2002自主设置)
		**动力学与控制(2003自主设置)
		**应用实验力学(2004自主设置)
	*机械工程	**机械制造及其自动化
		**机械电子工程
		**机械设计及理论
		**车辆工程
		**微机电工程(2002自主设置)
		**工业工程(2002自主设置)

（续表）

学科门类	一级学科名称	所含专业名称
工学	*光学工程	**光学工程
	*仪器科学与技术	**精密仪器及机械
		**测试计量技术及仪器
	*材料科学与工程	**材料物理与化学
		**材料学
		**材料加工工程
		**高分子材料(2002 自主设置)
		**材料表面工程(2002 自主设置)
		材料无损检测与评价(2003 自主设置)
		**材料连接技术(2004 自主设置)
	*动力工程及工程热物理	**工程热物理
		**热能工程
		**动力机械及工程
		**流体机械及工程
		**制冷及低温工程
		**化工过程机械
		**能源与环境工程(2004 自主设置)
	电气工程	**电机与电器
		电力系统及其自动化
		电工理论与新技术
	电子科学与技术	物理电子学
		**电路与系统
		**微电子学与固体电子学
	*信息与通信工程	**通信与信息系统
		**信号与信息处理
	控制科学与工程	**控制理论与控制工程
		检测技术与自动化装置
		系统工程
		模式识别与智能系统
	计算机科学与技术	计算机系统结构
		**计算机软件与理论
		**计算机应用技术

（续表）

学科门类	一级学科名称	所含专业名称
工学	建筑学	建筑历史与理论
		＊＊建筑设计及其理论
		城市规划与设计
		建筑技术科学
	＊土木工程	＊＊岩土工程
		＊＊结构工程
		＊＊市政工程
		＊＊供热、供燃气、通风及空调工程
		＊＊防灾减灾工程及防护工程
		＊＊桥梁与隧道工程
		＊＊土木工程管理(2002 自主设置)
		空间信息技术及工程应用(2005 自主设置)
	＊水利工程	＊＊水文学及水资源
		＊＊水力学及河流动力学
		＊＊水工结构工程
		＊＊水利水电工程
		＊＊港口、海岸及近海工程
	＊化学工程与技术	＊＊化学工程
		＊＊化学工艺
		＊＊生物化工
		＊＊应用化学
		＊＊工业催化
		＊＊膜科学与技术(2002 自主设置)
		＊＊水科学与技术(2002 自主设置)
		＊＊精细化工(2003 自主设置)
		＊＊功能材料化学与化工(2004 自主设置)
		＊＊能源化工(2004 自主设置)
	矿业工程	安全技术及工程
	交通运输工程	道路与铁道工程
	＊船舶与海洋工程	＊＊船舶与海洋结构物设计制造
		＊＊轮机工程
		＊＊水声工程
	＊环境科学与工程	＊＊环境科学
		＊＊环境工程
		＊＊工业生态与环境规划(2004 自主设置)

（续表）

学科门类	一级学科名称	所含专业名称
工学	*生物医学工程	**生物医学工程
		**神经信息学(2003 自主设置)
		**药物工程(2003 自主设置)
农学	作物学	作物遗传育种
医学	药学	药物化学
管理学	*管理科学与工程	**管理科学与工程
		**科学学与科技管理(2002 自主设置)
		**经济系统分析与管理(2003 自主设置)
		**电子商务与物流管理(2003 自主设置)
		**知识管理(2003 自主设置)
		**信息管理与电子政务(2003 自主设置)
		**金融工程(2004 自主设置)
		**管理系统工程(2005 自主设置)
		**交通系统工程(2006 自主设置)
		图书馆信息资源管理(2006 自主设置)
管理学	*工商管理	**会计学
		**企业管理
		**旅游管理
		**技术经济及管理
		**项目管理(2006 自主设置)
		**环境管理(2006 自主设置)
		**金融管理(2006 自主设置)
	公共管理	行政管理
		教育经济与管理
		社会保障

注：*为一级学科有博士学位授予权，**为有博士学位授予权，未标注的为硕士点。

博士生指导教师名单(303 人)

材料科学与工程学院

张俊善　董　闯　王　来　李廷举
雷明凯　张兴国　齐　民　刘顺华
董星龙　赵　杰　张立文　曹志强
李喜孟　刘黎明　周文龙　谭　毅
黄明亮　姚　山　姚　曼(女)

船舶工程系

纪卓尚　林　焰　刘玉君　黄　一
宗　智　刘寅东　黎　胜　马　坤(女)
李铁骊(女)

电气工程与应用电子技术系

邹积岩　吴　彦　李卫东　陈希有

王宁会　李　杰　孙　辉(女)

电子与信息工程学院

胡家升　王　伟　邵　诚　殷福亮
杨元生　唐祯安　邱天爽　郭成安
刘晓东　谭国真　金明录　顾　宏
王洪玉　王兴元　林鸿飞　王德君
王秀坤(女)王　兢(女)孔祥维(女)孙　怡(女)
韩　敏(女)闫卫平(女)

能源与动力学院

高希彦　解茂昭　宋希庚　沈胜强
隆武强　孙文策　穆海林　宋永臣
尹洪超　李维仲　徐士鸣　白敏丽(女)

高科技研究院

赵纪军

管理学院

王众托　杨德礼　王延章　曲晓飞
邓贵仕　武春友　党延忠　刘晓冰
胡祥培　吴　伟　汪克夷　苏敬勤
董大海　肖洪钧　迟国泰　秦学志
张米尔　张国梁　李延喜　陈树文
赵胜川　戴大双(女)荣莉莉(女)朱庆华(女)

化工学院

杨锦宗　蹇锡高　杨学锋　胡浩权
彭孝军　赵德丰　孙立成　李志义
袁景利　王金渠　邱介山　段春迎
郑玉斌　陈　平　郭新闻　赵伟杰
马学虎　李　杨　薛冬峰　高占先
王安杰　刘天庆　曲景平　赵宗昌
吕小兵　蒋景阳　胡大鹏　朱爱民
毕明树　孟长功　王忠刚　郭洪臣
包　明　李　钢　吕连海　赵建章
宁桂玲(女)张淑芬(女)贺高红(女)王　梅(女)
朱秀玲(女)石　川(女)王艳华(女)

环境与生命学院

杨凤林　安利佳　周集体　全　燮
徐永平　陈景文　王长海　修志龙
白凤武　李新勇　李爱民　伍会健
王　栋　金一和　杨　青(女)

机械工程学院

王立鼎　郭东明　孙宝元　田树军
马孝江　褚金奎　王敏杰　王德伦
贾振元　赵福令　康仁科　屈福政
徐文骥　刘　冲　孙　伟　高　航
王殿龙　王晓东　王晓明

建筑与艺术学院

陆　伟　唐　建　孔宇航　孙　晖

经济系

原毅军　侯铁珊　刘凤朝　逯宇铎

工程力学系

钱令希　钟万勰　程耿东　陈万吉
林家浩　陈浩然　李兴斯　李锡夔
刘迎曦　吴承伟　张洪武　王希诚
杨海天　徐新生　邵龙潭　岳前进
李晓杰　刘书田　郭杏林　姚伟岸
齐朝晖　郭　旭　李　刚　亢　战
吴志刚

人文社会科学学院

刘则渊　王　前　王子彦　王续琨
刘元芳　杨连生　洪晓楠　刘鸿鹤
戴艳军(女)魏晓文(女)

软件学院

李明楚

应用数学系

王仁宏　吴　微　王　军　郑斯宁
宋立新　于　波　邱瑞锋　张立卫
罗钟铉　南基洙　苏志勋　刘西民
侯中华　卢玉峰　王　毅　李风泉
韩志清　林贵华

土木水利学院

林　皋　邱大洪　赵国藩　欧进萍
宋玉普　唐春安　周　晶　王永学
栾茂田　孔宪京　孙昭晨　徐世烺
黄承逵　马震岳　沈永明　滕　斌
周惠成　王清湘　张　哲　钟　阳
康海贵　金　生　李宏男　程春田
邹志利　王立久　李俊杰　张宁川
吴智敏　董国海　李志军　许士国
杨　庆　柳淑学　陈健云　孙大鹏
迟世春　贾金青　李木国　柳春光
丁一宁　贡金鑫　陈廷国　陈静云(女)
任　冰(女)

物理与光电工程学院

杜国同　宋鹤山　王友年　张卫宁
李国卿　桂元星　王德真　潘　石

张庆瑜 刘宏亚 于清旭 丛书林 关柏鸥 王文春 孙长森 林国强
胡礼中 刘爱民 刘金远 衣学喜 周 玲(女)
唐一源 赵明山 丁振锋 冯太傅

博士后科研流动站一览

学 科	专业名称
力学	1)计算力学
	2)结构力学
数学	计算数学
管理科学与工程	系统工程
机械工程	机械制造
土木工程	1)水工结构工程
	2)结构工程
化学工程与技术	1)化学工程
	2)无机化工
	3)有机化工
	4)工业催化
	5)精细化工
	6)高分子
	7)化工过程机械
材料科学与工程	1)金属材料及热处理
	2)铸造
水利工程	1)海岸工程
	2)近海及海洋工程
动力工程与工程热物理	动力机械及工程热物理
光学工程	光学工程
物理学	1)等离子体物理
	2)理论物理
	3)凝聚态物理
信息与通信工程	信号与信息处理
控制科学与工程	控制理论与控制工程
船舶与海洋工程	船舶与海洋工程
环境科学与工程	环境科学与工程
工商管理	1)技术经济及管理
	2)企业管理

本 科 生 教 育 教 学

本科生教育教学工作综述

教务管理

2006年在籍本科生为18 408人(截止2006年9月30日),入籍新生为4604人,离校毕业生3630人;学籍异动352人次(休学36人,停学49人,复学49人,延修218人),退学140人,转专业93人;推荐免试攻读硕士学位研究生651人,其中校内406名,校外245人;辅修学生773人,双学位学生176人;发放毕业证书3630个,学位证书3276个,辅修证书199个,双学位证书270个,肄业证书21个,结业证明240个。

安排课程4000余门次,处理选课数据36万多人次,办理调课791次,借用教室3111次,办理重修手续7000余人门次;组织全国大学英语考试21 042人次,全国计算机等级考试5750人次,安排期末考试近1200场,组织二次考试8500人次,组织教授讲座173场。

组织134位青年教师观摩了670余门次课程;检查试卷5153份,涉及165位教师、166门次课程;检查实验教学课程121门次,实验报告1100余份;组织大型教学检查7次,涉及4291门次课程;处理教学检查意见表34份,下发教学事故通知单9份;组织学生对3293余人次/门次教师及课程进行了网上评价。

审查毕业设计(论文)资格3759人;抽查毕业设计(论文)532份,评选优秀毕业设计(论文)160份;安排(调查、申报、论证、立项、采购、建设)实验室重点建设项目18项,建设经费1200多万元;安排认识实习2641人次,生产实习3306人次,其他实习(工程训练等)5027人次。

本科教学改革与建设工作

制定《关于进一步加强本科教学工作的若干意见》。为形成有利于提升我校本科教学质量的长效机制,在学校统一领导下,教务处与人事处、国有资产处、财务处、学生工作处、大学生创新院等部门共同研究、制定了《关于进一步加强本科教学工作的若干意见》。

人才培养模式改革。围绕创新型人才培养这一主题和目标,针对当代社会发展对人才全面素质及综合能力的要求,学校开办了首届创新实验班。创新实验班学生的培养采取一年级通识教育,二年级大类培养,三年级自主选择专业并参加科研训练,四年级强化专业方向学习的培养模式,实行弹性学制,着重培养具有国际竞争力的优秀创新人才。教务处与人文学院共同制定了跨学科大类招生、培养学生的实施方案,为进一步构建优秀拔尖人才脱颖而出的培养模式和学习实践环境,探索按学科大类招生的新招生培养模式做准备。

专业建设。在对国内19所高校进行调研,参考国外著名大学培养计划的基础上,制定了《关于修订2006级本科专业培养计划的指导性意见》,并组织院系进行修订,建立了课程库。为了提高管理水平,聘任了44位教授、12位副教授为本科专业负责人。英语专业顺利通过教育部本科教学工作评估,专家组对我校英语专业在学科规划、师资队伍、教学资源、教学内容和管理、教学效果等方面所取的成绩给予充分肯定。2006年新增了人力资源管理专业,本科专业总数达到52个。

教学改革与课程建设。积极争取国家级、省级重大教学改革立项,提升教学水平,坚持培育有深度、有显示度、有影响的纵向教改项目,为2008年辽宁省和国家级教学成果奖的申报工作做准备;同时引导校内教改项目与课程建设相结合、与实验室建设相结合、与教材建设相结合,突出实效。2006年,大学英语、数值分析、运筹学、机械工程材料4门课程被评为2006年度辽宁省精品课程。我校2个项目被批准为教育部高等理工教育教学改革与实践项目，21个项目被列为辽宁省“十一五”教育科学规划课题。学校确定111项校教学改革基金资助项目和教材建设出版基金资助项目，其中精品课程建设项目10项，教改重点项目9项，一般项目42项，教材建设项目24项，新时期学风建设研究专题26项；22项成果获2006年学校优秀教学成果奖，其中一等奖4项，二等奖6项，三等奖12项。

师资队伍与教学培训。2006年，我校有18名教师20人次入选教育部2006～2010年高等学校有关科类教学指导委员会委员，其中，李志义教授担任过程装备与控制工程专业教学指导分委员会副主任委员，高占先教授担任化学与化工学科教学指导委员会副主任委员、化学工程与工艺专业教学指导分委员会副主任委员。学校设立“名师讲坛”，邀请首届国家教学名师、南京大学卢德馨教授来我校讲学。

实验室建设。2006年，按照“有重点、分层次、讲效益、重改革、抓管理”的工作思路，以国家级、省级实验教学示范中心建设为龙头，重点投资建设了工科数学基地、综合物流实验室、结构实验室、建筑物理实验室等13个实验室，对内燃机实验室、水力学实验室、语音教室等进行条件改造，新开实验93项，扩组实验41项。进行了实验室管理体制改革，成立物理教学中心，使理论课教学与实验指导合为一体，教师资源、设备资源共享；整合电工电子实验中心人员力量，合并部分专业实验室。教务处制订了《关于加强实践教学管理的若干意见》、《实验教学试讲、试做工作规范》等，进一步健全实验教学管理规章制度。

学风建设。按照“从新生抓起，营造氛围，树立诚信，齐抓共管，创新方式”的工作思路，教务处与学生处、校团委共同组织召开了2006年学风建设工作会议；组织了优良学风标兵班评审汇报会，评选出优良学风标兵班10个，优秀学风班115个，学风进步班5个；以竞赛促进优良学风建设，组织学生参加各类国际级科技竞赛19项(58人次)，国家级竞赛122项(157人次)，省级71项(195人次)，校内各项竞赛2项(1130人次)；关注新生学习状况，组织召开了2006级新生座谈会、创新实验班学生座谈会；加强诚信教育，严格纪律要求，严格课堂考勤，严格考试管理。

取得的标志性成果

1.孟长功教授获得第二届国家教学名师奖(全国100名)；贺高红、刘志广教授获得辽宁省教学名师奖(全省40名)。

2.基础化学实验中心被评为首批国家级实验教学示范中心(全国25个)，工程训练中心被评为第二批国家级实验教学示范中心(全国共59个)，在综合性工程训练中心类位列第一；另有4个实验中心被评为第一批省级实验教学示范中心(全省共20个)。

3.贺明峰教授获优秀教师特等奖(全国共10人获奖，排名第5)，数学系博士生王琪获首届优秀学生特等奖(全国共30人获奖，排名第3)。目前，学校获得宝钢优秀教师特等奖总人数位居全国高校第6。

4.学校被确定为大学英语教学改革示范点项目学校。教育部共批准31所高校，东北地区有3所学校入选，分别是大连理工大学、大连民族学院和黑龙江大学。

5.土木工程、化学工程与工艺、电子信息工程3个本科专业被评为第二批辽宁省示范性专业(全省40个)。至此，学校有辽宁省示范性专业6个，位居辽宁省榜首。

6.学校有43种教材被确定为“十一五”国家级规划教材，分别是“九五”、“十五”规划教材的4.3倍和2.3倍。

7.获“第六届全国多媒体课件大赛”一等奖1项，二等奖2项，三等奖2项(全国共评出一等奖11项、二等奖33项、三等奖69项)；此外还有4件作品获得第十届全国教育软件大赛奖；2件作品获辽宁省第七届教育软件大赛奖。

8.刘硕获得第七届全国大学生英语演讲赛一等奖(第一名)，蓝欣怡获得二等奖，教务处获得竞赛优秀组织单位奖；刘硕、蓝欣怡代表辽宁队获得第七届全国大学生英语辩论赛一等奖；在2006年“高教社”杯全国大学生数学建模竞赛中，获全国一等奖3个，二等奖4个。在所有参赛高校中位列前十名；建筑与艺术学院学生在全国大学生设计竞赛中获金奖。

9.建立了国内第一个远程实验室(ilab)，初步实现了国际高校间实验教学资源的共享；应邀参加第三届开放教育国际论坛会并作经验报告，获得美国 IET 基金会授予的“2006 年度教育资源共享贡献奖”。

10. 学校被辽宁省教育厅批准建立石油化工技术紧缺人才培养培训基地，此次批准建立的辽宁省紧缺人才培养培训基地共 12 个。

11. 学校被辽宁省教育厅确定为计算机(非计算机专业)课程、大学化学课程、基础力学课程骨干教师培训基地和生物工程专业骨干教师培训基地(全省共 3 所高校，5 个基地)。

12. 学校 35 名教师被遴选为辽宁省普通高校优秀青年骨干教师。

2006 年各本科专业在校学生人数

学院(系)	专业名称	合计	一年级	二年级	三年级	四年级	五年级
化工学院	应用化学	239	59	57	55	68	
	应用化学(精细化工)	241	58	63	56	64	
	无机非金属材料工程	107	32	26	25	24	
	高分子材料与工程	235	60	51	60	64	
	过程装备与控制工程	435	92	91	115	137	
	化学工程与工艺	758	182	173	175	228	
	化学工程与工艺(英语强化)	287	60	60	60	61	46
	制药工程	112	30	27	29	26	
	小计	2414	573	548	575	672	46
环境与生命学院	生物技术	84	29	26	29		
	环境科学	90	30	28	32		
	环境工程	240	59	61	61	59	
	生物工程	151	32	30	26	63	
	小计	565	150	145	148	122	
应用数学系	数学与应用数学	367	89	87	94	97	
	信息与计算科学	362	90	89	92	91	
	小计	729	179	176	186	188	
物理与光电工程学院	应用物理学	179	30	27	61	61	
	光信息科学与技术	260	64	65	62	69	
	电子科学与技术	191	66	61	34	30	
	小计	630	160	153	157	160	
工程力学系	工程力学	360	93	92	87	88	
	小计	360	93	92	87	88	

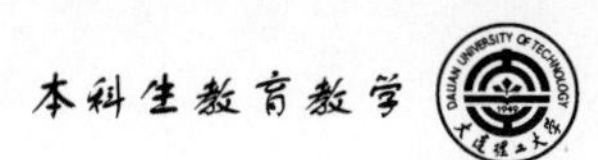

（续表）

学院(系)	专业名称	合计	一年级	二年级	三年级	四年级	五年级
机械工程学院	机械设计制造及其自动化	870	212	184	214	260	
	机械设计制造及其自动化(日语强化)	290	60	64	61	54	51
	机械设计制造及其自动化(英语强化)	237	60	59	59	59	
	工业设计(机械)	75	21	19	17	18	
	测控技术与仪器(机械)	117	30	31	27	29	
	物流工程	87	29	31	27		
	小　计	1676	412	388	405	420	51
材料科学与工程学院	材料物理	225	55	54	52	64	
	金属材料工程	243	61	60	54	68	
	材料成型及控制工程	271	73	71	69	58	
	小　计	739	189	185	175	190	
能源与动力学院	机械设计制造及其自动化(汽车工程)	123	31	31	27	34	
	热能与动力工程	702	189	184	171	158	
	小　计	825	220	215	198	192	
船舶工程系	船舶与海洋工程	409	125	106	94	84	
	小　计	409	125	106	94	84	
土木水利学院	土木工程	280	58	59	89	74	
	土木工程(英语强化)	202	60	57	29	56	
	建筑环境与设备工程	121	29	29	28	35	
	水利水电工程	237	62	62	53	60	
	港口航道与海岸工程	247	59	65	61	62	
	工程管理	253	61	63	61	68	
	小　计	1340	329	335	321	355	
建筑与艺术学院	雕塑	39	10	10	10	9	
	艺术设计	187	51	50	52	34	
	工业设计(建筑)	74	20	18	19	17	
	建筑学	328	71	64	62	66	65
	城市规划	107	30	27	24	26	
	小计	735	182	169	167	152	65

(续表)

学院(系)	专业名称	合计	一年级	二年级	三年级	四年级	五年级
电子与信息工程学院	测控技术与仪器(自动化)	123	31	29	31	32	
	自动化	737	177	183	184	193	
	电子信息工程(英语强化)	293	60	59	64	65	45
	电子信息工程	626	118	160	164	184	
	电子信息工程(集成电路)	28	28				
	计算机科学与技术	704	179	178	179	168	
	预科生	60	60				
	小　计	2571	653	609	622	642	45
电气工程与应用电子技术系	电气工程与自动化	519	127	135	128	129	
	小　计	519	127	135	128	129	
管理学院	信息管理与信息系统	253	59	58	68	68	
	人力资源管理	30	30				
	物流管理	65			33	32	
	公共事业管理(管理)	93		30	30	33	
	小　计	441	89	88	131	133	
经济系	金融学	207	62	60	54	31	
	国际经济与贸易(英语强化)	316	58	59	56	59	84
	小　计	523	120	119	110	90	84
外国语学院	英语	337	38	38	41	220	
	日语	152	44	38	36	34	
	小　计	489	82	76	77	254	
人文社会科学学院	法学	230	61	55	56	58	
	汉语言文学	107	28	23	25	31	
	广播电视新闻学	248	61	61	61	65	
	公共事业管理(人文)	162	26	25	56	55	
	小　计	747	176	164	198	209	
软件学院	软件工程	1557	401	361	352	443	
	软件工程(日语强化)	668	250	210	157	51	
	网络工程	433	153	160	120		
	小　计	2658	804	731	629	494	
第二学士学位	市场营销	38		38			
	小　计	38		38			
总　计		18408	4663	4472	4408	4574	291

注:以上统计数字截止日期为2006年9月30日。

2006年本科毕(结)业生情况统计

学院(系)	专业名称	本科毕业人数	本科结业人数	专科毕业人数	专科结业人数	有学位人数	无学位人数
化工学院	应用化学	49	1	4	1	45	10
	应用化学(精细化工)	65	1			62	4
	化学工程与工艺	200	2	4	3	185	24
	化学工程与工艺(英语强化)	48				48	
	过程装备与控制工程	102		2	1	100	5
	高分子材料与工程	50	2			47	5
	制药工程	29				28	1
环境与生命学院	环境工程	57	1	1		55	4
	生物工程	65		1		64	2
应用数学系	数学与应用数学	89	2		1	80	12
	信息与计算科学	93	1	1		85	10
物理与光电工程学院	应用物理学	25	1	1	1	25	3
	光信息科学与技术	56				54	2
	电子科学与技术	57	2			54	5
工程力学系	工程力学	84	1		1	81	5
机械工程学院	测控技术与仪器(机械)	32				31	1
	机械设计制造及其自动化(日语强化)	50			1	41	10
	机械设计制造及其自动化	278	3	4	3	262	26
	工业设计(机械)	14				14	
材料科学与工程学院	材料成型及控制工程	96	2	2	1	83	18
	材料物理	51				44	7
	金属材料工程	58		1	3	53	9
能源与动力学院	热能与动力工程	149		4	3	117	39
	机械设计制造及其自动化(汽车工程)	27		1		26	2
船舶工程系	船舶与海洋工程(船舶工程)	79		2	1	62	20
土木水利学院	土木工程	141	1			127	15
	工程管理	55				48	7
	建筑环境与设备工程	34				32	2
	水利水电工程	30	1			24	7
	港口航道与海岸工程	62	1			59	4

(续表)

学院(系)	专业名称	本科毕业人数	本科结业人数	专科毕业人数	专科结业人数	有学位人数	无学位人数
建筑与艺术学院	建筑学	59		1		54	6
	工业设计(建筑)	13				12	1
	艺术设计(环境艺术设计)	30				28	2
电子与信息工程学院	自动化	190	2	4	1	181	16
	测控技术与仪器(自动化)	29		1		29	1
	电子信息工程(英语强化)	39				38	1
	电子信息工程	177		1	1	167	12
	计算机科学与技术	145	3	4		128	24
电气工程与应用电子技术系	电气工程与自动化	88		1		79	10
管理学院	公共事业管理	31				31	
	信息管理与信息系统	36		2		35	3
	物流管理	27				27	
经济系	国际经济与贸易(英语强化)	56				55	1
	金融学	35				34	1
外国语学院	日语	30	1	1		29	3
	英语	65		1		63	3
人文社会科学学院	汉语言文0学	29				28	1
	法学	24				24	
	广播电视新闻学	58		1		58	1
	公共事业管理	55				51	4
软件学院	软件工程	93	1			89	5
第二学位	市场营销	30				30	
总计		3564	29	45	22	3306	354

注:以上统计数字截止日期为2006年9月30日。

2006年礼聘教授名单

唐　介　李心宏　孙丽华　谢　敏　姜　桦　邱　东

2006年学校优秀教学成果奖获奖项目(共22项)

获奖等级	学院(系)	获奖人员	成果名称
一等奖 (4项)	环境与生命学院	全　燮等	面向21世纪环境类本科教学专业实验课程建设
	化工学院	匡国柱等	化学工程与工艺专业系列课程建设
	土木水利学院	姜　峰等	通过开展结构设计大赛促进课程教学、培养学生创新实践能力
	机械学院	胡青泥等	以学生全面发展为本,课内外结合,本科生创新能力和综合素质培养研究与实践
二等奖 (6项)	物理与光电工程学院	丁建华等	大学物理实验教学体系综合改革的研究与实践
	软件学院	刘　莉	互动式大学英语 WARE 教学模式研究
	电子与信息工程学院	解永平等	高校创新型人才培养途径的探索与实现
	统战部	齐东海等	培养科学精神与人文精神相融合人才的教育模式
	物理与光电工程学院	唐一源等	大学生身心健康的脑机制及整体干预策略创新
	体育教学部	杨佳宁等	大连理工大学“五人制”足球运动开创高校足球运动的新局面
三等奖 (12项)	土木水利学院	王子茹等	土木水利类工程图学系列课程教材建设
	土木水利学院	杨　微等	工程力学教学新方法研究及虚拟实验教学系统
	人文学院	刘　洁等	“研究性教学”在“邓小平理论和‘三个代表’重要思想概论”课中的运用
	化工学院	牟文生等	《无机化学实验》(第二版)
	环境与生命学院	修志龙等	生物学科专业建设探索与实践
	管理学院	郭文臣	“激情-理性-互动”教学法的研究与实践
	化工学院	丁保军等	“分析化学”双语教学立体化课程的构建和研究
	土木水利学院	王溢波等	水利水电实验教学改革的有效途径
	化工学院	孟庆伟等	制药工程专业实验全面建设
	化工学院	刘志军等	《过程机械》教材建设
	化工学院	王世广等	《化工原理》教材
	外国语学院	李筱平等	在第二课堂活动中培养应用型日语人才

2006年辽宁省精品课程

序号	课程名称	课程负责人	所在学院(系)
1	大学英语	宋　黎	外国语学院
2	数值分析	于　波	应用数学系
3	运筹学	韩大卫	管理学院
4	机械工程材料	齐　民	材料科学与工程学院

2006年学校优秀课程(含复评与新增课程)

序号	课程名称	课程负责人	所在学院(系)
1	口译	刘艾云	外国语学院
2	国际财务	金　镝	经济系
3	国际贸易实务	逯宇铎	经济系
4	组织行为学	陈树文	管理学院
5	计算机组成原理	马洪连	电子与信息工程学院
6	信号与系统	邱天爽	电子与信息工程学院
7	模拟电子线路(含实验)	仲崇权	电子与信息工程学院
8	电机与拖动	孙建忠	电气工程与应用电子技术系
9	反应工程	张守臣	化工学院
10	普通化学及实验	孟长功	化工学院
11	遗传工程原理及实验	包永明	环境与生命学院
12	机械加工工艺基础	梁延德	机械学院
13	机械精度设计与检测技术	赵福令	机械学院
14	量子力学	宋鹤山	物理与光电工程学院
15	水力学	刘亚坤　金　生	土木水利学院
16	动力机械基础	冀春俊	能源与动力学院
17	运筹学	韩大卫	管理学院
18	大学英语	宋　黎	外国语学院

2006年各学院(系)出版教材目录

序号	书名	编著(译)	院系	出版社	出版时间
1	机械工程材料	于永泗	材料科学与工程学院	大连理工大学出版社	2006.01
2	机械工程材料 辅导·习题·实验(第三版)	于永泗等	材料科学与工程学院	大连理工大学出版社	2006.08
3	船舶设计决策理论与方法	刘寅东　唐焕文	船舶工程系	高等教育出版社	2006.03
4	Introductory Circuit Analysis	陈希有译	电气工程与应用电子技术系	高等教育出版社	2006.03
5	电气工程常用数据速查手册	王宁会	电气工程与应用电子技术系	中国建材工业出版社	2006.01
6	电气工程师(供配电)实务手册	王宁会	电气工程与应用电子技术系	机械工业出版社	2006.02
7	智能电器	邹积岩	电气工程与应用电子技术系	机械工业出版社	2006.01
8	64位微处理器及其编程	王占杰	电子与信息工程学院	机械工业出版社	2006.01

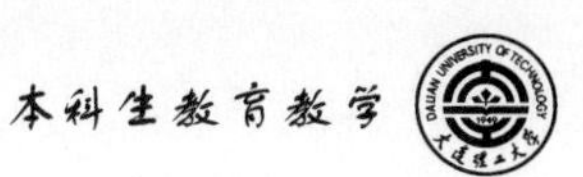

（续表）

序号	书　名	编著(译)	院　系	出版社	出版时间
9	板带轧机虚拟设计与信息集成技术	张　利	电子与信息工程学院	大连理工大学出版社	2006.02
10	过程控制系统及仪表	李亚芬等	电子与信息工程学院	大连理工大学出版社	2006.08
11	嵌入式系统设计教程	马洪连等	电子与信息工程学院	电子工业出版社	2006.06
12	内燃机制造工艺教程	许　锋	能源与动力学院	大连理工大学出版社	2006.03
13	企业能源审计与节能技术	尹洪超	能源与动力学院	大连理工大学出版社	2006.12
14	MBA管理学	汪克夷等	管理学院	大连理工大学出版社	2006.08
15	MBA系列教材 会计学	张启銮等	管理学院	大连理工大学出版社	2006.08
16	比较法学	王刚义	管理学院	中国教育文化出版社	2006.06
17	财务管理(第四版)	栾庆伟　迟国泰	管理学院	大连理工大学出版社	2006.08
18	管理案例精选	余凯成等	管理学院	大连理工大学出版社	2006.08
19	管理案例研究2006年卷	王雪华等	管理学院	大连理工大学出版社	2006.08
20	管理信息系统(第五版)	仲秋雁等	管理学院	大连理工大学出版社	2006.08
21	管理学(第四版)	汪克夷等	管理学院	大连理工大学出版社	2006.08
22	管理运筹学(第五版)	韩大卫	管理学院	大连理工大学出版社	2006.06
23	国际金融	迟国泰等	管理学院	大连理工大学出版社	2006.06
24	会计学(修订版)	张启銮等	管理学院	大连理工大学出版社	2006.05
25	技术经济学(第三版)	武春友等	管理学院	大连理工大学出版社	2006.07
26	经济学(第五版)	金　镝等	管理学院	大连理工大学出版社	2006.07
27	人力资源管理(MBA)	余凯成	管理学院	大连理工大学出版社	2006.03
28	市场营销学(第五版)	李　弘等	管理学院	大连理工大学出版社	2006.07
29	现代企业管理(第五版)	俞明南等	管理学院	大连理工大学出版社	2006.01
30	战略管理	董大海等	管理学院	大连理工大学出版社	2006.07
31	资源外包的理论与管理研究	苏敬勤　孙　大	管理学院	大连理工大学出版社	2006.06
32	资源效率与生态规划管理	武春友	管理学院	清华大学出版社	2006.04
33	组织行为学	余凯成等	管理学院	大连理工大学出版社	2006.06
34	分析化学(第三版)	刘志广等	化工学院	大连理工大学出版社	2006.09
35	工程力学	银建中	化工学院	大连理工大学出版社	2006.02
36	化工热力学	于志家	化工学院	大连理工大学出版社	2006.02
37	化学与现代社会	赵艳秋	化工学院	大连理工大学出版社	2006.02
38	煤化工工艺学(第二版)	郭树才	化工学院	化学工业出版社	2006.04
39	如何学习有机化学	陈宏博等	化工学院	大连理工大学出版社	2006.01
40	无机化学(第五版)	辛　剑等	化工学院	高等教育出版社	2006.05

(续表)

序号	书　名	编著(译)	院　系	出 版 社	出版时间
41	无机化学释疑与习题解析	迟玉兰等	化工学院	高等教育出版社	2006.05
42	无机化学学习指导(第五版)	无机化学教研室	化工学院	大连理工大学出版社	2006.09
43	物理化学考研重点热点导引与综合能力训练(第三版)	傅玉普等	化工学院	大连理工大学出版社	2006.08
44	物理化学学习指导(第三版)	傅玉普等	化工学院	大连理工大学出版社	2006.02
45	机械制造装备设计	冯辛安等	机械学院	机械工业出版社	2006.03
46	公共艺术元素一公共雕塑	温　洋等	建筑与艺术学院	机械工业出版社	2006.04
47	建筑风景钢笔手绘表现技法	温　颖　温　洋	建筑与艺术学院	机械工业出版社	2006.07
48	建筑风景马克笔手绘表现技法	宋季蓉　温　颖	建筑与艺术学院	机械工业出版社	2006.04
49	建筑风景毛笔手绘表现技法	温　颖　温　洋	建筑与艺术学院	机械工业出版社	2006.04
50	(中国经典 MBA 系列教材)跨国公司管理	原毅军等	经济系	大连理工大学出版社	2006.11
51	博弈论	原毅军等	经济系	机械工业出版社	2006.5
52	国际贸易	逯宇铎等	经济系	清华大学出版社·北京交通大学出版社	2006.02
53	国际市场营销学	逯宇铎等	经济系	机械工业出版社	2006.09
54	国际物流管理	逯宇铎等	经济系	机械工业出版社	2006.02
55	环境经济学	原毅军等	经济系	中国财政经济出版社	2006.01
56	经济学	金　镝等	经济系	大连理工大学出版社	2006.07
57	跨国公司管理	原毅军	经济系	大连理工大学出版社	2006.11
58	临港产业集聚研究	逯宇铎等	经济系	华龄出版社	2006.11
59	岩土工程师实务手册	李守巨	力学系	机械工业出版社	2006.05
60	应用力学的辛数学方法	钟万勰	力学系	高等教育出版社	2006.02
61	“思想道德修养与法律基础”课教学案例解析	马莹华等	人文社会科学学院	中国人民大学出版社	2006.08
62	马克思主义基本原理	洪晓楠	人文社会科学学院	辽宁大学出版社	2006.02
63	工程技术哲学	刘则渊等	人文社会科学学院	大连理工大学出版社	2006.12
64	科学技术发展	刘则渊等	人文社会科学学院	大连理工大学出版社	2006.12
65	自然辩证法教学案例	胡　光等	人文社会科学学院	中国人民大学出版社	2006.08
66	思想道德修养与法律基础教学案例解析	杨慧民等	人文社会科学学院	高等教育出版社	2006.08
67	FORTRAN 语言程序设计	杨　微	土木水利学院	大连理工大学出版社	2006.08
68	钢骨高强混凝土短柱力学性能	贾金青等	土木水利学院	大连理工大学出版社	2006.05
69	工程结构可靠性设计原理	贡金鑫	土木水利学院	大连理工大学出版社	2006.12

（续表）

序号	书　名	编著(译)	院　系	出版社	出版时间
70	建筑法规	王立久	土木水利学院	中国建材工业出版社	2006.11
71	建筑与装饰工程材料	王立久	土木水利学院	北京大学出版社	2006.01
72	矿山爆破安全便携手册	王树刚	土木水利学院	机械工业出版社	2006.08
73	矿山采掘安全便携手册	王树刚	土木水利学院	机械工业出版社	2006.08
74	理论力学(第四版)	李心宏等	土木水利学院	大连理工大学出版社	2006.08
75	水库汛限水位动态控制方法研究	周慧成等	土木水利学院	大连理工大学出版社	2006.07
76	水资源与防洪系统可变模糊集理论与方法	陈守煜	土木水利学院	大连理工大学出版社	2006.03
77	亚洲岩土工程与环境岩土工程新进展	栾茂田	土木水利学院	大连理工大学出版社	2006.11
78	标准日本语单词读本(初级)	孙成志	外国语学院	大连理工大学出版社	2006.06
79	标准日语发音(配 MP3)	由志慎等	外国语学院	大连理工大学出版社	2006.06
80	工程硕士英语综合教程	王慧莉	外国语学院	北京大学出版社	2006.12
81	每天一课 英语写作 365	高　鹏等	外国语学院	大连理工大学出版社	2006.08
82	每天一课英语阅读 365	高　鹏	外国语学院	大连理工大学出版社	2006.01
83	文化交流英语	姜　怡等	外国语学院	高等教育出版社	2006.08
84	新大学俄语科技阅读教程	宋艳伟	外国语学院	高等教育出版社	2006.05
85	新思路大学英语阅读教程(一、二、三、四)	隋玉玮等	外国语学院	大连理工大学出版社	2006.09
86	学术交流英语	姜　怡等	外国语学院	高等教育出版社	2006.08
87	英语 2(十一五规划教材)(修订版)	李秀英等	外国语学院	高等教育出版社	2006.04
88	英语 2 综合练习	姜　欣等	外国语学院	高等教育出版社	2006.01
89	英语 6	姜　怡等	外国语学院	高等教育出版社	2006.05
90	英语短篇精选	马泽军	外国语学院	大连理工大学出版社	2006.03
91	英语教学参考书第六册(第二版)	姜　怡等	外国语学院	高等教育出版社	2006.05
92	英语学习辅导书 1	姜　怡等	外国语学院	高等教育出版社	2006.01
93	英语学习辅导书 2	姜　欣等	外国语学院	高等教育出版社	2006.01
94	量子力学(第二版)	宋鹤山	物理与光电工程学院	大连理工大学出版社	2006.04
95	量子力学典型题精讲	宋鹤山等	物理与光电工程学院	大连理工大学出版社	2006.08
96	Mathematica 基础及数学软件(第二版)	阳明盛　林建华	应用数学系	大连理工大学出版社	2006.10
97	概率论与数理统计	冯敬海	应用数学系	大连理工大学出版社	2006.08
98	工科微积分同步辅导	曹铁川等	应用数学系	大连理工大学出版社	2006.09

2006年各学院(系)出版课件目录

序号	课件名称	作者	学院(系)	出版单位	出版时间
1	电工学多媒体教学光盘	刘凤春等	电气工程与应用电子技术系	机械工业出版社	2006.01
2	数控技术CAI多媒体课件	杨有君	机械工程学院	机械工业出版社	2006.12
3	无机化学电子教案(第二版)	于永鲜等	化工学院	高等教育出版社	2006.12
4	"科学社会主义的理论与实践"网络多媒体教学课件	葛丽君等	人文社会科学学院	中国人民大学出版社	2006.10
5	自然辩证法概论网络多媒体课件	杨慧民等	人文社会科学学院	中国人民大学出版社	2006.11
6	从宇宙到夸克电子教案	余 虹 姜东光	物理与光电学院	清华大学出版社	2006.12
7	化工设备机械基础	王立业 刁玉玮	化工学院	大连理工大学出版社	2006.06

教学实验室一览

校级实验中心

序号	实验中心名称	主任
1	基础化学实验中心	孟长功
2	基础物理实验中心	余 虹
3	基础力学实验中心	吴承伟
4	电工电子实验中心	金明录
5	工程训练中心	梁延德
6	计算中心	李英壮

学院(系)实验室

学院(系)	实验室名称	主任
化工学院	化工原理实验室	匡国柱
	化学工程与工艺实验室	赵宗昌
	精细化工与制药工程实验室	修景海
	高分子材料实验室	张春庆
	过程装备与控制工程实验室	邹久朋
	材料化工实验室	周 颖
管理学院	管理学院实验室	王 勇
环境与生命学院	生物与环境实验室	修志龙

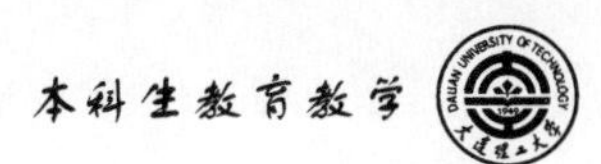

（续表）

学院（系）	实验室名称	主　任
建筑与艺术学院	建筑与艺术综合实验室	王时原
土木水利学院	土木水利专业中心实验室	李宏男
	土木水利基础中心实验室	姜　峰
工程力学系	力学中心实验室	郭杏林
应用数学系	应用数学系计算机室	曹后伟
外国语学院	语音实验室	辛振友
能源与动力学院	热动力实验室	陈　石
	内燃机实验室	孙培岩
船舶工程系	船舶中心实验室	宗　智
电气工程与应用电子技术系	电气工程与应用电子技术系实验室	庄　海
机械工程学院	机械工程中心实验室	梁延德
	机械基础实验室	王德伦
材料科学与工程学院	材料中心实验室	季守华
电子与信息工程学院	信息技术中心实验室	郭成安
物理与光电工程学院	物理与光电中心实验室	孙长森

校外教学实践基地一览

序号	实习基地名称	适用专业
1	长春第一汽车集团公司	机械制造及自动化、材料成型与控制
2	中国三峡总公司培训中心	水利水电工程建筑
3	沈阳飞机设计研究院601所	工程力学
4	哈尔滨汽轮机厂	热力涡轮机
5	青岛汽轮机厂	热力涡轮机
6	瓦房店轴承厂	热能工程
7	辽宁黄海汽车有限责任公司	汽车工程
8	大连三洋制冷	制冷与低温、热能工程
9	大连三洋空调	制冷与低温
10	大连三洋冷链	制冷与低温
11	大连柴油机厂	内燃机、机械制造及自动化
12	大连机车厂	机械制造及自动化、材料成型与控制、内燃机
13	大连建筑设计研究院	工程力学、土木工程
14	大连造船厂	船舶工程、金属材料

(续表)

序号	实习基地名称	适 用 专 业
15	大连新船重工	船舶工程、测控技术与仪器(机)
16	大连中国国际旅行社	科技英语
17	大连市贸促会	科技英语、科技日语
18	大连惠普电子有限公司	科技日语
19	大连日本友和物流	科技日语
20	戴尔大连分公司	科技日语
21	真言大连咨询有限公司	科技日语
22	大连石油七厂	化学工程
23	大连化学工业公司	化学工程
24	北京燕山石化总公司	高分子材料
25	大连染料化工有限公司	应用化学、精细化工、自动化
26	大连美罗制药厂	制药工程
27	大连辉瑞制药有限公司	制药工程
28	大连金港制药有限公司	制药工程
29	大连东达傅家庄污水处理厂	环境工程、环境科学
30	大连调味品厂	生物工程、生物技术
31	东北特钢集团	机械制造及自动化、金属材料、自动化
32	大连机床厂	机械制造及自动化、自动化
33	大连冷冻机厂	机械制造及自动化、制冷与低温
34	沈阳机床集团公司	机械制造及自动化
35	大连船用柴油机厂	机械制造及自动化
36	中科院大连化学物理研究所	应用物理、电子科学与技术、光信息科学与技术
37	大连市电业局	电气工程及其自动化
38	大连电力集团开关厂	电气工程及其自动化
39	大连南关岭 500 kV 变电站	电气工程及其自动化
40	大连电业局调度中心	电气工程及其自动化
41	大连西太平洋石油化工厂	测控技术与仪器
42	大连三洋家电公司	工业设计(机)
43	上海市方宇工业设计有限公司	工业设计(机)
44	大连市服装机械厂	工业设计(机)
45	宁波市宏裕电器有限公司	工业设计(机)
46	大连冰山集团	建筑环境与设备工程、热能工程
47	大连鲅鱼湾新港	土木工程、港工
48	大连建筑总公司	土木工程、工程力学
49	辽宁无线电二厂	电子工程、自动化、测控

（续表）

序号	实习基地名称	适 用 专 业
50	大连华录集团	自动化、应用物理、电子科学与技术
51	大连路明科技集团	电子工程、应用物理、自动化、测控
52	东芝大连公司	电子工程、自动化、测控
53	大连电视台	广电新闻
54	大连日报社	广电新闻
55	大连市文联	汉语言文学
56	大连市中级法院	法学
57	大连民航管制中心	自动化
58	大连起重集团(革镇堡)	自动化
59	大连发电总厂(解放广场)	自动化

2006届本科毕业生被推荐及考取研究生情况

学院(系)	毕业生数	推荐本校研究生	考取本校研究生	推荐外校研究生	考取外校研究生	合计读研人数
化工学院	543	37	74	19	32	162
应用数学系	182	15	23	14	7	59
物理与光电工程学院	138	11	37	7	15	70
工程力学系	84	10	13	9	0	32
机械工程学院	374	22	32	12	14	80
材料科学与工程学院	205	14	31	8	22	75
能源与动力学院	176	12	18	6	11	47
船舶工程系	79	6	11	2	5	24
土木水利学院	322	19	36	9	12	76
电子与信息工程学院	570	47	79	22	38	186
电气工程与应用电子技术系	88	7	18	2	5	32
管理学院	94	9	6	2	5	22
外国语学院	95	7	30	3	24	64
人文社会科学学院	166	13	9	3	9	34
建筑与艺术学院	102	6	6	2	6	20
环境与生命学院	122	11	23	6	17	57
软件学院	93	6	5	2	5	18
经济系	91	7	11	3	5	26
合 计	3534	259	462	131	232	1084

研 究 生 教 育

研究生培养总体情况

截至2006年12月,大连理工大学共有18个一级学科博士点,104个二级学科博士点,146个硕士点以及工商管理硕士(MBA,含高级工商管理硕士EMBA)、公共管理硕士(MPA)、建筑学和工程硕士四个专业学位点的学位授予权和高校教师在职攻读硕士学位授予权。全校共有校内博士生指导教师303人,兼职博士生指导教师134人,硕士生指导教师1140人。各类在校研究生共15 406人,其中全日制博士生2948人,全日制硕士生7072人。

研究生教育教学管理工作

研究生学籍与教学管理

根据《普通高等学校学生管理规定》的要求,制定了《大连理工大学研究生学籍管理细则》,并于4月7日接受了教育部专家组对我校《普通高等学校学生管理规定》贯彻落实情况的检查,专家组对我校认真贯彻实施《规定》的工作成效给予高度评价。为了规范管理,充分、有效地利用学校资源,对超过《大连理工大学研究生学籍管理细则》规定的最长学习年限仍未答辩,又没有提出书面延期申请的45名博士研究生作出取消学籍的处理。

积极推动研究生参加国际交流与合作。2006年共审批通过了77人的出国(境)申请,其中参加国际会议的有18人,联合培养进行项目研究和学术交流的有44人。在“中国教育部-加拿大农业部联合培养博士生项目”中,我校推荐的2名博士研究生全部入选。制定了我校“十一五”期间国家公派出国留学研究生的选派计划,加大了联合培养博士生的力度。

2006年10月开始全面修订2007级硕士研究生培养方案的工作。此次修订,采取立项的形式,由主管研究生的院长(系主任)牵头、学科点点长负责,组织业务水平高、责任心强的相关专业的教师成立专门的研究小组。学校还成立了硕士研究生教育督导组,主要参与研究生课程的听课、考场的巡察、院系试卷保管的抽查、研究生论文答辩等工作,进一步健全了研究生培养质量监控体系。

成功举办了2006全国博士生学术论坛,共收到论文投稿540篇,其中力学分论坛176篇、土木分论坛260篇、水利分论坛104篇。经过专家评审录用论文344篇,其中优秀论文37篇,汇编了《2006全国博士生学术论坛论文摘要集》,制作了全文光盘,出版了收录34篇2006全国博士生学术论坛优秀论文的《大连理工大学学报(增刊)》。

研究生教育教学的改革与研究

在全校范围内征集了研究生创新中心的徽标,11个主题创新组正式开展研究工作,每两周举办一次学术活动。制定了研究生创新中心的二期建设方案,进一步深化研究生培养模式、管理机制的改革,将研究生创新中心建设成为大连理工大学研究生教育研究基地、新型交叉学科基地和社会咨询与服务基地。

积极开展研究生教育教学的改革与研究,第一次以答辩的方式组织了2006年研究生教改基金资助项目的申报和评审,立项申请共17项,经专家评审获得资助的有12项。获资助的船舶系王言英教授的专著《格林函数与纳维-斯托克思方程及其在船舶与海洋工程中的应用》已得到大连市政府出版资助。获课程建设资助的化工学院张华副教授的研究生课程《现代分析化学技术》的课件获得第六届全国多媒体大赛三等奖。

积极组织申报国家及辽宁省的相关研究课题，在中国学位与研究生教育协会"十一五"课题立项申请中，我校有6项获批为自选课题，1项与北京大学合作获批为重点课题。

大连理工大学2006年研究生教改基金资助项目汇总表

批准号	所在院系	项目名称	项目类别	负责人	资助金额（万元）
06001	物理与光电工程学院	《量子信息论》译著	教材资助	宋鹤山	1.5
06002	物理与光电工程学院	加强《细胞生物物理》课程实验环节教学	课程建设	孙长森	2
06003	化工学院	研讨式药物化学创新型人才培养模式的探索	项目研究	赵伟杰	2
06004	化工学院	《化工系统工程》	教材资助	都　健	1.5
06005	化工学院	《现代分析化学技术》课程改革及网络课程建设	课程建设	张　华	1.5
06006	船舶工程系	《格林函数与纳维-斯托克斯方程及其在船舶与海洋工程中的应用》	专著资助	王言英	1.5
06007	电子与信息工程学院	《线性时变数字滤波器的理论与应用》	教材资助	邱天爽	1.5
06008	能源与动力学院	利用网络学刊加强研究生素质培养的研究	项目研究	张　博	2
06009	管理学院	硕士研究生培养质量评估体系研究	项目研究	乔　坤	2
06010	管理学院	理工院校MBA特色专业设置与质量保证体系	项目研究	李延喜	2
06011	管理学院	《电子政务理论与实践》	教材资助	裘江南	1.5
06012	软件学院	高级操作系统创新能力培养教学改革实践	课程建设	吴国伟	1

中国学位与研究生教育协会"十一五"立项课题汇总表

序号	课题名称	课题类别	课题负责人	单位
1	研究生学术行为现状调查与规范建设对策研究	自选课题	丁　堃	人文学院
2	博士生培养质量保障机制研究	自选课题	冯振业	人文学院
3	基于高水平科研的研究生培养机制改革研究	自选课题	韩贵秋	研究生院
4	基于科研团队的研究生培养模式研究	自选课题	胡祥培	管理学院
5	网络环境下专业学位研究生培养、管理机制的研究与探索	自选课题	宋　丹	研究生院
6	研究生教育科学、和谐、稳步发展战略研究	自选课题	刘元芳	人文学院
7	构建研究生素质教育长效机制的对策研究	重点课题	刘宏伟	人文学院

研究生教育管理工作

研究生管理队伍和组织建设

1. 研究生工作助理队伍建设

为加大研究生教育管理的力度,进一步健全和完善研究生工作助理队伍和组织建设,研究生院对各院系研究生工作助理工作实行严格的考核制度,要求学期初要制定工作计划并上报,学期末根据工作计划考核实施情况,绩优奖励、绩劣处罚。全体研究生工作助理严格履行《大连理工大学研究生工作助理条例》规定的职责,经过年度考核、院系推荐和民主评选,最终有16人荣获了"大连理工大学优秀学生工作者"称号,其中有5人荣获了"大连市优秀学生工作者"称号。同时,研究生院积极推进院系研究生管理队伍的建设,现已有化工学院、土木水利学院、电子与信息学院、力学系、机械学院、管理学院等6个院系设置了专门的研究生管理办公室,其中化工学院、土木水利学院、力学系设置了专职人员负责研究生管理工作。

2. 研究生工作助管队伍建设

为了支持和配合研究生工作助理的工作,做好各院系的研究生管理,研究生院要求各院系根据自己的研究生数量和发展规模,设置一定数量的研究生工作助管和专职助管来协助工作助理的工作,要求对研究生工作助管实行资格申请、管理办审批、年度考核的管理程序,切实落实研究生工作助管的岗位职责。

努力拓展新形势下研究生思想政治教育的有效途径

1. 坚持政治理论与社会实践相结合原则,深入开展社会实践活动

通过组织研究生利用寒暑假深入农村和工厂,组织学生到知名企业参观或请知名企业的高层领导来校作报告以及选派研究生到街道、企业挂职锻炼等方式,为研究生创造接触社会、了解社会的机会,在社会实践中接受教育。2006年,校研究生会组织了100多名博士生和硕士生开展了"博士生企业行"活动,参观走访了韩伟集团、冰山集团、大连西太平洋石油化工集团等多家企业,结合自己的学科专业特点,提出自己的意见和建议,赢得企业的一致好评。

2. 大力开展校园文化建设,寓思想政治教育于校园文化建设中

结合研究生的特点,指导校研究生会、博士生会、各院系研究生分会,通过活动立项审批的方式开展活动,保证了活动开展的数量、档次和效果。如:连续多年组织研究生举办纪念"一二·九"大型文艺汇演,还组织了长跑接力比赛、征文、演讲等形式多样的活动;2006年,还倡导发起并组织承办了大连市高校研究生纪念"一二·九"演讲比赛。

此外,大连市高校研究生仿真机器人足球大赛、全校研究生田径运动大会、科技节系列活动、学术活动、异域文化长廊、院士报告以及大型讲座等精彩纷呈的活动,提高了研究生的科技、人文素质,开阔了视野,有效激发了研究生投入科研和学习的热情。

3. 主动占领网络思想政治教育新阵地

组织研究生开发了专门网站,所有活动都通过网上进行宣传,转载积极、健康有意义的内容,例如公民道德教育,党的十六大以来各次全会精神等资料,努力为研究生思想政治教育营造良好的氛围,为研究生提供丰富的精神食粮。

4. 开展深入细致的思想政治工作和心理健康教育,开创管理育人、服务育人的良好氛围和工作格局

根据研究生的身心发展特点和教育规律,注重培养研究生良好的心理品质和自尊、自爱、自律、自强的优良品格,增强研究生克服困难、经受考验、承受挫折的能力。

研究生日常管理工作

1. 研究生国家助学贷款工作

为帮助解决2006级贫困家庭研究生的学费问题,进一步落实新的国家助学贷款政策,和中国银行积极配合,广泛宣传有关国家助学贷款的相关政策。在2006级研究生入学后,召开了申请国家助学贷款说明会。目前,2006级研究生共有216人申请了国家助学贷款,贷款总额为327

万元。

2.研究生勤工助学工作

为帮助家庭贫困的研究生顺利完成学业，在学校机关各职能部处、研究生院、各院系及其实验室等几十个单位和部门设置了勤工助学固定岗位400多个，共有400多人申请上岗。此外，根据各单位和部门的短期需要，又增设了勤工助学的临时岗，有200多人次上岗。全年支付勤工助学固定岗和临时岗的费用共计892 120.50元，缓解了很大一部分贫困家庭研究生的生活问题。

3.研究生困难补助工作

对家庭特殊贫困和突逢重大疾病的研究生，不仅在财物上给予帮助，更在心理上给予关爱，帮助他们解决问题。全年共有116名同学申请了困难补助，研究生院给予了相应的补助，补助金额达到28 000元。

4.研究生奖学金管理工作

2006年共有355人荣获"优秀研究生"称号，发放奖学金共计782 000元；60人荣获"优秀毕业生"称号，发放奖学金90 000元；31人获得优秀学生干部奖学金，发放奖学金35 000元；163人获得专项奖学金，发放奖金499 900元。

5.研究生医疗保险工作

截至2006年12月，患病研究生年内申请理赔人数为356人次，理赔总金额为39.4万元。通过开展研究生医疗保险工作，解决了研究生因疾病或意外事故承担的大部分医疗费用问题，减轻了研究生、家庭和学校的负担。

研究生招生工作

2006年我校硕士研究生报考人数为9806人，实际录取2797人，其中单考9人，强军计划32人，少数民族高层次骨干人才计划11人，MBA304人；公开招考的博士研究生报考人数为565人，实际录取345人，另录取提前攻博研究生170人，硕博连读研究生137人，共计录取博士研究生652人。

加强制度建设，确保研究生招生公平、公正

制定了《大连理工大学研究生招生管理规定》、《大连理工大学研究生试卷保密室、答卷保管室管理办法》和《大连理工大学研究生入学考试命题教师承诺书》等相关文件，使招生各环节的工作做到有章可循，并将国家教育部、辽宁省招生办以及学校的有关规章制度落实到招生工作的每个细节，严格招生工作责任制和责任追究制，提高责任意识，确保考试安全和招生工作的公平、公正。2006年我校在辽宁省首次使用了手机屏蔽器，收到了较好效果。

充分利用优势资源，实现推荐免试研究生工作的创新

在推荐免试研究生工作中，单独给基础学科硕士点、新增硕士点和交叉学科硕士点划拨一定名额，在全校公开选拔，保证了生源质量。为创新型人才提供免试攻读研究生绿色通道，划拨10～15个名额用于创新人才选拔，使具有创新实践特长的学生和参加科技竞赛取得优异成绩的学生获得直接深造机会，体现了对知识、能力、素质综合考察的人才观。专为优良学风标兵班下达了推免名额，促进了学风建设。2006年我校共录取推荐免试研究生364人，其中我校应届本科生281人。

深化招生制度改革，提高复试质量

教育学、历史学两个一级学科参加全国硕士研究生统一入学考试部分学科门类初试科目改革，初试科目由4门改为3门，参加全国统一组织命题的考试。

根据教育部《关于做好硕士研究生招生复试工作的指导意见》，强化复试内涵，加强对复试工作的管理，成立了学校研究生招生工作领导小组和由校纪检委参与的招生工作监察组。完善自我约束机制，在复试中坚持集体评分，集体把关，主管领导负责的原则。进一步完善博士生考试制度，确立多元化、合理的考核体系。研究生复试做到了公开、公正、公平。

研究生学位授予与管理工作

积极、认真做好学位办常规性工作

顺利完成校学位评定委员会人员调整工作,组织召开大连理工大学学位评定委员会第八届第二次、第三次和第四次会议。共授予硕士学位3298人,其中统招硕士2011人,工程硕士923人,秋季MBA122人,春季MBA142人,EMBA53人,同等学力47人。授予博士学位394人,其中同等学力2人。打印并发放学位证书3694本,优秀硕士学位论文证书180本(含指导教师)。

学位办会同研究生工作督导听取并检查各院系的答辩情况。

审批并批准以同等学历申请博士学位7人进校学习。

根据学位法和有关规定,向中国国家图书馆、中国学术期刊电子杂志社、中国科学技术信息研究所整理并提交我校毕业的硕士、博士学位论文共计5525本。

组织2007年辽宁省及全国优秀博士学位论文的申报工作。有5篇博士学位论文被评为辽宁省优秀博士学位论文;有3篇博士学位论文获得全国优秀博士学位论文提名。

协助辽宁省学位办选派相关学科专家参加辽宁省优秀博士学位论文评审会。

协助教育部学位与研究生教育发展中心对参加定期评估的硕士学位授权点及部分硕士学位论文进行通讯评议。

协助教育部学位与研究生教育发展中心对全国优秀博士学位论文评选进行通讯评议。

按照国务院学位办《关于对定期评估博士学位授权点的学位论文进行抽查的通知》开展抽查工作并上报相关材料。

协助教育部学位与研究生教育发展中心对2006年抽查博士学位论文进行通讯评议。

受国务院学位办的委托,继续承担辽宁省学位授予信息汇总的工作。

继续完善学位论文质量保证体系

严把质量关,继续大力推行和完善硕士研究生学位论文集中答辩与外(复)审制度。聘请国内著名高校相关学科的专家,完成262名硕士生论文答辩前的预审工作,174名硕士生论文答辩后的外审工作。外审的论文将根据外审结果讨论其学位,其中4人需重新答辩(专业学位4人),11人需修改论文(专业学位7人、统招硕士3人、同等学力1人)。

加强博士学位论文的外审管理,坚持盲审制。完成了420名博士生学位论文的外审,其中72人需要修改后答辩,9人需要修改后复审,2人需要重新送审。完成了398名博士生的答辩审批。

认真总结《网络学刊》的现状,为进一步提高学刊质量,使其能充分发挥学术交流的媒介作用,加强了管理的措施,建立起比较规范的工作程序。网络学刊共审稿867篇。

进一步修订了博士、硕士论文写作模版。

增强服务意识、提高服务水平、加强规范管理

为体现各学科、专业之间的差异,保证博士生培养质量,经校第八届学位评定委员会第三次会议讨论通过,印发了《关于修订博士研究生申请答辩标准的通知》,请各院系分委员会制定适合本学科、专业发展要求的博士研究生申请答辩的标准。

以往大连理工大学的博士论文需要送8份到校外进行评阅,涉及的校外专家较多,实施起来难度也越来越大,导师的经费负担也很重,经校第八届学位评定委员会第三次会议讨论通过,决定将博士学位论文评阅份数改为5份,并制订了《关于修改博士学位论文评阅份数的规定》。

为了确保国家及国防秘密的安全,也为了确保学校承担的涉密科研项目的安全,规范涉密研究生学位论文工作的管理,根据《大连理工大学保密工作管理规定》,结合学校具体情况制定了《大连理工大学涉密研究生保密管理办法》。

优秀硕士、博士学位论文

数学系许志强(指导教师为王仁宏教授)、管

理学院孔祥维（指导教师为杨德礼教授）及化工学院郭祥峰（指导教师为钱旭红教授）的博士学位论文获 2006 年全国优秀博士学位论文提名论文。

2006 年共评选出大连理工大学优秀硕士论文 90 篇；组织全国优秀博士学位论文申报工作，有 5 篇博士学位论文被评为辽宁省优秀博士学位论文，其中 4 篇被推荐参加全国优秀博士学位论文的评选。

优秀博士学位论文资助基金

申请 2006 年度资助基金的博士研究生共有 35 名，研究生院学位办组织校内有关专家，对申请者的材料进行了认真评审，决定对吴振等 17 位博士研究生进行资助，资助期限为 1 年。资助期限结束后，经导师和考核组考核，成绩优秀者可再延长资助期限半年至 1 年。

获得资助的博士研究生需完成《大连理工大学硕士和博士学位授予工作细则》以及《大连理工大学优秀博士研究生学位论文资助基金试行办法》中所规定的研究成果。

对获得资助的博士研究生要进行中期检查，经基金管理委员会会议讨论，不合格者，将停止对其资助。

2006 年学校获辽宁省优秀博士学位论文名单

论文作者	学科、专业	论 文 题 目	指导教师
陈艳莹	管理科学与工程	可持续经济增长的实现机理研究	原毅军
李守巨	工程力学	基于计算智能的岩土力学模型参数反演方法及其工程应用	刘迎曦
赵忠奎	应用化学	新型三次采油用表面活性剂的环境友好催化合成及界面张力行为的研究	程侣柏
侯璐景	等离子体物理	射频鞘层中尘埃粒子的运动过程及尘埃晶格形成机理的研究	王友年
李永峰	化学工艺	煤基纳米和微米炭材料的电弧法制备研究	邱介山

2006 年校优秀博士生学位论文资助基金资助名单

序号	申请人姓名	学 号	院 系	导 师 姓 名
1	吴 振	10203006	工程力学系	陈万吉
2	马国军	10303003	工程力学系	吴承伟
3	汪 骥	10208009	船舶工程系	刘玉君 纪卓尚
4	巫庆辉	10309008	电子与信息工程学院	邵 诚
5	刘建国	10411012	管理学院	党延忠
6	李修飞	10411022	管理学院	刘晓冰
7	时 磊	10307097	化工学院	吕小兵
8	王娇炳	10407100	化工学院	钱旭红
9	王东平	10407051	化工学院	孙立成
10	孟凡刚	10418028	环境与生命学院	杨凤林
11	贾 明	10310018	能源与动力学院	解茂昭

(续表)

序号	申请人姓名	学　号	院　系	导 师 姓 名
12	杨中楷	10212001	人文社会科学学院	刘则渊
13	刘　勇	10406058	土木水利学院	李玉成
14	卢　鹏	10406112	土木水利学院	李志军
15	王　昊	10306072	土木水利学院	许士国
16	于长水	10402019	物理与光电工程学院	宋鹤山
17	王正泖	10402011	物理与光电工程学院	王晓钢　刘金远　董家齐

专业学位研究生教育工作

我校一直高度重视专业学位教育,把它作为建设国际知名研究型大学的重要内容之一。学校从建立企业与高校联系、服务社会和构建国民终身教育体系的角度,致力于专业学位研究生教育的教学改革和建设工作,使我校专业学位研究生教育获得了较快发展。

适度发展,保证质量

坚持“适度发展、保证质量”的原则,对省外教学点进行摸底,并对部分教学点进行考察,关停部分管理混乱和招生规模过小的教学点,重点扶持有一定规模、与我校长期合作的国有大型企业和政府办学机构。加大招生宣传力度,积极推动产学研合作。完成了 2006 年工程硕士、春季 MBA 和 MPA 的自主划定分数线工作。

加强管理,保证质量,实现三位一体管理模式

以院系为专业学位教育主体,有针对性地制订培养方案,设计课程体系,确定教学内容,改革教学方法;研究生院作好服务、保障与规范工作,保证专业学位研究生的培养质量;健全督导组机制,对专业学位研究生课程教学进行监控。

探索新的培养模式

针对专业学位硕士研究生的特点,建立合理的课程体系。不仅遵循一般的研究生教育规律,还针对其特点设置课程。课程设置既要符合培养复合型、应用型人才的需要,又要体现知识的宽广性、新颖性、先进性、综合性,使专业学位硕士研究生具有扎实的文化素养和合理的知识结构。

改革课程教学模式。设计一系列教学模块,增大专业学位硕士学习的选择性,制定出切实可行的个性化培养方案。打破校内教师一统课堂的传统模式,聘请企业内水平较高的高级工程师任兼职教师,单独给专业学位硕士研究生上工程技术课,或与学校教师共同开设一门课。定期安排和聘请校内外相关学科领域的专家学者举行讲座、学术报告,让专业学位硕士与在校的工学硕士一起交流、探讨,既让专业学位硕士感受到与在学的工学硕士的同等地位,又可使两者互相取长补短。

承办了第五届全国工程硕士研究生教育工作研讨会

第五届全国工程硕士研究生教育工作研讨会暨全国首届“集成电路工程”和“安全工程”领域工程硕士研究生教育研讨会于 2006 年 9 月 13～16 日在我校召开。本次研讨会的主题是“面向企业自主创新,培养复合式应用型工程硕士”,会议围绕“根据企业自主创新的需求,明确复合式应用型工程硕士的培养定位,处理好自主与自律、规模与质量、改革与发展办学关系,提高人才选拔、课程教学、论文指导等培养工作的质量”进行研讨。参会代表共 350 余名。

2006年专业学位研究生信息统计表

类 别	领域(专业)名称	在校生数	招生数	授予学位数
工程硕士	控制工程	240	31	38
	软件工程	2199	729	446
	车辆工程	3		25
	环境工程	154	44	1
	建筑与土木工程	193	20	51
	电子与通信工程	387	114	132
	材料工程	31	1	
	机械工程	186	57	27
	动力工程	105	23	12
	计算机技术	402	117	104
	水利工程	38	4	13
	化学工程	220	39	42
	船舶与海洋工程	117	30	1
	项目管理	260	108	
	物流工程	6		
	生物医学工程	1	1	
	电气工程	53	53	
工商管理硕士	春季 MBA	325	146	142
	EMBA	37		53
高校教师	结构工程	15	5	11
	光学工程	10	2	1
	理论物理			
	机械电子工程	45	1	2
	机械制造及自动化	5	5	
	材料加工工程	1	1	
	计算数学	55	45	1
	应用化学			
	信号与信息处理	4	3	
	化学工艺	1		
	计算机软件与理论	19	19	
	计算机应用技术	51	26	
	控制理论与控制工程			
	基础数学	2	1	
	概率论与数理统计	5	2	
	应用数学	22	7	1
	管理科学与工程	7	7	
	运筹学与控制论	14	9	3
公共管理硕士		80	80	
合 计		5293	1730	1106

2006年在校硕士研究生情况统计表

专 业 名 称	专业代码	合计	一年级	二年级	三年级及以上
马克思主义哲学	010101	26	13	12	1
科学技术哲学	010108	32	14	18	0
人口、资源与环境经济学	020106	12	6	6	0
区域经济学	020202	15	8	7	0
金融学	020204	22	11	11	0
产业经济学	020205	33	18	13	2
国际贸易学	020206	19	8	11	0
民商法学	030105	35	17	18	0
马克思主义理论与思想政治教育	030205	36	20	16	0
高等教育学	040106	42	20	20	2
运动人体科学	040302	9	0	5	4
英语语言文学	050201	7	2	2	3
外国语言学及应用语言学	050211	79	28	27	24
传播学	050302	60	21	19	20
美术学	050403	20	10	5	5
中国近现代史	060107	15	9	6	0
基础数学	070101	48	28	20	0
计算数学	070102	72	36	34	2
概率论与数理统计	070103	15	7	8	0
应用数学	070104	33	14	19	0
运筹学与控制论	070105	43	23	19	1
金融数学与保险精算(2004自主设置)	070120	7	7	0	0
理论物理	070201	37	11	15	11
原子与分子物理	070203	4	2	2	0
等离子体物理	070204	66	23	26	17
凝聚态物理	070205	25	9	10	6
光学	070207	26	8	7	11
无机化学	070301	40	15	17	8
有机化学	070303	38	13	13	12
物理化学(含化学物理)	070304	70	28	23	19
高分子化学与物理	070305	14	5	6	3
生物化学与分子生物学	071010	36	18	14	4
生物物理学	071011	12	4	6	2

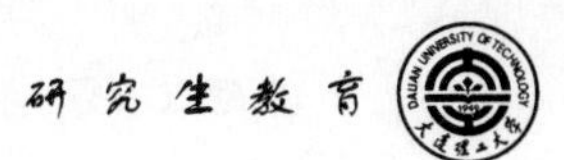

（续表）

专　业　名　称	专业代码	合 计	一年级	二年级	三年级及以上
系统分析与集成	071102	9	3	3	3
运动人体科学(理学)	077002	7	7	0	0
一般力学与力学基础	080101	8	4	3	1
固体力学	080102	25	4	8	13
流体力学	080103	5	1	2	2
工程力学	080104	104	39	35	30
计算力学(2002 自主设置)	080120	48	23	21	4
岩土与环境力学(2002 自主设置)	080121	11	4	5	2
动力学与控制(2003 自主设置)	080122	10	4	6	0
应用实验力学(2004 自主设置)	080123	3	3	0	0
机械制造及其自动化	080201	147	48	50	49
机械电子工程	080202	225	73	76	76
机械设计及理论	080203	137	49	50	38
车辆工程	080204	26	9	9	8
微机电工程(2002 自主设置)	080220	29	10	10	9
工业工程(2002 自主设置)	080221	42	16	13	13
光学工程	080300	37	19	11	7
精密仪器与机械	080401	41	15	15	11
测试计量技术及仪器	080402	44	16	17	11
材料物理与化学	080501	41	16	15	10
材料学	080502	105	24	32	49
材料加工工程	080503	84	28	31	25
高分子材料(2002 自主设置)	080520	56	31	25	0
材料表面工程(2002 自主设置)	080521	21	8	5	8
材料无损检测与评价(2003 自主设置)	080522	11	8	3	0
材料连接技术(2004 自主设置)	080523	7	7	0	0
工程热物理	080701	22	8	8	6
热能工程	080702	45	17	14	14
动力机械及工程	080703	79	29	27	23
流体机械及工程	080704	22	13	6	3
制冷与低温工程	080705	21	7	8	6
化工过程机械	080706	65	18	22	25
能源与环境工程(2004 自主设置)	080720	4	4	0	0
电机与电器	080801	38	19	18	1
电力系统及其自动化	080802	24	14	9	1

(续表)

专　业　名　称	专业代码	合 计	一年级	二年级	三年级及以上
电工理论与新技术	080805	25	10	15	0
物理电子学	080901	40	13	15	12
电路与系统	080902	52	20	18	14
微电子学与固体电子学	080903	45	22	15	8
通信与信息系统	081001	144	52	52	40
信号与信息处理	081002	150	50	54	46
控制理论与控制工程	081101	212	78	72	62
检测技术与自动化装置	081102	60	20	21	19
系统工程	081103	31	16	7	8
模式识别与智能系统	081104	57	19	20	18
计算机系统结构	081201	31	14	11	6
计算机软件与理论	081202	87	29	37	21
计算机应用技术	081203	303	96	99	108
软件工程	081280	108	27	54	27
建筑设计及其理论	081302	90	35	29	26
城市规划与设计	081303	19	4	9	6
岩土工程	081401	42	15	10	17
结构工程	081402	127	48	44	35
市政工程	081403	37	13	15	9
供热、供燃气、通风及空调工程	081404	28	10	10	8
防灾减灾工程及防护工程	081405	76	25	28	23
桥梁与隧道工程	081406	44	17	14	13
土木工程管理(2002 自主设置)	081420	56	24	18	14
水文学及水资源	081501	38	14	15	9
水力学及河流动力学	081502	13	5	4	4
水工结构工程	081503	47	16	16	15
水利水电工程	081504	23	8	7	8
港口、海岸及近海工程	081505	108	45	41	22
化学工程	081701	129	44	50	35
化学工艺	081702	120	39	45	36
生物化工	081703	97	35	31	31
应用化学	081704	106	26	30	50
工业催化	081705	89	34	33	22
膜科学与技术(2002 自主设置)	081720	58	21	21	16
水科学与技术(2002 自主设置)	081721	50	19	18	13

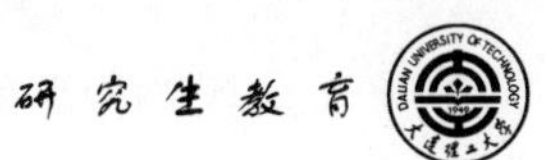

（续表）

专　业　名　称	专业代码	合 计	一年级	二年级	三年级及以上
精细化工(2003 自主设置)	081722	66	36	30	0
功能材料化学与化工(2004 自主设置)	081723	12	12	0	0
能源化工(2004 自主设置)	081724	17	17	0	0
安全技术及工程	081903	32	9	10	13
船舶与海洋结构物设计制造	082401	153	50	59	44
轮机工程	082402	3	1	2	0
水声工程	082403	7	4	1	2
环境科学	083001	45	15	20	10
环境工程	083002	145	54	52	39
工业生态与环境规划(2004 自主设置)	083020	10	10	0	0
生物医学工程	083100	43	13	13	17
神经信息学(2003 年自主设置)	083120	4	1	3	0
药物工程(2003 自主设置)	083121	30	17	13	0
组织行为与人力资源管理(2004 自主设置)	087128	7	7	0	0
市场营销(2004 自主设置)	087129	3	3	0	0
作物遗传育种	090102	16	6	7	3
管理科学与工程	120100	55	11	16	28
科学学与科技管理(2002 自主设置)	120120	25	11	10	4
项目管理(2002 自主设置)	120121	13	6	7	0
环境管理(2002 自主设置)	120122	11	6	5	0
经济系统分析与管理(2003 自主设置)	120123	11	8	3	0
电子商务与物流管理(2003 自主设置)	120124	12	6	6	0
知识管理(2003 自主设置)	120125	6	5	1	0
信息管理与电子政务(2003 自主设置)	120126	25	17	8	0
金融工程(2004 自主设置)	120127	13	13	0	0
工商管理	120200	390	0	209	181
会计学	120201	33	11	20	2
企业管理	120202	84	40	35	9
技术经济及管理	120204	35	11	15	9
MBA	120280	288	284	0	4
行政管理	120401	67	22	38	7
社会保障	120404	18	8	10	0
合　计		7072	2731	2563	1778

2006 年在校博士研究生情况统计表

专业名称	专业代码	合 计	一年级	二年级	三年级及以上
基础数学	070101	38	20	16	2
计算数学	070102	78	17	17	44
概率论与数理统计	070103	6	2	4	0
应用数学	070104	23	11	12	0
运筹学与控制论	070105	56	16	15	25
金融数学与保险精算(2004 自主设置)	070120	3	2	0	1
理论物理	070201	26	9	4	13
原子与分子物理	070203	6	2	2	2
等离子体物理	070204	41	5	9	27
凝聚态物理	070205	3	1	2	0
无机化学	070301	2	0	0	2
物理化学(含化学物理)	070304	16	10	6	0
力学	080100	87	0	0	87
固体力学	080102	8	2	6	0
流体力学	080103	3	1	2	0
工程力学	080104	31	15	14	2
计算力学(2002 自主设置)	080120	19	13	3	3
岩土与环境力学(2002 自主设置)	080121	5	1	0	4
动力学与控制(2003 自主设置)	080122	4	3	1	0
应用实验力学(2004 自主设置)	080123	1	1	0	0
机械制造及其自动化	080201	86	13	7	66
机械电子工程	080202	77	9	15	53
机械设计及理论	080203	76	9	13	54
微机电工程(2002 自主设置)	080220	7	2	5	0
工业工程(2002 自主设置)	080221	1	0	1	0
光学工程	080300	24	5	3	16
精密仪器与机械	080401	3	1	1	1
测试计量技术及仪器	080402	1	0	0	1
材料科学与工程	080500	6	0	0	6
材料物理与化学	080501	21	7	6	8
材料学	080502	56	8	5	43
材料加工工程	080503	39	13	9	17
高分子材料(2002 自主设置)	080520	37	15	13	9

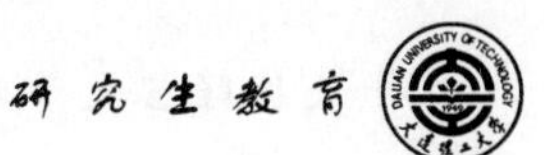

（续表）

专　业　名　称	专业代码	合 计	一年级	二年级	三年级及以上
材料表面工程(2002 自主设置)	080521	18	3	6	9
工程热物理	080701	7	4	2	1
热能工程	080702	10	2	6	2
动力机械及工程	080703	47	3	7	37
制冷与低温工程	080705	6	3	3	0
化工过程机械	080706	25	5	7	13
能源与环境工程(2004 自主设置)	080720	5	5	0	0
微电子学与固体电子学	080903	27	11	8	8
信号与信息处理	081002	40	11	9	20
控制理论与控制工程	081101	76	21	13	42
系统工程	081103	14	0	0	14
计算机软件与理论	081202	8	6	2	0
计算机应用技术	081203	75	8	13	54
岩土工程	081401	43	8	10	25
结构工程	081402	136	28	29	79
市政工程	081403	3	1	2	0
供热、供燃气、通风及空调工程	081404	5	1	2	2
防灾减灾工程及防护工程	081405	32	5	6	21
桥梁与隧道工程	081406	20	3	5	12
土木工程管理(2002 自主设置)	081420	11	2	4	5
水文学及水资源	081501	45	9	10	26
水力学及河流动力学	081502	9	1	3	5
水工结构工程	081503	39	7	5	27
水利水电工程	081504	13	5	1	7
港口、海岸及近海工程	081505	80	22	15	43
化学工程	081701	65	9	13	43
化学工艺	081702	92	14	26	52
生物化工	081703	97	18	20	59
应用化学	081704	140	19	23	98
工业催化	081705	56	14	12	30
膜科学与技术(2002 自主设置)	081720	11	7	3	1
水科学与技术(2002 自主设置)	081721	2	1	0	1
精细化工(2003 自主设置)	081722	15	13	2	0
功能材料化学与化工(2004 自主设置)	081723	3	3	0	0
能源化工(2004 自主设置)	081724	1	1	0	0

（续表）

专　业　名　称	专业代码	合计	一年级	二年级	三年级及以上
船舶与海洋结构物设计制造	082401	79	19	20	40
水声工程	082403	2	1	1	0
环境科学	083001	11	4	6	1
环境工程	083002	95	11	23	61
工业生态与环境规划(2004 自主设置)	083020	1	1	0	0
生物医学工程	083100	24	7	9	8
神经信息学(2003 年自主设置)	083120	12	8	4	0
药物工程(2003 自主设置)	083121	12	5	7	0
管理科学与工程	120100	208	15	18	175
科学学与科技管理(2002 自主设置)	120120	74	21	28	25
环境管理(2002 自主设置)	120122	10	7	3	0
经济系统分析与管理(2003 自主设置)	120123	19	12	7	0
电子商务与物流管理(2003 自主设置)	120124	7	3	4	0
知识管理(2003 自主设置)	120125	4	3	1	0
信息管理与电子政务(2003 自主设置)	120126	4	3	1	0
金融工程(2004 自主设置)	120127	6	6	0	0
会计学	120201	3	1	2	0
企业管理	120202	55	21	27	7
技术经济及管理	120204	156	12	9	135
合　计		2948	646	628	1674

继续教育及独立学院

大连理工大学的继续教育始于1952年的东北地区与中南军区工农干部进修班，至今已经走过55年的发展历程。1956年我校开办夜大学；2002年根据教育部批复，我校成为全国现代远程教育试点高校；2005年学校成立新的大连理工大学继续教育学院，统管全校的网络高等教育、成人高等教育和非学历继续教育。继续教育学院自成立至今，各方面工作均取得了较快发展，在全省乃至全国同类学院中，各项办学指标居于前列。目前担任辽宁省高校成人教育研究会常务副理事长单位（理事长单位是省教育厅）、大连市高校成人教育研究会理事长单位。

继续教育学院以大连市为主要教育服务区域，同时面向辽宁、辐射全国。学院的成人高等教育、网络高等教育招生对象以成人为主，主要进行在职人员继续教育，同时积极探索开展非学历教育。概括来说，学院以“控制规模、保证质量、强化服务、改革创新、突出特色”为办学指导方针；以培养“学得会、留得住、用得上、下得去的应用型人才”为人才培养目标；以“宽进严出、学在大工”为根本的教学指导思想；以“博学·笃行”即“博学而不穷、笃行而不倦”为学院院训。继续教育学院在上述方针指导下认真扎实地开展了多方面工作。截止2006年底共有学生15 423人，其中成人高等教育2984人，网络高等教育12 439人。

继续教育目前开设的高等教育形式有业余（面授）、网络学习、函授学习和全日制学习四种。办学层次有高中起点本科、专科起点本科、高中起点专科等。办学专业涵盖了理、工、经、管、文、法、艺术等多学科，涉及30多个办学专业及方向。学院600多个经省级教育行政部门审批的教学点、学习中心、函授站分布在除西藏、香港、澳门、台湾以外的30多个省市自治区。

依托大连理工大学优秀教学资源，继续教育学院在非学历培训方面也取得了很大成绩。以教育为振兴东北老工业基地服务为出发点，工作人员深入到企事业单位，为社会和企业搭建继续教育平台，建立和完善终身教育体系，2006年非学历培训达1500人次，培训涉及到近20个专业。在开拓非学历教育的过程中积累了宝贵的经验。

成人高等教育综述

成人高等教育形式有：业余（面授）、函授学习和全日制学习三种。办学层次分为：高中起点本科、专科起点本科、高中起点专科等。专业设置发挥大连理工大学学科优势并遵循社会需求的原则，覆盖了理、工、经、管、文、艺术等学科。

大连理工大学成人教育的教学区主要在大连理工大学市内校区东院，2006年成人高等教育在校学生2984人，本科层次学生约占80％。其中，全日制学生283人，业余面授学生2086人，函授学生615人，2006年毕业学生1188人。

成人高等教育的师资队伍主要由校内在职教师和校内离退休教师两部分组成。继续教育学院注意大力引导退休教师和新留校的年轻教师到继续教育学院授课，目前我校许多退休教师在继续教育学院发挥着余热。在今年继续教育学院评出的36名年度优秀授课教师中我校退休教师有16名。2006年我校成人高等教育全年授课教师172人。其中教授、副教授105人，占61％。学院注重加强教师队伍建设，保证师资质量，严格按照教师聘任程序，履行聘任手续。在保证任课教师聘任质量的同时，每学期安排教学质量检查，对任课教师的教学工作进行严格考核。学院每年召开教学工作总结暨表彰大会，根据考核结果对优秀教师进行表彰，不合格教师予以解聘。

学院始终把考试工作作为提高学生培养质量、树立学院良好声誉的一项重要工作来抓。树立诚信观念、培养良好的考风考纪是学院始终如一的工作目标。在工作中,结合在职人员继续教育特点,制定了一系列健全的、操作性强并具有人性化特色的考试管理规章制度。做到制度走进教室,责任明确到人。2006 年结合"八荣八耻"教育,在学生中开展社会主义荣辱观的大讨论及"八荣八耻"宣传画进教室等形式,有力地促进了学生诚信守纪观念的提高。这些规章制度在规范学生考试行为的同时,也规范了任课教师和监考教师的行为,有力保障了所有考试在公平、公正的环境中进行。

学校成人高等教育坚持以培养应用型人才为目标,深化教学改革,努力提高成人高等教育的人才培养质量。在培养计划及教学管理制度方面,实行了一系列的改革举措。回顾成人高等教育的改革与发展历程,可以看出坚持解放思想、实事求是、与时俱进、开拓创新,在不断更新教育观念的基础上确立的现代化办学理念,是成人高等教育保持持续、健康、稳定发展的重要前提。我校成人高等教育达到目前的规模,主要得益于办学指导思想明确、积极开拓办学渠道、充分挖掘办学潜力、提倡管理创新、重视教学改革和基本建设以及强化服务意识。

2006 年招收成人教育学生 1429 人。另外有 1188 人毕业,毕业率接近 90%,约 60%获得了学士学位。

2006 年成人高等教育招生及专业开设情况统计

层　次	专业名称	招生人数
业余(面授)专升本	计算机科学与技术	92
	工商管理	80
	信息管理与信息系统	13
	会计学	71
	土木工程	66
	电子信息工程	25
	机械设计制造及其自动化	104
	船舶与海洋工程	43
	热能与动力工程	31
	物流管理	71
	艺术设计	9
	法学	22
业余(面授)高起专	计算机信息管理	50
	物流管理	256
	经济管理	34
	数控技术	24

网络高等教育综述

2002年2月22日，根据教育部教高厅[2002]2号文件批复，大连理工大学成为全国现代远程教育试点高校之一。我校网络高等教育本着“以成人为基础，以成才为目的”，始终坚持教学质量第一的宗旨，以应用型人才培养为目标，将学生视为学校办学与发展的生命线。我校网络教育已获准在全国设立了600多个校外学习中心。学院目前实行春秋两季招生，共开设工科类、计算机类、管理类、艺术类等20多个专业；现有高起本、专升本、高起专等多层次学生12 439人。2006年招收网络教育学生6000人，有1521名网络教育学生毕业。

根据网络教育的特点，其师资建设分为三个部分：课件制作教师、网上辅导答疑教师、面授辅导答疑教师。

大连理工大学网络高等教育正走着一条边探索、边建设、边发展、边调整、边规范的独特的发展之路。

2006年网络高等教育招生及专业开设情况统计

层次	专业名称	招生人数
专科	法学	379
	房地产与物业管理	138
	工商管理	810
	机械设计制造及其自动化	41
	软件工程	32
	土木工程	1435
	网络工程	710
	物流管理	44
	信息管理与信息系统	41
	艺术设计	43
专升本	船舶与海洋工程	11
	法学	267
	房地产经营管理	136
	工商管理	302
	会计学	10
	机械设计制造及其自动化	17
	计算机科学与技术	65
	土木工程	879
	网络工程	404
	物流管理	40
	信息管理与信息系统	172
	艺术设计	24
总计		6000

城市学院概况

学院设有电子与计算机工程学院、管理学院、外国语学院、艺术学院、新闻与公共管理系等5个院系和1个基础教学部;春季学期任课教师230人(含外聘63人),开课182门,教学班890个;秋季学期任课教师275人(含外聘71人),开课247门,教学班1016个。2006年9月,城市学院有普通高等教育四届本科生,共计6358人。

学院设有院务部、教学管理部等10个部门和网络及计算机中心、图书馆等2个教辅部门。教职员工共计392人。学院进行了首次教师职称评定,评定出教授和资格教授4人,副教授和资格副教授12人,讲师30人,助教85人。截至年底,全年新进教职工114人,其中教师78人,行政及教辅人员21人,后勤15人,办理辞职和辞退65人。

学院人才培养的目标是培养高素质应用型人才,具体表现在:(1)综合素质好,知道怎样做人和做事;(2)外语运用能力强;(3)专业应用能力强。为了达到这一目标,学院设计了"宽基础+精专业"的人才培养总体方案,并对方案不断进行修改和完善。2006年,学院进一步修改和完善了各专业培训计划,印制了《2006级专业培养计划汇编》,从学分设置、专业划分、课程设置、课程时间安排等方面进行了调整,力求进一步体现"宽基础+精专业"的培养思路,面向实际,应用为主,提高学生的基本素质和基本能力,既考虑就业的需要,又兼顾学生今后发展的需要。修改后的培养计划中专业(方向)已由原来的32个增加到53个,包括新增的广播电视新闻学专业2个专业方向。

学院新建4栋学生宿舍并完成内部装修;新建12 000平方米体育馆2007年秋季投入使用;15 000平方米饮食服务中心建设获得批准。学院校园网开始全面运行;全院计算机达到1576台;图书馆采购新书12.75万册,现馆藏图书26万册,阅览座位3300个。

外国留学生教育

国际文化交流学院概况

2006年春季学期学院共招收留学生新生147人，使在校生数达296人；秋季学期招收留学生新生124人，在校生人数258名。

全方位、多角度进行招生宣传

充分利用媒体、网络等宣传形式，提高学校在海外的知名度和影响力，并完善了留学生招生网站。通过出访日本、韩国，巩固和加强了同国内外教育中介机构的联系，以吸引更多留学生选择来校学习。进一步拓宽了同国外大学进行的"3＋1"联合培养的办学模式，目前学校与英国、美国、法国、俄罗斯、日本、韩国等国高校建立联系，使生源的数量及质量实现可持续发展。

苦练内功，加强学院内部建设

加强汉语教师队伍的建设，逐步建立了一支相对稳定的专兼职汉语教师队伍，进一步提高汉语教师的教学、科研水平，稳步提高了汉语教学质量；加强留学生信息的管理，及时掌握留学生动态；努力加强留学生与国内大学生的趋同化管理，积极调动本院专兼职教师、学生会中外学生干部在学生管理方面的作用，提高了处理突发事件的能力；留学生在省、市、校各级文艺演出、体育比赛中屡获佳绩；加强了留学生的后勤管理，新装修的留学生公寓于2006年5月投入使用，留学生的教学、生活硬件条件得到逐步改善。

提高来华留学生层次，扩大学位留学生规模

继续把学位留学生作为留学生工作的重点。加大吸引自费学位留学生的力度，努力增加自费学位留学生的数量，适当增加接收政府奖学金留学生的数量，与学校其他部门密切配合，逐步提高全校各级对接收培养外国留学生的认识，进一步规范学位留学生的培养工作，集全校之力，逐步扩大高层次留学生规模，提高学位留学生的培养质量。

在校外国留学生数统计

类　别	普通进修生	本科生	硕士研究生	博士生
人数(春季)	244	42	7	3
人数(秋季)	200	45	9	4

在校外国留学生院系分布

院　系	人　数	
	春　季	秋　季
国际文化交流学院(汉语进修)	244	200
人文社会科学学院	13	13

（续表）

院　系	人　数	
	春　季	秋　季
经济系	10	10
管理学院	7	10
电子与信息工程学院	6	3
外国语学院	6	10
化工学院	2	1
材料科学与工程学院	2	1
环境与生命学院	2	2
建筑与艺术学院	2	4
物理与光电工程学院	1	1
电气工程与应用电子技术系	1	1
船舶工程系		1
土木水利学院		1

在校外国留学生国别分布

国　别	人　数		国　别	人　数		国　别	人　数	
	春季	秋季		春季	秋季		春季	秋季
巴基斯坦	1	1	美国	6	7	伊朗	2	2
贝宁	1	1	蒙古	6	9	印度尼西亚	2	1
朝鲜	9		孟加拉国	4	4	英国	11	21
赤道几内亚	2	2	尼泊尔	1		赞比亚	6	4
丹麦	3	1	尼日利亚	1	1	阿塞拜疆		1
德国	10		日本	63	42	澳大利亚		1
俄罗斯	19	29	沙特	1	1	津巴布韦		1
法国	15	1	泰国	4	11	拉脱维亚		1
刚果	1		坦桑尼亚	2	2	斯洛伐克		1
韩国	119	107	乌兹别克斯坦	1		意大利		3
加拿大	1	2	新加坡	2	1			
马来西亚	2		亚美尼亚	1				

科　技　工　作

科技工作综述

基础研究

2006年学校基础研究主要集中反映在两个方面:基金和支撑计划。国家自然科学基金获得资助项目135项,经费4745万元,获得资助经费在全国名列第12位,重点项目6项,经费1080万元;重大国际合作项目1项,经费80万元;面上项目110项,经费2828万元。重点项目数和经费数在全国均名列第9位;面上项目数在全国名列18位,经费数名列第19位;特别值得提到的是2006年学校在基金委的国际合作中也取得了很好的成绩,获批经费240万元,在全国名列第8位。

2006年学校申报“863”专题项目98项,重点重大项目19项,各类支撑计划项目35项,获得“863”探索导向类项目9项,重点重大课题项目2项,参与8个课题项目,经费2514万;支撑计划负责7个课题,参与16项,经费3590万元。“863”科技支撑经费数超过6000万元。2006年学校承担2项“973”课题,经费1000余万元。合计超过7000万元。

在反映基础研究成绩方面,学校SCI、EI、ISTP三大检索收录论文数量连续第三年保持在全国高校前20名以内,并较上年有大幅增长,SCI 760篇,排名第17,EI 1023篇,排名第9,ISTP 440篇,排名第11。2005年度我校国际论文被引用466篇,被引用1251次,全国高校排名提升1位,位居第17名。论文的被引用篇数和次数也呈现快速上升的势头,显示出学校基础研究和应用基础研究整体实力的不断增强和部分专业强劲的优势。

人才、团队

数学系邱瑞峰、化工学院吕小兵获得国家杰出青年科学基金,至此,我校杰出青年基金获得者达到23人。学校申报17个教育部新世纪人才支持计划,已经有15人获得批准。有3名教师入选辽宁省高等学校优秀人才支持计划。

学校申报了2个教育部创新团队,其中精密/特种加工和微制造团队已经获得批准。有8个团队入选辽宁省高等学校创新团队支持计划。2006年12月15日举行了“大连理工大学科研创新团队”建设考核答辩评审会;对2003年建设的第一批7个科研创新团队进行了考核,对申报的19个团队进行了答辩评审。2003年建设的第一批团队,他们不仅按预定计划完成指标,均有大幅突破,形成了稳定、富有特色的研究方向,取得一批标志性的研究成果,而且,团队合作更为紧密,队伍建设、基地建设、管理等都得到明显加强。新申报的19个团队,汇报了近三年来队伍建设、研究方向、科研成果和今后的发展目标,充分表明经过“十五”期间的建设,学校大的项目和大的成果逐年增加,对团队的认识得到深化。

基地建设方面

教育部制造管理技术工程研究中心、辽宁省制造管理信息化重点实验室和辽宁省工业生态与环境工程研究中心,均获得批准建设;船舶制造国家工程研究中心启动建设,筹资计划得到落实。2006年11月1日,“大连理工大学与大连市高新园区签署全面合作协议”、“大连理工大学-七贤岭国家大学科技园嘉创大厦启用”、“大连理工大学国家技术转移中心大厦主体封顶”仪式在刚刚竣工落成的嘉创大厦举行,大连市市长夏德仁出席了仪式。大连理工大学国家技术转移中心大厦占地11 200平方米,建筑面积60 000平方米,预计2007年投入使用。同时,以学校为主建设的大连市光电研发中心获得批准。研发中心建在高新园区,建筑面积2000平方米,科技局已先期支持400万元,学校投入2000万元购置的研发设备已安装完毕。光电研发中心以研制出国内顶尖的光电子产品,占领国际光电技术制高点为目标,并承担着为大连市众多光电子企业提供技术支撑与服务的重任。大连市将在此基础上再支持光电中心1500万元。

学校整合能源研究的优势,成立能源研究院,包括各种新型能源、能源转换、利用、节能及其装备等方面的研究开发,构建国家重要的能源研究基地和产业化基地。2006年12月16日申报能源研究所的28个负责人进行汇报,最后形成6个研究中心,4个研究所。

成果奖励和专利方面

国家奖励取得历史性突破,程耿东院士的"结构拓扑优化中奇异最优解的研究"获得国家自然科学二等奖,彭孝军教授的"大幅面数码喷墨染料及其应用"获得国家技术发明二等奖。其中自然科学奖为学校近十年来首次获得。

在省部级奖励方面:学校申报了10项教育部奖励,获得4项一等奖(其中2项自然科学奖,2项科技进步奖),获得2项二等奖(1项自然科学奖,1项科技进步奖);申报了14项辽宁省奖励,获得科技进步一等奖1项,获得二等奖6项(2项自然科学奖,3项科技进步奖,1项技术发明奖),获得三等奖7项;申报中国石油和化学工业科学技术奖3项,获得二等奖2项(1项科技进步奖,1项技术发明奖)。

专利申请和授权数继续保持良好势头,共申请专利203项,授权专利101项,我校成为第三批全国企事业知识产权工作试点单位。

人文社科方面

学校国家社科基金重大项目取得突破,管理学院迟国泰教授作为首席专家投标的《全面贯彻落实科学发展观的综合评价体系》项目获准立项,资助经费50万元。这是学校首次获得国家社科基金重大项目立项,全国共41项。获得国家社科基金资助2项,教育部人文社科基金4项,CSSCI检索论文200篇,人大复印资料论文26篇。

另外还首次启动了大连理工大学人文社会科学研究基金计划。

国防军工科研方面

2006年学校国防科研围绕国家和国防发展重大需求,结合学校科技发展实际,国防科研领域不断扩大,特别在航空、航天、船舶等领域国防合作得到不断巩固和发展,兵器领域合作有所突破,争取到了一批"十一五"科研项目。

经过全体认证人员近6个月的努力工作和全校涉密教师的全力配合,学校于2006年10月20日以高分(96.5分)通过了由辽宁省军工保密资格认证委员会组织的保密资格现场审查。在东北高校中我校是首批审查通过的高校之一。

紧密跟踪国防重大需求,在"十一五"国防科研立项中取得较大突破。在机械制造、材料、船舶、光电等领域一批国防基础科研和国防重大项目获得立项批准,填补了学校在国防领域的多项空白。截至目前为止,学校共获批国防科工委、总装备部(包括海装)等重大国防科研项目20项,经费达到2000多万元。与航天、航空、船舶等集团及所属院所建立了良好合作关系,与兵器集团的合作也在不断扩大。目前共签订横向合同50多项,合同金额1100多万元。

服务地方经济工作

加强科技合作平台建设,推进"沈鼓-大工研究院"、"辽油-大工研究院"建设。沈鼓-大工研究院现已在学校建设了600余平方米办公场所,聘任第一批大连理工大学教授、海内外相关专家及沈鼓研发人员30多人进驻研究院;研究院现投入120多万元用于研发条件等方面的建设,投入项目研发经费500多万元。辽油-大工研究院于2006年3月8日举行了成立仪式,研究院现已在学校建设了1100余平方米办公场所,聘任第一批大连理工大学教授和辽油研发人员30多人进驻研究院;研究院现投入650多万元用于研发及办公条件建设,现已启动修造船基地设计施工技术、海上钻井平台建设等4个总额度为1.5亿元的工程项目,投入研发经费970多万元。

2006年新增大连港集团有限公司等省市校企合作成员单位5个,合作项目达125项,校企合作成员单位经费达3144万元,同比增长20.4%。与地方政府、企业联合成立产学研研发和技术转移基地又有新进展,如"九久-大工LED照明光源研发中心"、"大工-台州船舶设计研究中心"等相继建立。特别是随着"沈鼓-大工研究院"、"辽油-

大工研究院”的启动运行，以校企联建新摸式研发机构为标志的产学研合作得到深化和拓展。

科研经费方面

2006年科研经费进款3.3270亿元，比去年同期增长28.60%。纵向科研经费首次突破亿元，达到1.1507亿元，比去年同期增长26.70%。横向科研经费也首次突破2亿元，达到2.1763亿元，比去年同期增长29.70%。全口径统计方法计算科研经费达到5.18亿元。

2006年全校科研经费情况统计

经费类别	年份		增长率/%
	2005年/万元	2006年/万元	
纵向科研经费	9081.0	11 507.1	26.7
横向科研经费	16 779.8	21 763.1	29.7
合　计	25 860.8	33 270.2	28.6

各院系科研进款情况统计

序号	院　系	纵向经费/万元	横向经费/万元	合计/万元
1	化工学院	1496.2	3826.0	5322.2
2	土木水利学院	1468.7	3210.0	4678.7
3	机械工程学院	948.4	1701.7	2650.1
4	电子与信息工程学院	1674.9	824.1	2499
5	工程力学系	1154.4	894.9	2049.3
6	环境与生命学院	600.5	1118.0	1718.5
7	管理学院	515.7	1239.8	1755.5
8	船舶工程系	222.7	968.9	1191.6
9	物理与光电工程学院	1008.5	175.9	1184.4
10	材料科学与工程学院	405.8	648.1	1053.9
11	能源与动力学院	268.5	444.0	712.5
12	建筑与艺术学院	115.3	601.0	716.3
13	电气工程与应用电子技术系	69.6	189.9	259.5
14	经济系	169.4	31.9	201.3
15	应用数学系	163.7	18.6	182.3
16	软件学院	72.4	57.0	129.4
17	人文社会科学学院	38.2	76.5	114.7
18	体育教学部	0.2	11.5	11.7
19	高科技研究院	1	0	1
20	其　他	206.1	1106.8	1312.9
合　计		10 600.2	17 144.6	27 744.8

2001～2005年SCI、EI、ISTP收录数及在全国高校排名

时间/年	SCI		EI		ISTP	
	篇数	排名	篇数	排名	篇数	排名
2001	231	19	193	21	61	28
2002	326	19	315	15	156	16
2003	449	18	425	14	145	25
2004	573	16	613	9	304	10
2005	760	17	1023	9	440	11

2006年各单位发表论文情况统计

序号	单 位	论文总篇数	国际刊物	国内刊物	国际会议	国内会议
1	化工学院	613	137	277	105	94
2	土木水利学院	353	64	271	15	3
3	机械工程学院	315	40	250	24	1
4	工程力学系	274	35	160	39	40
5	电子与信息工程学院	271	32	163	62	14
6	物理与光电工程学院	234	94	96	9	35
7	环境与生命学院	234	65	125	30	14
8	材料科学与工程学院	175	42	104	28	1
9	应用数学系	154	81	60	12	1
10	管理学院	154	13	95	35	11
11	人文社会科学学院	129	6	107	6	10
12	能源与动力学院	82	0	63	10	9
13	船舶工程系	71	9	0	8	54
14	建筑与艺术学院	71	5	51	2	13
15	电气工程与应用电子技术系	57	3	1	10	43
16	经济系	51	1	45	5	0
17	外国语学院	35	2	28	0	5
18	图书馆	8	0	6	0	2
19	体育教学部	1	1	0	0	0
20	其 他	9	1	5	3	0
合 计		3291	631	1907	403	350

2006年各院系科技获奖情况汇总

序号	获奖单位	获奖数量	国家奖		省、部奖			地、市奖		
			一等	二等	一等	二等	三等	一等	二等	三等
1	化工学院			1		3	1			
2	土木水利学院			1(6)	4+1(4)	4	3	2	1	
3	管理学院			1(4)		1	3			
4	机械工程学院			1	1		1(2)			
5	工程力学系			1(6)						
6	材料科学与工程学院						1			
7	物理与光电工程学院					1				
8	电气工程与应用电子技术系					1				
9	电子与信息工程学院			1(2)		1	1			
10	建筑与艺术学院									
11	船舶工程系									
12	环境与生命学院								1	
13	人文社会科学学院									
14	应用数学系									
15	经济系						1			
16	外国语学院									
合计				4	6	11	11	2	2	

注:“( )”中为我校在获奖单位中的排序。

2006年科技成果主要获奖情况统计

国家科学技术奖

序号	获奖奖种	获奖等级	项目名称	主要获奖人(排序)	单位(排序)
1	自然科学奖	二等	结构拓扑优化中奇异最优解的研究	程耿东 郭旭 顾元宪	工程力学系
2	技术发明奖	二等	大幅面数码喷墨染料及其应用	彭孝军 崔京南 张蓉 王力成 樊江莉 王立军	化工学院
3	科技进步奖	二等	公安交通紧急事件快速反应系统	谭国真(第2)	电子与信息工程学院(第2)
4	科技进步奖	二等	基于智能计算的产品概念设计与虚拟样机技术研究及应用	蒙秋男(第9)	管理学院(第4)

辽宁省政府科学技术奖

序号	获奖奖种	获奖等级	项目名称	主要获奖人(排序)	单位(排序)
1	科技进步奖	一等	光纤光栅传感健康监测技术及其工程应用	李宏男 任亮 周晶 李东升 孙丽 岳前进 蒲高军 周广东 项连清	土木水利学院
2	自然科学奖	二等	含二氮杂萘酮联苯结构新型高性能聚合物的研究	蹇锡高 王锦艳 张守海 廖功雄 刘程	化工学院
3	自然科学奖	二等	离子束与物质相互作用的理论研究	王友年 宋远红 马腾才	物理与光电工程学院
4	技术发明奖	二等	9,9-双(甲氧甲基)芴的研制	高占先 董庆新 李甲辉 李伟 高欣 郑国彤	化工学院
5	科技进步奖	二等	电子商务系统的若干关键技术及其应用研究	杨德礼 胡祥培 杨白新 孔祥维 邓贵仕 霍云福 张醒洲 邱运邦 徐颂	管理学院
6	科技进步奖	二等	东北区域电力市场发电报价网损修正方案研究与应用	李卫东 刘娆 陶家琪 高德宾	电气工程与应用电子技术系
7	科技进步奖	二等	混凝土裂缝评定的断裂力学理论及其工程应用	徐世烺 赵国藩 吴智敏 赵艳华 王利民 赵志方 张秀芳 张弘 高洪波	土木水利学院
8	自然科学奖	三等	随机信号处理若干理论广义化与统一法研究及其应用	邱天爽 王宏禹 陈喆 张旭秀 唐洪	电子与信息工程学院
9	自然科学奖	三等	近岸海域水环境预报模型研究	沈永明 郑永红 唐军 邱大洪 倪浩清	土木水利学院
10	技术发明奖	三等	高性能镁合金焊接材料的制备技术	刘黎明 刘顺华 郝新锋 佟国栋 李长茂 祝美丽	材料科学与工程学院
11	科技进步奖	三等	大连市衰退产业转型管理研究	张米尔 苏敬勤 曲露 周英男 闵越 王德鲁 高喆	管理学院
12	科技进步奖	三等	大连城市能源生态化供应	戴大双 陈利顺 唐丽艳 杨卫华 宋金波 宋砚秋 张印	管理学院
13	科技进步奖	三等	大连市科学和技术发展“十一五”规划编制研究	刘凤朝 李军 马健 赵宏志 施定国 潘雄锋 孙玉涛	经济系
14	科技进步奖	三等	民营科技企业孵化、运营及管理体系研究	王国红 武春友 唐丽艳 朱方伟 于惊涛 解春禹 安宁	管理学院
15	科技进步奖	三等	船舶电气模块——MEM 设计	张松涛(第1) 刘伟伟(第3)	机械工程学院(第2)

高等学校科学技术奖

序号	获奖奖种	获奖等级	项目名称	主要获奖人(排序)	单位(排序)
1	自然科学奖	一等	混凝土裂缝扩展的断裂理论与分析方法	徐世烺 吴智敏 赵艳华 赵国藩 王利民 赵志方 郑长良 王承强	土木水利学院
2	自然科学奖	一等	水环境中物质输运模型研究	沈永明 郑永红 吴朝安	土木水利学院
3	科技进步奖	一等	硬脆材料复杂曲面天线罩精密修磨技术与设备	郭东明 贾振元 康仁科 余慧龙 王永青 盛贤君 佟宇 杨睿 高航 张春波	机械工程学院
4	科技进步奖	一等	多高层建筑多维抗震分析与振动控制-理论及工程应用	李宏男 霍林生 王苏岩 贾影 孙丽 李兵 孙立晔 李中军 李钢 孙强 王强 肖诗云 王丰 李军 李秀领 井秦阳	土木水利学院
5	自然科学奖	二等	洪水预报调度的智能化理论方法及决策支持	程春田 李登峰 K. W. Chau 武新宇 李刚 廖胜利	土木水利学院
6	科技进步奖	二等	深水重力式网箱水动力特性研究	董国海 李玉成 关长涛 滕斌 张怀惠 宗智 林德芳 桂福坤 陈昌平 郑艳娜 赵云鹏 宋芳 郝春玲 毛雨婵 郝双户	土木水利学院
7	科技进步奖	一等	双排机水电站厂房结构与机组运行优化研究	马震岳(第4)	土木水利学院(第4)
8	科技进步奖	一等	中国下一代互联网示范工程CNGI示范网络核心网CNGI-CERNET2/6IX	李英壮(第17)	计算中心(第19)

中国石油和化学工业科学技术奖

序号	获奖奖种	获奖等级	项目名称	主要获奖人(排序)	单位(排序)
1	技术发明奖	二等	9,9-双(甲氧甲基)芴的制备与应用	高占先 董庆新 李甲辉 李伟 高欣 郑国彤	化工学院
2	科技进步奖	二等	铝粉氮气雾化生产和分级过程先进控制系统	邵诚 聂金泉 张永辉 孙良忠 崔波 夏西成 赵立波 王磊 王传鑫 彭继慎	电子与信息工程学院
3	技术发明奖	三等	专用高纯纳米氧化铝及其发光体产品一体化集成技术	宁桂玲 林源 安双熙 张守臣 仲剑初	化工学院

中国航海学会科学技术奖

序号	获奖等级	项目名称	主要获奖人(排序)	单位(排序)
1	三等	辽宁省港口资源整合战略的研究	郭子坚 宋向群 惠凯 刘丹 贺楠	土木水利学院

中国电力科学技术奖

序号	获奖奖种	获奖等级	项目名称	主要获奖人(排序)	单位(排序)
1	科技进步奖	二等	高压输电塔体系抗震抗风技术研究及工程应用	李宏男　马人乐　孙炳南　王苏岩 肖诗云　楼文娟　何敏娟　石文龙 黄连壮　贾连光	土木水利学院
2	科技进步奖	三等	云南电网水火电联合经济运行决策系统	程春田　蔡华祥　李　刚　蔡建章 武新宇　高孟平　廖胜利	土木水利学院

大连市科技奖

序号	获奖奖种	获奖等级	项目名称	主要获奖人(排序)	单位(排序)
1	科技进步奖	一等	碧流河水库汛限水位动态控制方法研究与应用	王本德(第2)　王国利(第4) 周惠成(第9)　袁晶瑄(第10) 梁国华(第11)　李　敏(第12)	土木水利学院
2	科技进步奖	一等	污水/海水水源热泵供热决策研究	端木林　舒海文　于子恢　赵金玲 刘爱博　王文桐　全　明　王宗山 曲景泉　刘明堂	土木水利学院
3	科技进步奖	二等	扎龙湿地水文气象监测站研究与建设	许士国　李和跃　王　昊　李长友 孙砺石　刘建卫　刘大庆	土木水利学院
4	科技进步奖	二等	蓝莓优质种苗规模化周年生产技术及应用	夏秀英　栾雨时　安利佳　毕晓颖 马　强　徐品三　肖　敏	环境与生命学院

教育部第四届中国高校人文社会科学研究优秀成果奖

序号	类别	等级	成果名称	作者	单位
1	著作类	三等	中国技术思想史论	王　前	人文社会科学学院

全国统战理论研究优秀成果奖

序号	类别	等级	成果名称	作者	单位
1	论文类	二等	全面建设小康社会新阶段参政党发展趋势及建设问题思考	魏晓文	人文社会科学学院

安子介国际贸易研究奖

序号	类别	等级	成果名称	作者	单位
1	论文类	三等	基于改进 H-O 模型的贸易投资一体化模型研究	苏振东	经济系

大连市第十二届社会科学进步奖

序号	类别	等级	成果名称	作者	单位
1	一等	著作类	科学文化哲学研究	洪晓楠	人文社会科学学院
2	一等	论文类	中国商业银行成本效率实证研究	迟国泰　孙秀峰等	管理学院
3	二等	著作类	科学技术管理伦理导论	戴艳军	人文社会科学学院
4	二等	著作类	动态现金流量与企业价值评估	李延喜	管理学院
5	二等	论文类	“由技至道”——中国传统的技术哲学理念	王　前	人文社会科学学院
6	二等	论文类	新时期参政党发展趋势与建设问题思考	魏晓文　陈　艳等	人文社会科学学院
7	三等	著作类	法律社会工作学	王刚义	管理学院
8	三等	著作类	昆曲精华	汪榕培　周秦等	外国语学院
9	三等	著作类	新闻脑	郑保章	人文社会科学学院
10	三等	论文类	基于改进 H-O 模型的贸易投资一体化模型研究	苏振东　侯铁珊等	经济系
11	三等	论文类	中国区域经济增长因素分析	姜照华	人文社会科学学院
12	三等	论文类	企业能力趋同与产业过度进入	丁永健	经济系
13	三等	论文类	怎样看待环境悲观主义	王子彦　高红樱	人文社会科学学院

2006 年专利申请和授权情况汇总

序号	单位	申请数			授权数		
		合计	发明	实用新型	合计	发明	实用新型
1	化工学院	78	76	2	43	41	2
2	能源与动力学院	10	10	0	12	10	2
3	土木水利学院	18	14	4	4	3	1
4	机械工程学院	18	18	0	9	7	2
5	电子与信息工程学院	9	9	0	1	1	0
6	物理与光电工程学院	15	15	0	3	3	0
7	环境与生命学院	25	25	0	8	8	0
8	材料科学与工程学院	16	13	3	4	4	0
9	电气工程与应用电子技术系	5	4	1	4	2	2
10	建筑与艺术学院	/	/	/	/	/	/
11	船舶工程系	/	/	/	2	1	1
12	工程力学系	4	3	1	/	/	/
合计		198	187	11	90	80	10

各院系获得专利授权情况汇总

序号	专利名称	第一发明人	单位	授权公告日	专利号	类型
1	Cu-Zr-Nb系块非晶合金	董闯	材料科学与工程学院	2006-09-13	200410021060.8	发明
2	用铒离子注入勃母石方法制备参铒氧化铝光波导薄膜	雷明凯	材料科学与工程学院	2006-10-25	200410021335.8	发明
3	镁合金激光-TIG焊接方法	刘黎明	材料科学与工程学院	2006-09-13	03134043.1	发明
4	脂环胺改性类环氧树脂固化剂	赵杰	材料科学与工程学院	2006-11-15	200410021304.2	发明
5	石油钻井平台钻塔移动装置	纪卓尚	船舶工程系	2006-07-05	200520090745.8	实用新型
6	石油钻井平台悬臂梁移动托架	纪卓尚	船舶工程系	2006-11-08	200510046417.2	发明
7	针-板式脉冲放电等离子体诱导光催化处理有机废水装置	李杰	电气工程与应用电子技术系	2006-11-01	200420150218.7	实用新型
8	一种非线性晶体极化用电源装置	李国锋	电气工程与应用电子技术系	2006-04-26	200520089039.1	实用新型
9	一种用菱镁矿石生长氧化镁晶体的方法	王宁会	电气工程与应用电子技术系	2006-07-19	200410021334.3	发明
10	双极性脉冲放电水处理方法	吴彦	电气工程与应用电子技术系	2006-05-13	03111418.0	发明
11	实现压电自感知执行器的空分复用解耦方法	董维杰	电子与信息工程学院	2006-07-19	200410020496.5	发明
12	一种以C4馏分为原料制造聚异丁烯的方法	蔡天锡	化工学院	2006-12-06	200310120889.9	发明
13	一种由长链烯烃与苯制造长链烷基苯的新工艺	蔡天锡	化工学院	2006-02-22	200310120885.0	发明
14	具长期储存稳定性和温度触变性的耐高温环氧树脂复合物	陈平	化工学院	2006-07-05	200510045654.7	发明
15	一种能减轻色变的大豆蛋白酶解方法	郭洪臣	化工学院	2006-05-17	03134188.8	发明
16	一种超临界条件下合成碳酸二甲酯的方法	何仁	化工学院	2006-09-27	200310104997.7	发明
17	超临界条件下清洁的连续化酯交换反应方法	何仁	化工学院	2006-07-19	200410020408.1	发明
18	磺化二氮杂萘聚醚砜酮质子交换膜及其制备方法	贺高红	化工学院	2006-08-02	200410021216.2	发明
19	多管式射流振荡制冷机及其制冷方法	胡大鹏	化工学院	2006-08-02	200410021388.X	发明
20	高镁低品位硼矿制造硼酸的方法	胡德生	化工学院	2006-10-04	200410050450.8	发明
21	两步固化法制备酚醛树脂基炭膜	胡浩权	化工学院	2006-02-22	02144662.8	发明
22	聚乙二醇(PEG)的两相体系及应用	金子林	化工学院	2006-03-29	200410021175.7	发明
23	用超临界流体反溶剂过程制备超细粉体的基本工艺流程	李志义	化工学院	2006-05-31	200310120867.2	发明

（续表）

序号	专利名称	第一发明人	单位	授权公告日	专利号	类型
24	用超临界反溶剂过程制备超细粉体的结晶釜	李志义	化工学院	2006-01-25	200310104825.X	发明
25	一类红色蒽醌分散染料	李宗石	化工学院	2006-06-21	200410050255.5	发明
26	一种脱除铝醇盐中痕量硅的纯化方法	宁桂玲	化工学院	2006-12-20	200410050332.7	发明
27	一种调变沸点法蒸馏法脱除铝醇盐中痕量铁的纯化方法	宁桂玲	化工学院	2006-01-25	200310104973.1	发明
28	提高喷头使用寿命的喷墨染料	彭孝军	化工学院	2006-05-10	200510045835.X	发明
29	2,6 二胺甲基吡啶衍生物荧光化学传感器分子的合成及其应用	钱旭红	化工学院	2006-01-18	03178351.1	发明
30	4,5-双取代-1,8-萘酰亚胺类化合物及其应用	钱旭红	化工学院	2006-12-06	200410082745.3	发明
31	一种由煤连续制备泡沫炭材料的方法及装置	邱介山	化工学院	2006-10-25	03135005.4	发明
32	一种以生物材料——淀粉为基质制备碳包覆纳米金属材料的方法	邱介山	化工学院	2006-02-15	200310119200.0	发明
33	用微波辐照分解处理吸附废水中有机物的活性炭再生法	全　燮	化工学院	2006-06-21	200410020410.9	发明
34	一种穿流塔板式载气蒸发浓缩丙烯酰胺水溶液的设备及方法	沈自求	化工学院	2006-03-08	200310119004.3	发明
35	一种等离子体增强甲烷选择催化还原氮氧化物的方法	孙　琪	化工学院	2006-06-21	200410050548.3	发明
36	旋转式细胞培养系统	孙相彧	化工学院	2006-8-23	200310105054.6	发明
37	一类西佛碱配位锆络合物乙烯齐聚催化剂的制备和应用	王　梅	化工学院	2006-10-04	03159271.6	发明
38	均匀沉淀-超临界二氧化碳干燥法制备纳米氧化镁的方法	王宝和	化工学院	2006-10-25	200410155314.5	发明
39	一种干凝胶水热转化制备沸石膜方法	王金渠	化工学院	2006-07-19	200410050486.6	发明
40	一种煤基炭膜的制备方法	王同华	化工学院	2006-03-08	03134197.7	发明
41	用机械化学法制备 B4C 硬质合金材料	谢洪勇	化工学院	2006-02-08	200410021162.x	发明
42	固体热载体催化气化生物质制取富氢气体的方法	徐绍平	化工学院	2006-10-04	03133799.6	发明
43	一种高长径比氧化镁晶须的制备方法	薛冬峰	化工学院	2006-12-06	200510045725.3	发明
44	一种生产扇形氧化镁晶须的方法	薛冬峰	化工学院	2006-10-25	200510045724.9	发明

（续表）

序号	专利名称	第一发明人	单 位	授权公告日	专利号	类型
45	光敏芳香杂环化合物降解基因组DNA	杨 青	化工学院	2006-02-01	03159532.4	发明
46	3-3′-二氯联苯胺盐酸盐的废硫酸综合利用工艺方法	杨希川	化工学院	2006-10-18	200410050361.3	发明
47	一种高吸水性聚合物树脂微胶囊及其生产工艺	于才渊	化工学院	2006-07-19	03110900.4	发明
48	一种自夹持爆破装置	喻建良	化工学院	2006-08-02	200420150358.4	实用新型
49	一种多层狭缝热管阻火器	喻建良	化工学院	2006-03-08	031337740	发明
50	光学活性环状碳酸脂的制备方法	张英菊	化工学院	2006-03-29	200310114079.2	发明
51	1-硝基-2-乙基蒽醌的制备方法	李宗石	化工学院*	2006-07-12	03159203.1	发明
52	一种用于喷墨打印机的连续稳定供墨装置	刘 炼	化工学院*	2006-01-04	200420055416.5	实用新型
53	一种芳烃磺酰氯衍生物的制备方法	吴祖望	化工学院*	2006-03-08	03178532.8	发明
54	3-(β-羟乙砜基)硝基苯制备中副产1,2-双-(3′-硝基苯砜基)乙烷的水解方法	吴祖望	化工学院*	2006-03-08	03178523.9	发明
55	喜树细胞中抗癌活性物质的制备及用于抑制癌细胞的方法	安利佳	环境与生命学院	2006-07-19	03133489.X	发明
56	无色透明脱苦稳定芦荟凝胶汁的清洁生产方法	王长海	环境与生命学院	2006-11-15	200410021416.8	发明
57	一种偶联生产生物柴油和1,3-丙二醇的方法	修志龙	环境与生命学院	2006-09-27	200410100479.2	发明
58	应用预涂动态膜过滤活性污泥混合液的污水处理方法	张捍民	环境与生命学院	2006-10-25	200410021281.5	发明
59	一种膜曝气与膜分离耦合的污水处理装置及方法	张捍民	环境与生命学院	2006-05-17	200410020554.4	发明
60	一种海水淡化及苦咸水脱盐设备及方法	周集体	环境与生命学院	2006-10-25	03133959.X	发明
61	一种多相多元催化电解氧化污水处理方法与装置	周集体	环境与生命学院	2006-05-31	03133960.3	发明
62	鞘氨醇单胞菌属菌株及其在蒽醌染料废水脱色中的应用	周集体	环境与生命学院	2006-08-23	200410020832.6	发明
63	自动投球机器人	关慧贞	机械工程学院	2006-08-23	03133757.0	发明
64	手控拾射球机器人	关慧贞	机械工程学院	2006-01-25	03133758.9	发明
65	一种传输机器人	康仁科	机械工程学院	2006-03-08	200420113013.1	实用新型

（续表）

序号	专利名称	第一发明人	单位	授权公告日	专利号	类型
66	蠕动式管道爬行器	梁延德	机械工程学院	2006-10-25	200310120880.8	发明
67	强夯机夯锤液压脱钩器及其脱钩方法	屈福政	机械工程学院	2006-09-13	200410050578.4	发明
68	一种压电石英式扭矩传感器与制作工艺方法	孙宝元	机械工程学院	2006-07-19	03133521.7	发明
69	温度循环控制的方法及装置	王晓东	机械工程学院	2006-12-06	03111670.1	发明
70	一种液气缓冲器	苗　明	机械工程学院*	2006-11-08	200420108483.9	实用新型
71	多节臂单油伸缩控制系统的插销互锁装置	屈福政	机械工程学院*	2006-02-22	200420108317.9	发明
72	发动机配气装置	梁桂华	能源与动力学院	2006-08-16	200520091844.8	实用新型
73	内燃机扩散喷雾燃烧系统	隆武强	能源与动力学院	2006-12-06	200410097761.X	发明
74	内燃机喷雾扩散燃烧系统	隆武强	能源与动力学院	2006-06-21	200410097762.4	发明
75	柴油机二次雾化燃烧系统	隆武强	能源与动力学院	2006-05-13	03178325.2	发明
76	内燃机燃烧系统	隆武强	能源与动力学院	2006-08-02	03143922.5	发明
77	内燃机内锥式雾化系统	隆武强	能源与动力学院	2006-11-22	03143915.2	发明
78	内燃机导向叶片燃烧系统	隆武强	能源与动力学院	2006-08-23	03143789.3	发明
79	内燃机碰撞雾化燃烧系统	隆武强	能源与动力学院	2006-07-05	200410021086.2	发明
80	内燃机碰撞脊燃烧室与喷油嘴的匹配方法	隆武强	能源与动力学院	2006-05-31	200310119482.4	发明
81	汽油机气缸套点火室燃烧系统	隆武强	能源与动力学院	2006-07-19	200410050464.X	发明
82	废液焚烧装置	尹洪超	能源与动力学院	2006-08-02	200520089342.1	实用新型
83	废液焚烧余热锅炉	尹洪超	能源与动力学院	2006-12-06	200510045865.0	发明
84	利用城市污水低位热能的取水方法和自动除污装置	端木琳	土木水利学院	2006-09-13	200410020630.1	发明
85	射流撞击式空调送风方法	端木琳	土木水利学院	2006-04-26	200410021511.8	发明
86	外套框架增层结构的减震控制方法	李宏男	土木水利学院	2006-05-17	200410020625.0	发明

(续表)

序号	专利名称	第一发明人	单位	授权公告日	专利号	类型
87	一种光纤光栅位移传感器	任亮	土木水利学院	2006-09-20	200520092816.8	实用新型
88	用于超高密度光存储的集成式微探尖的选择生长方法	胡礼中	物理与光电工程学院	2006-03-29	03133404.0	发明
89	一类氧离子导体电解质薄膜的构造及其脉冲磁控溅射制备方法	姜雪宁	物理与光电工程学院	2006-10-25	200410020406.2	发明
90	一种真空激光坝变形测量方法	赖康生	物理与光电工程学院	2006-01-04	200310105231.0	发明

注:"单位"栏标"＊"为与其他单位共同申报。

2006年学校承办的国际国内学术会议一览

序号	会议名称	召开时间
1	中国东北振兴与中日CDM可行性国际会议	1月7日
2	第三届中美磁约束核聚变联合研讨会	5月18～19日
3	首届大连计算化学与计算材料学研讨会	5月25～26日
4	全球智能控制与自动化大会	6月21～23日
5	第六届交通运输领域国际学术会议	6月24日
6	第二届全国工程建设行业大型吊装市场研讨暨技术交流会	6月28～7月1日
7	第二届制冷与加热技术国际会议	7月27～29日
8	中国水利学会水力学专业委员会、中国水力发电工程学会水工水力学专业委员会2006年年会暨学术论坛	8月9～11日
9	第九届全国扫描隧道显微学学术会议	8月21～23日
10	2006中俄等离子体高科技研讨及项目合作洽谈会	9月4～5日
11	第七届亚太地区近海工程会议	9月18～20日
12	全国第十一届纤维混凝土学术会议	9月20～22日
13	轻质材料与结构现代进展研讨会	9月22～23日
14	第二届中国科技政策与管理学术研讨会	9月25～26日
15	第九届磨粒加工技术国际会议	9月27～28日
16	第七届环境行为学研究国际学术研讨会	10月20日
17	第四届中日韩结构与机械系统优化学术会议	11月6～9日
18	第五届应用公开密钥密码系统国际研讨会	11月27日

2006年新批各类纵向科研项目汇总

序号	项目类别	申报数	批准数	批准经费/万元
1	国家自然科学基金项目	467	136	4839.00
2	国家基金委国际合作与交流项目	28	23	64.73
3	国家社会科学基金重大项目	2	1	50.00
4	国家社会科学基金项目	15	2	14.00
5	全国教育科学规划项目	8	1	2.00
6	863计划项目	112	26	3457.30
7	973计划项目	6	6	1161.80
8	国家科技支撑计划项目	37	24	3685.00
9	国家软科学计划项目	5	1	8.00
10	教育部"创新团队"项目	2	1	300.00
11	教育部新世纪优秀人才支持计划项目	17	15	750.00
12	高等学校科技创新工程重大项目培育资金项目	1	1	40.00
13	教育部科学技术研究重点项目	3	3	36.00
14	高等学校博士学科点专项科研基金项目	30	10	58.20
15	教育部留学回国人员科研启动基金项目	49	17	47.50
16	全国优秀博士学位论文作者专项资金	1	1	46.00
17	教育部人文社会科学基金项目	21	4	18.00
18	教育部哲学社会科学研究后期资助项目	2	1	5.00
19	教育部哲学社会科学研究重大课题委托项目	3	1	2.00
20	辽宁省博士科研启动基金项目	58	12	60.00
21	辽宁省自然科学基金项目	139	19	80.00
22	辽宁省科技计划项目	85	12	237.00
23	辽宁省基地专项资金计划项目	10	2	100.00
24	辽宁省社会科学规划基金项目	47	16	6.00
25	辽宁省社科联经济社会发展研究课题	14	12	自筹
26	辽宁省财政科研基金项目	4	1	自筹
27	大连市科技计划项目	79	28	527.00
28	大连市科学技术基金项目	5	3	15.00
29	大连市社会科学研究项目	17	13	自筹
30	博士后科学基金项目	60	24	82.00
31	石油科技中青年创新基金项目	16	1	10.00
32	国际合作合同	16	16	459.575
33	其他纵向项目	72	72	1436.00
合计		1431	505	17597.105

2006年国家自然科学基金委员会资助项目一览

国家杰出青年科学基金

序号	批准号	申请者	项 目 名 称	资助金额/万元	终止年月
1	10625102	邱瑞锋	低维流形	140.00	2010.12
2	20625414	吕小兵	催化剂、聚合反应及聚合方法	200.00	2010.12

重 点 项 目

序号	批准号	申请者	项 目 名 称	资助金额/万元	终止年月
1	10632030	钟万勰	分析结构力学与相关问题的研究	160.00	2009.12
2	10635010	王友年	低气压多频等离子体与材料表面相互作用	220.00	2009.12
3	20633020	孙立成	利用模拟酶进行太阳能制氢的基础研究	180.00	2010.12
4	40638040	唐春安	采动煤岩地质环境劣化诱发矿山动力灾害机理研究	150.00	2010.12
5	50638010	李宏男	高压输电塔-线体系抗震抗风基础研究	200.00	2010.12
6	50639010	栾茂田	海洋土的工程特性及其地基的变形机理研究	170.00	2010.12
7	20634040	吕小兵	二氧化碳共聚物的基本问题研究(合作项目)	60.00	2010.12
8	20633070	丛书林	化学反应的非决热过程中的超快动力学及其理论研究(合作项目)	25.00	2010.12
9	U0634003	李久艳 刘　迪	用于制作彩色平板显示器的新型高效白光聚合物(合作项目)	20.00	2010.12
10	40634025	孙　怡	东喜马拉雅构造结及周围地区深部三维结构与动力学(EHS3D)-第一阶段(合作项目)	30.00	2010.12
11	50639030	滕　斌	深海系泊系统性能与动力特性(合作项目)	30.00	2010.12
12	50635040	赵福令	微细电加工及其微小装备的基础研究(合作项目)	40.00	2010.12
13	50631010	董　闯	块体金属玻璃形成过程中的微观结构演变与玻璃形成能力(合作项目)	40.00	2010.12
14	50639060	迟世春	高土石坝变形分析与安全控制(合作项目)	34.00	2010.12
15	90607002	孙宝元	多功能单片集成传感微系统设计方法及其相关技术基础研究(合作项目)	80.00	2009.12
16	90607003	唐祯安	硅微传声器和微气压传感器及其阵列集成芯片系统研究(合作项目)	80.00	2009.12

重大国际合作项目

序号	批准号	申请者	项目名称	资助金额/万元	终止年月
1	30620120430	徐永平	染疫动物无害化处理过程中病原微生物消失规律的研究	80.00	2009.12

2006年新批国家社会科学基金重大资助项目一览

序号	项目编号	负责人	项目名称	经费/万元	起止时间
1	06&ZD039	迟国泰	全面贯彻落实科学发展观的综合评价体系	50.00	2006.10～2009.12

2006年科技部资助项目一览

国家“863”计划项目

序号	负责人	课题名称	经费/万元	起止时间	备注
1	唐祯安	面向安全监测与跟踪的网络化微系统:2、危化品检测传感器及其系统集成产品的测试与可靠性评估技术	845.00	2006.12～2008.12	重点项目课题,负责
2	余隽	面向安全监测与跟踪的网络化微系统:1、危化品监测传感器信号处理及网络接口技术	295.00	2006.12～2008.12	重点项目课题,负责
3	滕斌	南海深水油气勘探开发关键技术及装备-3000米水深半潜式钻井平台关键技术	600.00	2006.12～2008.12	重大项目课题,参与
4	黄一	南海深水油气勘探开发关键技术及装备-3000米水深半潜式钻井平台关键技术	300.00	2006.12～2008.12	重大项目课题,参与
5	岳前进	南海深水油气勘探开发关键技术及装备-深水海底管道铺设技术	175.00	2006.10～2008.12	重大项目课题,参与
6	滕斌 柳淑学	南海深水油气勘探开发关键技术及装备-灾害性海洋环境下平台安全性评估技术	130.00	2006.12～2008.12	重大项目课题,参与
7	宋永臣	天然气水合物模拟开采技术研究-含水合物沉积物骨骼可视化及机械特性研究	103.00	2006.12～2008.12	重大项目课题,参与
8	周雅夫	节能与新能源汽车-汽车用驱动电机系统开发	65.00	2006.12～2008.12	重大项目课题,参与
9	周霞	节能与新能源汽车-重型商用车CNG发动机产品开发	20.00	2006.12～2008.12	重大项目课题,参与
10	王希诚	高效能计算机及网格服务环境-新药研发网格	38.80	2006.12～2008.12	重点项目课题,参与
11	仲崇权	流程工业数字化仪器仪表-EPA实时综合指标测试平台与产品开发	70.00	2006.12～2008.12	重点项目课题,参与
12	隆武强	汽车开发先进技术-轿车直喷式汽油机开发	30.00	2006.12～2008.12	重点项目课题,参与
13	伍会健	SUMO化修饰蛋白的功能研究	100.00	2006.12～2008.12	探索导向类课题,负责

(续表)

序号	负责人	课题名称	经费/万元	起止时间	备注
14	张洪武	射孔枪现代设计技术在海洋石油开发中的应用	90.00	2006.12～2008.12	探索导向类课题,负责
15	胡大鹏	天然气地层压力能综合利用新技术	93.00	2006.12～2008.12	探索导向类课题,负责
16	董闯	用于模具抛光的强流脉冲电子束新工艺	85.00	2006.12～2008.12	探索导向类课题,负责
17	徐永平	微切变-助剂互作技术生产刺参植物型免疫调节剂和水体修复剂	85.00	2006.12～2008.12	探索导向类课题,负责
18	张淑芬	复合高取代交联型生物质絮凝剂及污水处理的循环技术开发	79.00	2006.12～2008.12	探索导向类课题,负责
19	赵杰	高温材料持久寿命及损伤的可靠性评估技术	66.00	2006.12～2008.12	探索导向类课题,负责
20	王德伦	机械产品智能化设计特征状态空间模型及其集成系统	63.00	2006.12～2008.12	探索导向类课题,负责
21	林鸿飞	基于语义的跨语言垂直搜索技术的研究与实现	40.00	2006.12～2008.12	探索导向类课题,负责
22	林国强	高性能纳米复合涂层超细晶硬质合金的研究	30.00	2006.12～2008.12	探索导向类课题,参与
23	滕鸿飞	面向原始创新的模糊前端及概念设计系统化方法与技术	20.00	2006.12～2008.12	探索导向类课题,参与
24	董国海	新型离岸深水网箱成套装备及养殖技术	15.00	2006.12～2008.12	探索导向类课题,参与
25	杨睿	无人机突风安全与总体综合设计技术研究	15.00	2005.6～2006.6	探索导向类课题,参与
26	李晓晖	猪血红蛋白生物活性肽制备的关键技术	4.50	2006.12～2010.10	探索导向类课题,参与

“973”计划项目

序号	项目编号	负责人	课题名称	经费/万元	起止时间	备注
1	2006CB705403	李刚	非连续工况下重载装备的界面行为与力学特性	425.00	2006～2010	课题负责
2	2006CB403302	陈景文	湿地系统水环境过程与行为	412.00	2006～2010	课题负责
3	2006CB705406	贾振元	重载大惯量装备的快速协调控制	212.80	2006～2010	课题第二负责
4	2006CB705804	宋永臣	注 CO_2 提高原油采收率的多相多组分相态理论	100.00	2006～2010	参与
5	2005CB221202	李文翠 胡浩权	无变换焦炉煤气调 H_2 及 CO_2 减排基础研究-焦炉煤气中 H_2 和 CH_4 的分离研究	10.00	2006～2009	参与
6	2006CB200301-12	苏庆运	铁基催化剂脱除 NO_X 的详细化学反应动力学模拟研究	2.00	2006～2008	参与

国家科技支撑计划项目

序号	负责人	课题名称	经费/万元	起止时间	备注
1	欧进萍	建(构)筑物耗能减震与智能控制技术	申请经费600.00	2007年启动	课题负责
2	李宏男	村镇建筑抗震和减震技术与示范	申请经费470.00	2007年启动	课题负责
3	柳春光	村镇防灾减灾管理系统、应急预案及战略研究	申请经费340.00	2007年启动	课题负责
4	欧进萍	重大建(构)筑物健康监测与诊断技术	申请经费380.00	2007年启动	参与
5	王立久	环保经济型村镇住宅配套建材与产品开发	申请经费150.00	2007年启动	参与
6	肖诗云	村镇区域防洪技术研究	申请经费100.00	2007年启动	参与
7	柳春光	村镇生命线工程抗灾技术	申请经费50.00	2007年启动	参与
8	王立久	乡村经济建筑材料认证体系的研究	申请经费45.00	2007年启动	参与
9	端木琳	城市能源优化配置与管网系统负荷模拟技术	20.00	2007年启动	参与
10	刘黎明	镁合金防护与连接工程技术研究开发	494.00	2006.11～2009.12	课题负责
11	周惠成	生态环境保护准则与需耗水量计算方法研究	180.00	2006.10～2009.12	课题负责
12	刘　冲	塑料微成型与模具关键技术研究	150.00	2006.11～2009.12	课题负责
13	许士国	雨洪资源利用的风险与效益评估方法研究	150.00	2006.11～2009.12	课题负责
14	刘晓冰	地方制造业信息化科技示范工程	260.00	2006.12～2010.12	参与
15	黄学文	300 km/h高速动车组现代集成制造系统	155.00	2006.12～2010.12	参与
16	李宏男	既有建筑抗震能力评价与震前、震后加固技术研究	100.00	2006.11～2009.12	参与
17	王延章	课题2:××××××	80.00	2006.12～2008.12	参与
18	杨建华 王金渠	天然气制芳烃等非石油路线制备大宗化学品工艺技术的研究	50.00	2006.11～2009.12	参与
19	黄明亮	替代含铅材料的系列产品开发及产业化-无铅焊料系列产品开发及产业化	50.00	2006.12～2009.12	参与
20	陈　滨	太阳能集热建筑模块的研究与开发	40.00	2006.12～2008.12	参与
21	李志军	南大洋海冰年际、年代际变化及冰-海耦合模式研究	40.00	2006.12～2009.12	参与
22	汪　晴	现代制剂技术在中药制剂中应用的适宜性研究	38.00	2006.10～2009.10	参与
23	宗　智	渤海海冰资源开发利用关键技术及试验研究	35.00	2006.12～2010.8	参与
24	孙　怡	生命线工程安全保障关键技术研究及工程示范	10.00	2006.10～2008.12	参与
25	端木琳	村镇建筑节能及改善室内热环境关键技术研究	15.00	2006.11～2009.12	参与

国家软科学计划项目

序号	项目编号	负责人	课题名称	经费/万元	起止时间
1	2006GXS2D067	刘凤朝	自主创新能力测度方法及其应用研究	8.00	2007.1～2008.12

2006年教育部资助项目一览

教育部"长江学者与创新团队发展计划"创新团队项目

序号	项目编号	负责人	团队名称	经费/万元	起止时间
1	IRT0610	贾振元	精密/特种加工与微制造	300.00	2007～2009

教育部新世纪优秀人才支持计划项目

序号	项目编号	负责人	经费/万元	起止时间
1	NCET-06-0270	陈健云	50.00	2007～2009
2	NCET-06-0271	关柏鸥	50.00	2007～2009
3	NCET-06-0272	贺高红	50.00	2007～2009
4	NCET-06-0273	黄明亮	50.00	2007～2009
5	NCET-06-0274	亢　战	50.00	2007～2009
6	NCET-06-0275	李凤泉	50.00	2007～2009
7	NCET-06-0276	刘西民	50.00	2007～2009
8	NCET-06-0277	唐一源	50.00	2007～2009
9	NCET-06-0278	王德君	50.00	2007～2009
10	NCET-06-0279	王晓东	50.00	2007～2009
11	NCET-06-0280	王忠刚	50.00	2007～2009
12	NCET-06-0281	赵纪军	50.00	2007～2009
13	NCET-06-0282	朱爱民	50.00	2007～2009
14	NCET-06-0283	董大海	50.00	2007～2009
15	NCET-06-0284	苏敬勤	50.00	2007～2009

教育部高等学校科技创新工程重大项目培育资金项目

序号	项目编号	负责人	项目名称	经费/万元	起止时间
1	706015	仲崇权	传感器网络及其与EPA控制网络集成技术研究	40.00	2007.1～2008.12

教育部科学技术研究重点项目

序号	项目编号	负责人	项目名称	经费/万元	起止时间
1	107031	郝　海	电磁/超声场作用下镁锂合金铸坯成型基础研究	8.00	2007.01～2009.12
2	107032	孙　怡	采用相位衬度 XCT 定量分析阿尔茨海默病小鼠模型中的老年斑	8.00	2007.01～2009.12
3	107120	胡大鹏	气波技术及在天然气处理过程中的应用研究	20.00	2007.01～2009.12

高等学校博士学科点专项科研基金项目

序号	项目编号	负责人	课题名称	经费/万元	起止时间
1	20060141002	任　冰	多向不规则波对透空式建筑物冲击作用的研究	6.00	2007.1～2008.12
2	20060141006	王　伟	基于多传感器信息融合的移动机器人广域地图创建与环境探索	6.00	2007.1～2008.12
3	20060141007	吴承伟	蚊子两栖运动的生物力学研究	6.00	2007.1～2008.12
4	20060141008	徐新生	圆柱壳动力前屈曲和后屈曲问题中的辛方法	5.20	2007.1～2008.12
5	20060141013	胡祥培	第三方物流配送的干扰管理模型与智能算法研究	5.50	2007.1～2008.12
6	20060141015	邱介山	基于纳米碳管的自组装制备功能性微米炭材料的研究	6.00	2007.1～2008.12
7	20060141017	栾茂田	深水海洋工程中吸力式基础工作机理及分析方法研究	6.50	2007.1～2008.12
8	20060141026	胡礼中	用于 SNOM 传感器的 GaAs 微探尖阵列选择生长质量改进技术	6.00	2007.1～2008.12
9	20060141027	李宏男	大跨越高压输电塔体系风雨致振破坏机理与实验研究	6.00	2007.1～2008.12
10	20060141029	于　波	非凸非光滑优化及其在神经网络和图形图像中的应用	5.00	2007.1～2008.12

教育部留学归国人员科研启动基金项目

序号	负责人	课题名称	经费/万元	起止时间
1	李　钢	负载金催化剂催化烯烃空气氧化研究	2.00	2006.3～2008.3
2	赵建章	手性探针的合成与性能研究	4.00	2006.3～2008.3
3	包　明	微胶囊膜内负载钯催化剂的制备及其在选择性 C—C 键形成反应中的应用	4.00	2006.3～2008.3
4	赵明山	基于杂奈联苯聚芳醚聚合物材料的光子学功能器件基础问题研究	3.00	2006.3～2008.3
5	陈茂笃	多原子反应的立体反应动力学理论研究	3.00	2006.3～2008.3

(续表)

序号	负责人	课 题 名 称	经费/万元	起止时间
6	李　杰	活性炭吸附/介质阻挡放电等离子体降解水中有机微污染物	1.50	2006.3～2008.3
7	王静云	肌红蛋白与细胞色素 b5 之间电子转移的研究	3.00	2006.3～2008.3
8	耿　勇	基于能值分析的工业园生态经济绩效评价研究	2.50	2006.3～2008.3
9	吴爱民	强流脉冲电子束诱发的瞬间增强扩散效应研究	3.00	2006.3～2008.3
10	王同敏	冷却斜槽法制备均质难混溶合金的实验研究与多相流模拟	3.00	2006.3～2008.3
11	张贵锋	纳米金刚石微尖制备技术及性能研究	3.00	2006.3～2008.3
12	宗　智	强非线性多物理过程流固耦合的计算研究	3.00	2006.3～2008.3
13	刘　刚	基于 PVDF 压电薄膜的船舶与海洋结构物应变与损伤检测研究	3.00	2006.3～2008.3
14	陈飙松	微型电子机械系统(MEMS)中微通道散热器优化设计	2.00	2006.3～2008.3
15	亢　战	考虑不确定性的金属成形过程稳健性优化设计	3.00	2006.3～2008.3
16	王　科	水平板式防波堤消浪效果研究	2.50	2006.3～2008.3
17	卢玉峰	Bergman 空间极其 Toeplitz 算子的若干问题	2.00	2006.3～2008.3

全国优秀博士学位论文作者专项资金

序号	申请人	项 目 名 称	经费/万元	起止时间
1	吕小兵	纳米孔道限制的手性催化剂设计合成及其在不对称环加成反应中应用	46.00	2007.1～2010.12

教育部人文社会科学研究项目

序号	项目编号	负责人	项 目 名 称	经费/万元	起止时间
1	06JA790012	李延喜	信息结构、风险偏好、声誉机制与盈余管理行为	5.00	2007.1～2009.1
2	06JA630008	张米尔	自主技术标准的创立规律与推进策略研究	5.00	2007.1～2009.1
3	06JA790013	刘凤朝	自主创新能力预算方法及其应用研究	5.00	2007.1～2009.1
4	06JA720001	王　飞	对中德日有关技术争论的历史考察与反思	3.00	2007.1～2009.1

教育部哲学社会科学研究后期资助项目

序号	项目编号	负责人	项 目 名 称	经费/万元	起止时间
1	06JHQYB0025	朱庆华	供应链中的环境保护问题研究	5.00	2007.1～2008.12

教育部哲学社会科学研究重大课题委托研究项目

序号	负责人	项 目 名 称	经费/万元	起止时间
1	姜德学	大学生日常思想政治教育实效性研究	2	2007.1～2008.12

2006 年国际合作合同项目一览

序号	负责人	项 目 名 称	经费/万元	起止时间	合作单位
1	王永学	Wave Model Test for DaeSan Port(1-2 phase) Construction Project	12.00(美)	2006.9~2008.9	韩国 SK 工程与结构公司
2	钱　昆	半双体船的运动性能和波浪载荷研究	0.88(欧)	2006.9~2008.9	德国
3	董　闯	非平衡方法设计新表面:结构及结构演化(5C-JD03)	7.525	2006.9~2006.12	印度
4	李金平	R(Mg,Ca)O-Al_2O_3-B_2O_3-SiO_2 玻璃的温度时间转变	16.25	2006.10~2007.10	美国 PPG Industries, Inc
5	宋永臣	中国节能技术研究开发动向调查	350.00(日)	2006.3~2007.3	日本
6	卢湖川	人脸检索及其在视频中的应用	5.85	2006.7~2006.8	日本 SINOCOM 公司
7	曲景平	有机化合物的合成	1800.00(日)	2006.4~2007.4	日本 MITSUBISHI CHEMICAL 公司
8	耿　勇	中日生态城镇发展模式的比较研究及绩效评价	110.00(日)	2006.4~2007.4	日本东京大学
9	孟宪福	基于 Rich Client 的日报系统	130.00(日)	2006.9~2006.12	日本 YUI-SYSTEM STUDIO CO LTD
10	金明录	大连理工大学-NAPSON 联合实验室	100.00(日)	2006.12~2007.12	日本 NAPSON CORPORATION
11	董　闯	材料薄膜的制备工艺和新型材料开发	100.00(日)	2006.7~2007.4	日本 NISSIN ELECTRIC CO LTD 公司
12	杜凤刚	远程外语教学研究	200.00(日)	2006.4~2007.3	UNIVERSITY OF KITAKYUSHU
13	王宁会	碳化硼材料技术研究	2.50(美)	2006.2~2007.5	日本润明材料通商株式会社
14	武春友	中国沿海社区生态规划与环境管理	8.80(美)	2006.3~2007.6	加拿大滑铁卢大学
15	马学虎	压汽蒸馏超纯水技术开发	2.60(美)	2006.6~2006.10	世界轮椅基金会
16	黄承逵	纤维混凝土实验方法标准的编制和研究	1.10(美)	2006.7~2007.12	卢森堡阿塞罗钢铁公司

2006 年 100 万元以上横向项目统计

序号	项 目 名 称	负责人	单 位	合同额/万元
1	履带式起重机系列产品开发	高顺德	机械工程学院	1200.00
2	SWK-1 型塑料微流控芯片制造技术及装备	刘　冲	机械工程学院	730.00
3	拖水池造波/消波系统	李木国	土木水利学院	690.00
4	新疆天富热电股份有限公司 60 万吨/年煤制甲醇项目一期工程脱硫脱碳工艺包	张述伟	化工学院	390.00
5	自升式钻井平台的研制	林　焰	船舶工程系	377.20
6	产供销一体化管理系统	刘晓冰	管理学院	350.00

(续表)

序号	项 目 名 称	负责人	单 位	合同额/万元
7	烟道气回收利用采油配套技术研究	张永春	化工学院	330.00
8	炼油新区炼厂气综合利用集成技术开发应用	贺高红	化工学院	320.00
9	江苏灵谷化工有限公司1300吨/日合成氨项目低温甲醇洗工艺包	张述伟	化工学院	280.00
10	内蒙古奈伦合成氨&尿素项目低温甲醇洗工艺包	张述伟	化工学院	280.00
11	北满特殊钢集团集成化生产管理信息系统	刘晓冰	管理学院	260.00
12	久泰能源内蒙古有限公司煤炭深加工综合项目低温甲醇洗工艺计算包	张述伟	化工学院	260.00
13	抚顺特钢集成化生产管理系统	刘晓冰	管理学院	248.00
14	濮阳市甲醇厂低温甲醇洗工艺包	张述伟	化工学院	240.00
15	二次反射波全吸收装置及控制分析系统压力仪等设备研制	李木国	土木水利学院	240.00
16	成品油船设计制造技术研究	纪卓尚	船舶工程系	238.00
17	南洋港区人工岛一、二期工程岛壁结构抗震试验	孔宪京	土木水利学院	182.50
18	低温甲醇洗装置扩产改造工艺包	张述伟	化工学院	180.00
19	内蒙古伊泽矿业投资有限公司30万吨/年甲醇工程低温甲醇洗工艺计算包	张述伟	化工学院	180.00
20	DLP型芳构化催化剂委托加工的技术咨询服务	郭洪臣	化工学院	175.70
21	多项不规则波造波机系统研发	李木国	土木水利学院	164.50
22	3万吨/年二氧化碳提纯装置	张永春	化工学院	158.00
23	东营广利港城总体规划	陈　军	材料科学与工程学院	150.00
24	乙苯反应器系统开发与设计	王克峰	化工学院	130.00
25	多向不规则波造波机系统	李木国	土木水利学院	120.00
26	模具扁钢轧机直流传动系统	仲崇权	电子与信息工程学院	115.00
27	大连高新园区七贤岭产业基地生态规划	耿　勇	管理学院	110.00
28	邯郸市北张壮组团发展战略与规划研究	李世芬	建筑与艺术学院	110.00
29	铜管坯水平连铸电磁铸造工艺及装备的研制	李廷举	材料科学与工程学院	110.00
30	蒲石河抽水蓄能电站机组振动对厂房结构影响静动力计算	马震岳	土木水利学院	110.00
31	超声成品波清洗机	王连吉	机械工程学院	110.00
32	贵州电网优化调度系统	程春田	土木水利学院	109.00
33	铜包铝线制造技术的开发研究及工业生产	王桂芹	材料科学与工程学院	100.00
34	东北特钢ERP系统升级开发	刘晓冰	管理学院	100.00
35	拉坦前列素合成中间体的研发及加工	孟庆伟	化工学院	100.00
36	C9石油树脂催化加氢技术	吕连海	化工学院	100.00

2006年新批科研机构一览

教育部工程研究中心

序号	机构名称	批准时间	批准文号
1	教育部制造管理技术工程研究中心	2006-06	教技函[2006]30号

辽宁省重点实验室

序号	机构名称	批准时间	批准文号
1	辽宁省制造管理信息化重点实验室	2006-10	辽科发[2006]40号

辽宁省工程技术研究中心

序号	机构名称	批准时间	批准文号
1	辽宁省工业生态与环境工程技术研究中心	2006-08	辽科发[2006]19号

学校新批科研机构

序号	机构名称	批准时间	批准文号
1	大连理工大学中加资源与环境研究中心	2006-04-05	大工办发[2006]16号
2	国际航运中心研究院	2006-07-07	大工校发[2006]22号
3	风洞重点实验室	2006-08-06	大工校发[2006]32号
4	智能电器重点实验室	2006-08-06	大工校发[2006]32号
5	大连理工大学光电研发中心	2006-11-21	大工办发[2006]60号
6	大连理工大学金融风险与系统评价管理研究中心	2006-12-20	大工办发[2006]75号

教育部“长江学者与创新团队发展计划”创新团队

序号	负责人	团队名称
1	贾振元	精密/特种加工与微制造

辽宁省高等学校创新团队

序号	负责人	研究方向
1	张洪武	计算力学与工程科学计算
2	李宏男	工程结构破坏机理及安全性评价
3	滕　斌	海洋环境及灾害——机理、影响、预报及防护
4	郭东明	精密/特种加工与微制造
5	全　燮	持久性有毒污染物新型控制技术与生态安全性
6	董　闯	载能束材料改性及材料设计
7	徐世烺	新型工程材料与重大工程结构关键技术
8	张淑芬	绿色高新精细化工科学与技术

大连市社会科学重点研究基地

序号	机构名称	批准时间	批准文号
1	科技伦理与科技管理研究中心	2007.03	大社科院发[2007]1号
2	经济研究中心	2007.03	大社科院发[2007]1号

新签署全面合作协议单位一览

与政府间的全面合作

序号	合作单位	协议名称	我校签约人	对方签约人	时间
1	鞍山市人民政府	全面合作协议	林安西	吴野松	2006.01.04
2	本溪市人民政府	全面合作协议	林安西	李　波	2006.01.05
3	抚顺市人民政府	全面合作协议	林安西	刘　强	2006.01.06
4	朝阳市人民政府	全面合作协议	邵龙潭	高　炜	2006.01.10
5	阜阳市人民政府	全面合作协议	邵龙潭	王广利	2006.01.11
6	吉林省白山市	全面合作协议	郭东明	姜有为	2006.03.29
7	浙江省金华市	科技合作协议	李俊杰	王挺革	2006.10.22

与企业及其他单位间的科技合作

序号	合作单位	协议名称	我校签约人	对方签约人	时间
1	辽河石油勘探局	辽河石油勘探局-大工研究院协议书	郭东明	冯艳成	2006.03.08
2	辽宁省大连海洋渔业集团公司	全面合作协议	郭东明	张　滨	2006.06.08
3	中国石油大连石油化工公司	全面合作协议	郭东明	巩立志	2006.06.08
4	大连港集团有限公司	全面合作协议	郭东明	赵如方	2006.06.08
5	中国化学工程集团公司	联合申报和建立国家工程实验室协议书	欧进萍	金克明	2006.06.23
6	浙江中朋机电有限公司	大连理工大学-中朋机电研发中心协议	李俊杰	林新忠	2006.11.28

我校历年人才基金项目

国家创新研究群体科学基金

序号	项目编号	项目名称	负责人	经费/万元	起止时间
1	10421202	计算力学与工程科学计算	顾元宪 张洪武	360.00	2005～2007

教育部创新团队项目

序号	项目编号	项 目 名 称	负责人	经费/万元	起止时间
1	IRT0420	海洋环境及灾害——激励、影响、预报及防护	滕 斌	300.00	2005～2007
2	IRT0518	工程结构破坏机理及安全性评价	李宏男	300.00	2006～2008
3	IRT0610	精密/特种加工与微制造	贾振元	300.00	2007～2009

国家杰出青年科学基金

序号	获得者	研 究 课 题	金额/万元	起止时间
1	顾元宪	结构布局优化和动态特性优化的方法及应用	60.00	1996～1998
2	董 闯	准晶和等电子浓度相关晶体相的微观结构、性能及制备	60.00	1996～1998
3	苏志国	蛋白质制备中的快速层析和过程集成	60.00	1996～1998
4	唐春安	采矿工程学	60.00	1996～1998
5	徐世烺	考虑材料断裂特性的结构设计理论	60.00	1997～2000
6	欧进萍	结构工程学	60.00	1997～1999
7	王永学	海冰对结构物作用的理论与试验研究	60.00	1998～2000
8	王 伟	计算机集散系统设定值优化控制	60.00	1999～2001
9	钱旭红	对生物性能荧光染料及仿生农药的昆虫生长调节剂研究	80.00	2001～2004
10	滕 斌	非线性波浪与深水海洋结构物相互作用的研究	80.00	2001～2004
11	李宏男	高层建筑多维地震反应分析与智能控制	80.00	2001～2004
12	王安波	用于各种工业环境的新型光纤传感器的研究*	40.00	2001～2003
13	徐永平	类胰岛素生长因子(IGF－I)膜受体结构及其定向表达调控的研究	80.00	2002～2005
14	沈永明	波流作用下污染物的迁移转化及水质模型	80.00	2002～2005
15	胡 平	计算固体力学	80.00	2002～2005
16	孙立成	光诱导电子转移分子体系及其模拟 PSII 的研究*	40.00	2002～2004
17	张洪武	多相耦合作用下多孔材料局部化失效破坏分析的理论与算法	100.00	2003～2006
18	张剑锋	勘探地球物理	100.00	2003～2006
19	陈 震	多重物理现象的建模与仿真－新颖数值算法的研究*	40.00	2003～2005
20	林 郁	日地空间等离子体中的不连续性与边界层现象研究*	40.00	2003～2005
21	郭东明	硬脆材料复杂型面天线罩综合电性能补偿理论与精密修磨加工技术	100.00	2004～2007
22	宋钢兵	采用智能材料增强混凝土结构的生存能力*	40.00	2004～2006
23	程 亮	海底管线周围局部冲刷的研究*	40.00	2005～2007
24	张淑芬	超高固色效应中溶涨大分子与小分子的调控与反应机制	100.00	2006～2009
25	全 燮	环境光化学原理和方法	100.00	2006～2009
26	孔刚玉	大气压辉光放电等离子体特性及杀菌机理研究*	40.00	2006～2008
27	邱瑞锋	低维流形	140.00	2007～2010
28	吕小兵	催化剂、聚合反应及聚合方法	200.00	2007～2010

注：标"*"的研究课题为海外青年学者合作研究基金。

全国优秀博士学位论文作者专项资金

序号	申请人	项目名称	金额/万元	起止时间
1	孙东科	湍流场中的桥梁气动弹性研究	75.00	2003.01～2007.12
2	黄洪钟	基于广义可靠性的机电产品全寿命周期设计理论、方法与技术	55.00	2003.01～2007.12
3	李　钢	汽、柴油催化氧化深度脱硫研究	50.00	2004.01～2008.12
4	薛冬峰	含B、Nb和P元素晶体的微结构与光学倍频调控	40.00	2004.01～2005.12
5	吕小兵	纳米孔道限制的手性催化剂设计合成及其在不对称环加成反应中应用	46.00	2007.01～2010.12

我校历年获国家奖成果

序号	成果名称	获奖类别	等级	我校获奖单位及人员	时间
1	低压铸造包内液面控制	国家发明奖	三等	材料学院 高　钦　张国梁	1981
2	关于结构力学中的群论与广义对称论	国家自然科学奖	四等	工程力学系 钟万勰　裘春航等	1982
3	交感和拟协调元有限元分析	国家自然科学奖	四等	工程力学所 唐立民　吕和祥　陈万吉　刘迎曦	1982
4	潜水耐压椎柱结合壳的强度和稳定性	国家自然科学奖	三等	工程力学所 钱令希　钟万勰　邓可顺　裘春航	1982
5	港口工程技术规范——海港水文	国家科学技术进步奖	二等	第一航务工程设计院等13个单位　大工(3) 土木水利学院　俞聿修(3)	1985
6	丰满水电站泄水洞进水口水下岩塞爆破	国家科学技术进步奖	一等	土木水利学院 林　皋	1985
7	动力机械基础设计规范	国家科学技术进步奖	二等	一机部等22个单位　大工力学研究所 程耿东　林家浩	1985
8	工程结构优化程序系统 DDDU	国家科学技术进步奖	三等	工程力学所 钱令希　钟万勰　隋允康　程耿东　王希诚 张近东　林家浩	1985
9	电化学机械加工新工艺	国家科学技术进步奖	三等	机械学院 周锦进　李有年　徐中耀　范若松　梁延德	1985
10	球磨机磨球新型耐磨材料	国家科学技术进步奖	三等	材料学院 徐延伟　聂永福	1985
11	水工钢筋混凝土结构设计规范	国家科学技术进步奖	三等	土木水利学院 赵国藩　李树瑶　李志秀	1985
12	10万吨级半坞式船台设计	国家科学技术进步奖	三等	大连造船厂等3个单位　大工(3)　土木水利学院 洪承礼(3)	1985
13	两类新型浇注系统	国家发明奖	三等	材料学院 邓兆豪　李福全　张恩涛	1985

（续表）

序号	成果名称	获奖类别	等级	我校获奖单位及人员	时间
14	滚刀齿型铲磨原理的研究及应用	国家科学技术进步奖	三等	机械学院 姚南珣　王荣林　汲　勇　欧星裘　王殿龙	1986
15	南京长江大桥建桥新技术	国家科学技术进步奖		大工获协作集体奖 钱令希获荣誉纪念奖	1987
16	滑行舰艇体结构强度与振动设计计算规则研究	国家科学技术进步奖	二等	中船总公司702所等16个单位　大工(9)	1987
17	网络计划技术·新方法应用与程序库的研究	国家科学技术进步奖	三等	管理学院 王众托　张　军　邓贵仕　汪克夷　夏元富	1987
18	潜艇结构设计计算规划	国家科学技术进步奖	三等	702所等14个单位　大工(7)　工程力学研究所 钱令希等	1987
19	顺丁橡胶工业生产新技术	国家科学技术进步奖	特等	化工学院(28)	1987
20	塔式多效蒸馏水器	国家发明奖	三等	化工学院 林载祁　霍荣文　韩双燕　谭广福	1987
21	活塞用新型变质剂及工艺	国家发明奖	四等	大连有色金属铸造厂　大工(2)　材料学院 杨书祥　赵志国	1987
22	多变量拟协调有限元法	国家自然科学奖	三等	工程力学所　应用数学所 唐立民　陈万吉　刘迎曦　张鸿庆　吕和祥 蒋和洋	1987
23	磁控溅射离子镀技术	国家发明奖	二等	材料学院 陈宝清　朱英臣　王玉魁　王裴杰	1988
24	HK40炉管超声检测技术	国家科学技术进步奖	三等	材料学院 曹智本　李喜孟　邢玉生　孙井方　王　来 洪凤英	1989
25	热敏及易结疤型溶液的载气蒸发法	国家发明奖	三等	化工学院 沈自求　徐维勤　丁　洁　刘长厚　黄玉华	1990
26	8160型拖网渔船	国家科学技术进步奖	三等	中国水产联合公司等　大工(3)　船舶系	1990
27	结构优化设计的理论与方法	国家自然科学奖	二等	工程力学研究所 钱令希　程耿东　隋允康　钟万勰　林家浩等	1991
28	气波制冷机	国家发明奖	三等	化工学院 方耀奇　朱　策　刘润杰　史启才	1991
29	钢锭模及其冒部结构的优化设计软件系统	国家科学技术进步奖	三等	材料学院 金俊泽　郑贤淑　于功利　韩万有　张兴国	1991
30	320吨鱼雷型混铁水车	国家科学技术进步奖	三等	大连重型机械厂　大工(2)　工程力学系	1991
31	高混凝土拱坝防裂技术及其在东风工程中的应用	国家科学技术进步奖	二等	大工(3)　土木水利学院 赵国藩(4)	1992

（续表）

序号	成果名称	获奖类别	等级	我校获奖单位及人员	时间
32	化工装置安全泄放技术：特种爆破片与新型双作用先导式安全阀	国家科学技术进步奖	三等	化工学院 贺匡国　丁信伟　王淑兰　李志义　喻建良	1995
33	工程结构可靠度理论及其应用	国家科学技术进步奖	二等	土木水利学院 赵国藩　李云贵　李清富　王恒栋　张爱林 佟晓利　贡金鑫	1998
34	高等级公路无损检测CAE技术	国家科学技术进步奖	三等	大工(2)　土木水利学院 周　晶(3)	1998
35	预应力混凝土结构设计基本问题研究	国家科学技术进步奖	二等	大工(6)　土木水利学院 赵国藩(8)	1998
36	高强度大体积混凝土材料特性研究	国家科学技术进步奖	三等	电力部成都勘测设计院等5个单位　大工(2) 土木水利学院 赵国藩(2)	1998
37	普定碾压混凝土拱坝筑坝新技术研究	国家科学技术进步奖	一等	电力部贵阳设计研究院等6个单位　大工(6) 土木水利学院 赵国藩(10)	1998
38	波浪谱在缓坡上的变形及破碎	国家科学技术进步奖	三等	土木水利学院 李玉成　董国海　滕　斌　王永学	1999
39	砼静态及动态断裂特性研究	国家科学技术进步奖	三等	土木水利学院 赵国藩　徐世烺　吴智敏　胡蓓雷　宋玉普	1999
40	高土石坝动力分析及抗震工程措施研究	国家科学技术进步奖	三等	南京水科院等5个单位　大工(2)　土木水利学院 孔宪京(3)	1999
41	RY－IA型乏燃料运输容器	国家科学技术进步奖	二等	大工(4)　力学系 李桂华(8)	1999
42	GLS410型水陆两用雷(抗登陆水陆两用雷)	国家科学技术进步奖	三等	大工(3)　物理与光电学院 栾文彦(3)	1999
43	船体外板水火加工成型技术研究	国家科学技术进步奖	二等	大工(1)　船舶系 纪卓尚(1)　刘玉君(3)等	2000
44	从活性染料到反应性染色的理论与实践	国家科学技术进步奖	二等	化工学院 杨锦宗　张淑芬　赵德丰　张红兵等	2001
45	深水防水波堤新型结构形式研究和斜向波与直立式防波堤相互作用研究	国家科学技术进步奖	二等	中交水运规划设计院等5个单位　大工(2) 土木水利学院 李玉成(3)　孙昭晨(8)	2002
46	含二氮杂萘酮联苯结构新型聚芳醚砜酮(PPESK)极其制备法	国家发明奖	二等	化工学院 蹇锡高　朱秀玲　张守海　廖功雄　陈　平 王锦艳	2003
47	高硅择形沸石的研制及其在烃转化中的应用	国家科学技术进步奖	二等	化工学院 王祥生　郭洪臣　郭新闻　李　刚　王桂茹 刘　靖　王学勤　李连华　陈黎行　郭汝生	2003

（续表）

序号	成果名称	获奖类别	等级	我校获奖单位及人员	时间
48	全国水库防洪调度决策支持系统工程	国家科学技术进步奖	二等	大工(2)　土木水利学院 王本德(2)　周惠成(6)	2003
49	海洋平台结构检测维修安全评定与实时监测系统	国家科学技术进步奖	二等	欧进萍 大工(6)　力学系 王全增(7)	2003
50	大批量定制的技术体系及其在国产重要装备设计中的应用研究	国家科学技术进步奖	二等	大工(3)　管理学院 刘晓冰(6)	2004
51	压电石英现代测试理论、方法、系列化新型测量仪及其应用	国家发明奖	二等	机械学院 孙宝元　钱　敏　郭东明　张　军　贾振元	2005
52	大型旋转机械和振动机械重大振动故障治理与非线性动力学设计技术	国家科学技术进步奖	二等	大工(6)　力学系 吕和祥(9)	2005
53	碾压混凝土拱坝筑坝配套技术研究	国家科学技术进步奖	二等	大工(6)　土木水利学院 赵国藩(19)	2005
54	结构拓扑优化中奇异最优解的研究	国家自然科学奖	二等	力学系 程耿东　郭　旭　顾元宪	2006
55	大幅面数码喷墨染料及其应用	国家技术发明奖	二等	化工学院 彭孝军　崔京南　张　蓉　王力成　樊江莉 王立军	2006
56	公安交通紧急时间快速反应系统	国家科学技术进步奖	二等	电信学院(2) 谭国真(2)	2006
57	基于智能计算的产品概念设计与虚拟样机技术研究及应用	国家科学技术进步奖	二等	管理学院(4) 蒙秋男(9)	2006

校 办 产 业

2006年,产业工作按照教育部“积极发展、规范管理、改革创新”的指导方针,重点推进规范化建设,认真履行国有资产保值增值职责,积极探索科技成果转化的多种模式,有效解决自身发展中的一些瓶颈性、全局性问题。着重完成了以下几项工作。

规范化建设工作

认真落实教育部《关于积极发展、规范管理高校科技产业的指导意见》(教技发[2005]2号)及教育部推进高校产业规范化建设工作视频会议精神。

教育部在上述文件及视频会议上明确要求:部属高校到2007年春节前,必须完成清产核资、组建高校资产管理公司等规范化建设的主要工作。我校早在三年前就已走在全国高校的前面率先完成,并于2005年完成了所属企业的公司制改造。

针对投资公司直接投资控股的二级企业,本年度继续稳步推进以制度化建设为核心的企业规范化建设工作。2005年出台了“规范与完善控股企业法人治理结构”等五项管理制度,初步建立和完善了以“三会一班”(股东会、董事会、监事会和经营班子)为主要内容的法人治理结构。在此基础上,针对五项管理制度实施一年来存在的传统观念束缚、思想重视不够、缺乏经验以及规章制度不够细化等问题,再次对董事、监事的履职问题、董事会的不规范问题、财务预算控制问题、资金管理问题以及“十一五”规划编制等问题,出台了《派出董事监事履行职责有关问题的通知》、《控股公司董事会有关问题的规定》及《控股企业资金管理办法》三个文件,进一步规范了二级企业的管理。

针对二级企业投资控股的三级企业,通过改制、重组实现投资主体多元化,引进企业发展所需的资金、人才和先进管理方法,提高企业的核心竞争力和运营质量。以大连理工安全装备有限公司为试点单位,通过引进社会资金,实现了与社会资本的真正融合,完成了股权多元化的彻底改制。公司改制后注册资金由350万元扩大为1500万元,收回资金800万元。按照合同要求,公司将于2007年12月1日前无条件返还现使用的土地和房屋,不再以“大连理工”字样冠名。公司改制一年来,销售收入由1600万元增长到2000万元,实现了平稳过渡,初步摸索出了一条国有资产投入、增值后退出、按现代企业制度运行的可持续发展的机制。

资产保值增值工作

1.投资公司及所属主要控股公司经营态势良好,2006年主营业务收入16 186万元,比上年净增3610万元,增长28.71%;国有资产实现保值增值目标,净资产达到15 008万元,比上年净增540万元,增长3.73%。

2.公司又一项优质资产——科技园大厦B座在2005年试运行3个月后,于2006年正式投入使用,当年即实现收入909万元。大厦投入使用后,出版社、设计院等企业搬出了学校教学区,将原房屋、场地腾出返还学校。大厦的投入使用实现了双重效益。

融资及科技园大厦B座决算工作

1.2006年,投资公司在国家紧缩信贷规模的不利情况下,累计融资3530万元,确保了到期贷款的及时归还、科技园大厦B座的按时决算、工程款的及时支付和科技园大厦资产的安全保有。

2.2006年度顺利完成了科技园大厦B座工程决算工作,与审计事务所密切配合,把好工程建设最后一关,节约了巨额投资。审计结果实现了工程总造价审减额1122万元,在大厦建设期适逢建材大幅涨价的情况下,包括内外精装修在内,大厦单位造价控制在2900元/平方米。

国际交流合作与港澳台工作

国际交流合作与港澳台工作综述

2006年,按照学校总体部署,在学校党政领导、各职能部门的关心、支持和帮助下,学校的国际合作与交流工作迈上了一个新的台阶。国际合作与交流处始终秉承服务全校的工作理念,以开展项目作为主攻方向,在服务中求奉献,在创新中求发展,积极为院系以及教师的国际合作与交流搭建桥梁、提供平台,并大力开拓学生项目,增加学生国外交流的机会。

国际化基金组织与管理工作

2006年,为实现"建设国际知名高水平研究型大学"的目标,全面推动国际化办学进程,学校进一步加大对国际合作与交流的改革和支持力度,专门设立了每年额度为600万元的"大连理工大学国际化基金"(简称"校国际化基金"),重点支持外国专家及海外留学人员来校进行学术交流、讲学和长短期合作研究;支持教师出国进修培训和参加国际会议;支持教师、学者举办国际学术会议等。在校党政领导的直接领导下,国际合作与交流处相继起草了详尽的管理办法和一系列实施细则:《大连理工大学国际化基金管理办法》、《大连理工大学国际化基金资助项目实施细则》和《大连理工大学"海天学者"基金管理办法及实施细则》,使国际化基金的组织与管理工作迈上了一个新的台阶。

出国及赴港澳台人员的选派及管理工作

2006年国际合作与交流处协助学校共派遣各类出国、出境(赴港澳台)人员498人次(长期国家公派、单位公派项目79人,短期出席学术会议、合作研究、讲学交流、访问考察等419人),比以前有较大幅度的增加。

国外及港澳台来访日趋频繁

2006年学校接待国外及港澳台来访团组共计97个,来访人数500多人。其中包括瑞典皇家工学院院长、日本岩首县知事、台湾成功大学校长等高级别来宾。

校际交流与合作进一步加强

2006年我校先后与瑞典皇家工学院、英国谢菲尔德大学、台湾成功大学、西澳大利亚大学、日本东京工业大学、美国特拉华州立大学、韩国成均馆大学、韩国仁荷大学等15所国外及港澳台地区知名大学签订校际合作协议,在此基础上,各院系加大了与国外高校学术交流、教师互访、联合培养学生的力度。

进一步加大引智力度,聘请高水平专家学者,举办高水平国际会议

2006年我校共聘请语言外教21人,其中英语18人,日语3人(博士3名,硕士6名,学士12人)完全能满足我校外语教学的需要。2006年我校聘请客座教授共16人,名誉教授3人。

2006年申请教育部、国家外国专家局"聘请外国文教专家经费"及"教育部聘请外国专家重点项目"等经费315万元人民币。完成教育部重点项目5个。

2006年我校开始执行国家外专局及教育部批准的"高等学校学科创新引智计划"(简称"111

计划”)项目。我校化工学院承担的“功能超分子与纳米材料”项目,在2006年聘请了多名海外学术大师、骨干,同时配备了我校优秀的科研骨干,组建了一支高水平的国际合作研究队伍,努力提升学科的国际竞争力,提高化学工程与技术学科的整体水平和国际地位,积极争创一流的学科创新引智基地。2006年项目执行情况良好。

2006年我校共承办大型国际会议12个,其中国际合作与交流处承办两项:一个是环黄海大学校长论坛理事会议(6月15~16日来自中、韩、日三国12所理事单位的代表参加了会议)。会议就今后加强三国有关大学的产学官研的国际合作进行了充分协商,并就2007年9月在山东省举办的第二届环黄海产学官大学校长论坛的相关事宜进行了探讨。第二个是大连国际航运中心建设院士座谈会(7月11~12日)。来自中国国家工程院和香港工程科学院的12位院士以及辽宁省、大连市的100多位专家、代表参加了会议。

学生交流更加活跃

2006年学生项目增加,使更多的学生走出国门到海外学习交流。目前我校学生交流项目共20项,包括交换学生项目、自费留学生项目、社会奖学金项目、海外实习项目4大类。2006年下半年爱因斯特项目的启动大大增加了学生走出国门开阔眼界的机会。目前该项目已经有9人通过爱因斯特的资格审查,可在2007年到海外短期实习。通过校际合作中的“4+1”、“2+2”、“1+1”等以及互派学生模式,我校在2006年共派出近20名学生到境外大学学习。另外,2007年我校学生还得到松下奖学金、蒋震工业奖学金、藤井国际财团奖学金等各种社会奖学金项目的资助,学生到国外留学机会大大增加,校级学生交流空前活跃。

留学生工作

2006年国际文化交流学院共招收来自35个国家和地区的留学生406人,其中语言类学生339人、攻读学位生67人。短期语言班招收了31人。学费总额共计为3 918 024.89元。

2006年国际文化交流学院完成教学工作量11 232学时,其中7位专职教师完成3132学时,其他课时由28位兼职教师完成。

2006年聘请的国外和港澳台地区客座教授名单

序号	姓 名	国籍	现 职	授予时间
1	陆宝森	美国	康乃狄克大学 电气和系统工程系教授和制造系统实验室主任,国际核心期刊 IEEE Transactions on Automation Science and Engineering 主编,国际核心期刊 IEEE Transactions on Robotics and Automation 的技术编辑、副编辑、编辑、主编	1月6日
2	近藤信一	日本	近藤电气管理事务所所长	3月29日
3	Ronald Rousseau	比利时	比利时工业科技学院教授	3月30日
4	林 巍	美国	Automatica 副编辑,Int. J. of Robust and Nonlinear Control 主题编辑,J. of Control Theory and Application 副编辑	4月25日
5	杨云峰	芬兰	芬兰国立技术研究中心首席研究员、驻华办事处主任	4月28日
6	赤井诚	日本	日本产业技术综合研究所能源技术部门,历任主任研究员、研究室长、副部门长	5月23日
7	Faber Doeke C	荷兰	“芙萝莉雅”2012国际园艺博览会理事、国际园艺生产者协会主席	5月25日
8	林延平	加拿大	2004 International Journal of Numerical Analysis and Modeling 及 Information and Systems Sciences 编辑	5月31日

（续表）

序号	姓　名	国籍	现　职	授予时间
9	Nicholas Ashbolt	澳大利亚 英国	澳大利亚新南威尔士大学市政环境工程学院，院长、教授，美国微生物协会水协会会员，澳大利亚水和废水处理协会会员	9月30日
10	佐佐木　正和	日本	日产柴油机有限公司技术总监	6月12日
11	黄智礼	美国	美国 MicroDysis 公司董事长	10月19日
12	薦田憲久	日本	大阪大学研究院信息科学研究科多媒体工学专业教授、大阪大学博士	10月17日
13	Anders Hagfeldt	瑞典	瑞典皇家工学院教授	11月18日
14	善功企	日本	九州大学大学院工学研究院教授	11月1日
15	Denis Fred Simon	美国	纽约州立大学来文国际关系与商学院（曼哈顿）副院长兼教务长	11月13日
16	Teresa Bandosz	美国	美国纽约城市学院化学系教授	12月4日

2006 年聘请的国外名誉教授名单

序号	姓　名	国籍	现　职	授予时间
1	文相翕	韩国	韩国化工协会主席	4月26日
2	Borje Johansson	瑞典	瑞典皇家工学院教授，诺贝尔物理学奖评选委员会委员	9月16日
3	Anders Flodstrom	瑞典	瑞典皇家工学院院长	9月16日

2006 年接待临时来访来宾情况统计

国别或地区	日本	韩国	俄罗斯	美国	加拿大	澳大利亚	德国	法国	英国	美籍华裔	港澳台	瑞典	合计
人数	274	20	4	10	3	10	6	2	5	1		6	463

2006 年度因公临时出国及赴港澳台地区情况统计

分类 项目	人　员			地　区		
	教师	学生	合计/人次	欧美大	亚非	港澳台
参加国际会议	186	22	208	91	72	45
访问考察学术交流	122	32	154	47	90	157
合作研究讲学	30	4	34	20	4	10
培训及其他	16	7	23	17	5	1
合计/人次	354	65	419	175	171	213

注：1. 临时出国（境）系指出国（境）时间在 3 个月以内（含 3 个月）；

2. “教师”内含管理人员，“学生”系指全日制在校本科生、研究生。

2006年派遣留学人员情况统计

年度	派出国别或地区											派出类别					
	合计	美国	英国	加拿大	德国	法国	澳大利亚	日本	俄罗斯	港澳台	其他	本科生	研究生	访问学者	高级研究学者	博士后	其他
2006年	79	18	11	2	5	3	6	6	1	11	16		10	60	1	8	

人　事　工　作

人事工作综述

师资队伍建设

面对高层次人才竞争日趋激烈的局面，学校人事工作坚持培养和引进并举，采取多种措施加强师资队伍建设。一年来，专任教师数量明显增加，师资队伍的职务结构进一步优化，学历层次进一步提高，年龄结构更加合理，学缘结构明显改善。

截至 2006 年 12 月 30 日，学校专任教师 1688 人(比去年增加 105 人)，45 岁以下的青年教师占 77.1%(1302 人)，增加 3.9%；具有博士学位的占 46.7%(789 人)，增加 5.7%，具有非本校学位人员 943 人，占 55.9%，增加 6.7%；新增中国工程院院士 1 人，长江学者 5 人，国家杰出青年基金获得者 5 人，新世纪百千万人才工程国家级人选 1 人，高等学校百名教学名师 1 人，辽宁省教学名师 2 人；有 15 人已通过教育部新世纪优秀人才支持计划的评审。专任教师中有博士生导师 303 人，新增 41 人，正高级职务岗位 379 人，新增 32 人，副高级职务岗位 576 人，新增 65 人。

1. 人才引进工作

为加速推进高水平人才队伍建设，进一步加大优秀人才引进力度，根据高层次人才市场和学校发展的实际情况，6 月份出台了《大连理工大学引进人才暂行规定》及相应的实施细则。使人才引进工作保持了良好势头。全年共补充人员 170 人，其中具有博士学位的 101 人(历年首次过百)，“长江学者”1 人，杰出青年基金获得者 2 人，教授 13 人，副教授 23 人，留学回国人员 21 人，外籍人员 2 人，团队引进初见成效。人才引进的数量显著提高，质量和结构明显改善，部分薄弱学科补充的具有博士学位的人员有较大程度的增加。

采取的主要措施如下：

(1)成立引进人才工作办公室，有 3 名工作人员专门从事人才引进和博士后管理工作，工作力度明显增强。

(2)聘请资深教授作为人事工作专家咨询委员，在人才引进、专业技术职务评聘等方面给予技术支撑和把关定向，保证了人才引进质量。

(3)对人才招聘网站进行了全新改版，使应聘人员能够准确及时了解我校人才招聘的最新动态、优惠政策，方便快捷地提交个人简历。简化了简历的处理程序。

(4)主动出击招聘人才。在总结以往经验的基础上，除有选择性地参加各地大型招聘会外，更有针对性地组织了重点高校专场招聘会。今年针对不同学科特点和人才需求情况，在清华大学、北京大学、中国人民大学、复旦大学、厦门大学、中国政法大学、浙江大学、南京大学、东南大学、西安交通大学、兰州大学等国内著名高校组织了专场招聘会，散发宣传广告 2000 余份，收到求职简历 1000 余份，取得了较好的效果。

(5)针对高水平人才实行盯人引进。例如，洪堡学者王一平、在 Science 上以第一作者发表文章的吴状春及已来校报到的唐莉、邱荣国等。

(6)加大了招聘宣传的频度。在光明日报、科学时报、科技日报、神州学人等平面媒体和光明网、中国驻美国(法国)使馆网和神州学人、中国教师人才网上发布招聘广告，向全国各重点高等学校和中科院各研究所发布人才需求信息(包括印刷版和网上登录)，利用出国人员宣传我校招聘信息和人才政策，已有几位洪堡学者、美英等国的高水平留学人员向我校递交了工作申请。本年度共收到符合应聘条件材料1600余份，联系与答复求职者共收发电子邮件5000余次。在引进人才的同时也扩大了学校的影响。

(7)热情服务，努力解决引进人才的后顾之忧。积极主动为新进人员办理签订就业协议、调入迁户审批手续，计400余人次。组织了引进人才座谈会，了解引进人才的心声。

(8)及时发放安家费、科研启动费和租赁住房补贴。2006年共发放安家费、住房补贴和生活补贴467.7589万元，租赁住房补贴54.88万元，科研启动经费381.6万元。

(9)组织了2次引进人才专业技术职务特殊评审，通过教授14人、副教授28人。

2.教师培养与培训工作

在加大引进人才力度的同时，也加强了现有师资的培养与培训工作。2006年管理学院胡祥培教授入选新世纪百千万人才工程，数学系邱瑞峰教授、化工学院吕小兵教授获得国家杰出青年基金，向辽宁省推荐攀登学者计划3人，大连市优秀专家60人，4人获得国务院特殊津贴，2人获得大连市政府特殊津贴。52人获得校青年培养基金，29人获得出国进修机会，77人参加学历学位教育，91人参加了外语培训，20人获得双语教师资格。

(1)继续完善青年教师培养基金申请和管理办法。在全校35周岁以下青年教师中以项目资助的形式，培养、支持在科研领域有发展潜力和创新思想的优秀青年教师，使其尽快具备独立从事科研工作的能力，为申请国家自然科学基金等纵向课题作预研和相应铺石问路工作。今年通过院系推荐、学校评审，有52人获得资助。2002～2005年获得资助的人员中，已有43人获得国家自然科学基金，6人获得辽宁省基金。

(2)支持青年教师在职学习，进一步改善学校教师的学历结构。2006年77人参加学历学位教育，其中博士生31人。选派36人次参加国内培训。

(3)加强外语培训与双语主讲教师资格认证。举办了双语教学培训班，开设6门课，55人参加了培训，聘任双语主讲教师20人。

(4)支持中青年学术骨干走向世界，开展国际合作，开阔视野，提高学术水平。在院系推荐的基础上，2006年选拔出国留学人员29人。

(5)加强青年教师实践培训。2006年人事处制定了《关于加强工科专业青年教师实践培训的通知》，鼓励青年教师到大中型企业进行工程实践活动，开拓青年教师科研视野，提升青年教师教学科研水平。通过企业实践加强学校与企业间的联系，促进青年教师的成长。目前，土木水利学院青年教师王国豫、唐军已到企业实践，收到了比较好的效果。

3.教师考核工作

教师工作考核分为年度工作考核、聘期履职考评和职务聘任三种形式。教师年度工作考核的宗旨是考查教师在教学、科研、社会服务等方面完成的具体工作，侧重点是工作的数量，合格标准是达到学校规定的额定工作量。教师聘期履职考评和职务聘任的宗旨是评价教师在教学、科研、社会服务等方面完成的工作业绩成果，侧重点是工作的质量。

考核的目的是加快教师队伍的建设和发展营造良好的环境，调动大多数教师工作的积极性、主动性和创造性，实现人适其位，各尽其能，为多出人才、快出人才、多出成果、出大成果服务。

(1)2006年学校进行了新一轮教师履职考评工作，本次考评工作采取了院系教授会推荐与专家评审组评议相结合的方式，体现了实事求是、客观公正、注重实效的原则。

作为激励机制，采取分级考评与跳级考评相结合，不但允许低级别教授中的优秀者升级，而且还参加高一级别岗位教授考评，如果仍为优秀，则可以连升两级。既有效破除了论资排辈，又重视了历史贡献。

对履职报告表进行了完善，对科研项目、专利、论文进行了详细分类，有效避免了理解上的差异。没有限定“表格式”填写格式，减轻了教师填表负担。

(2)在充分调研并与各单位协商的基础上,组织完成了2006年专业技术职务评审。在材料审核、公示等环节上加大透明度,在院系对参评材料审核的基础上,人事处对材料进行全面复审,提高了职称评审公正性。

(3)年度工作考核报表将与教师履职考评和职务评聘挂钩,年度工作考核所填业绩成果数据,在教师履职考评或职务聘任时将由人事处直接填入,减轻了教师填表的工作量。

4.博士后工作

按照学校扩大博士后招收规模工作要点的要求,为了吸引更多的国内外优秀博士来校做博士后研究工作,通过座谈会、联谊会等形式,了解博士后及其合作导师的需求与愿望,在收集、整理、分析了国内部分高校的博士后状况的基础上,制定了《大连理工大学博士后管理工作实施细则》、《大连理工大学博士后经费管理办法》和《大连理工大学博士后考核暂行办法》。中心思想是将博士后纳入在职人员管理,改善工作条件,提高工资待遇,并引入激励机制。本年度共办理进站博士后人员59人,出站13人。目前在站博士后共180人,已成为我校队伍建设和人才补充的重要来源。

人员管理

1.核岗定编工作

为深化人事管理制度改革,促进人才培养质量和科学研究实力及水平的提高,在总结1999年以来核岗定编工作的基础上,从本学期开始进行新一轮核岗定编工作,工作的重点是教学科研人员的核编工作,经过半年的数据统计、反复测算和方案比较,初步形成以人才培养为主线,统筹考虑教学、研究生指导、科研、学科建设等各方面因素的核岗定编办法,近日将付诸讨论,广泛征求全校各部门意见。

2.工资制度改革工作

按照中央关于收入分配制度改革的统一部署,工资制度改革工作预先准备,稳步实施,进展顺利。从9月份开始,根据获得的初步信息,将工资改革作为本年度的重要工作纳入了工作日程,提前开始了准备工作,组织力量通过查阅人事档案对全体教职工的有关数据进行了一一核实。在12月中旬地方政府正式部署后,迅速布置实施,目前正在加班加点工作,保证在春节前兑现。工资改革后,教职工工资大幅提高,正高级职务人员平均增资820元,副高级职务人员480元,中级职务人员280元,全校增资额约3000万元,其中在职人员1600万元,离退休人员1400万元。

3.人员管理工作

通过加强制度建设,强调依法办事、按章办事,严格人员管理工作。

(1)出台了《大连理工大学教职工违规违纪处理条例》,使违规违纪问题的处理有章可循。

(2)出台了《大连理工大学教职工考勤与请假制度规定》,明晰了请销假规定,明确了考勤责任,强化了人员管理。通过考勤管理,清理不在岗、回收病假、事假工资约625 870元。

(3)加强合同管理。严格执行《大连市人民政府令》(2006第77号)和学校新出台的引进人才政策的相关规定,与新聘用人员签订更加规范的聘用合同。严格违约管理,全年共收取违约金93 710元。因出国逾期未归和长期不在岗,与7人解除了聘用关系。

4.人员安置工作

配合学校改革工作的需要,人事处想尽各种办法,反复与有关单位沟通,解决改制单位人员的安置问题,全年共安排转岗人员10名。

其它常规性工作

1.人员经费支出情况

2006年,学校共支出人员经费22 817万元,其中在职人员工资6057万元,离退休人员工资7143万元,岗位津贴和生活补贴7508万元,学校缴纳各种保险和公积金1842万元;学校支付大集体混岗人员和临时聘用人员工资211万元,返聘费12万元;丧葬费、抚恤金等其他支出44万元。

2.人员离校情况

全年办理退休64人,其中教师25人,正高级职务人员9人。全年为62人办理调离手续,调离人员中教师 32 人,具有博士学位的 12 人。

3.各类培训及考试情况

组织辽宁省青年骨干教师进修班 2 个班次,接受进修教师 137 人(100+37)。其中:国内访问学者 22 人,骨干教师 102 人,单科进修教师 13 人。组织各类考试考务工作:校内职称外语考试 344 人报名考试;全国职称外语考试 166 人报名考试;公派出国(pets5)考试 101 人报名考试。接受浙江大学、中山大学、哈尔滨工业大学等委托评审材料 237 份;报送大连市教育局中学高级教师委托评审材料 5 人;报送辽宁省人事厅研究馆员评审材料 1 人;报送大连市财政局高级会计师委托评审材料 5 人。2006 年专业技术人员转正定职履行手续 83 人。办理职称证书 189 人。

4.评优报奖及人才宣传

推荐辽宁省高等学校攀登学者支持计划人选 3 人;推荐辽宁省高等学校攀登学者支持计划人选初审专家 2 人;推荐大连市优秀专家 66 人;报送辽宁省拔尖人才 8 人、学术带头人 16 人、骨干教师 59 人年度考核材料;推荐辽宁省委宣传部"辽宁省中青年哲学社会科学人才培养工程候选人"2 人;推荐大连市人事局专家休假人选 4 人;推荐辽宁省专家休假人选 1 人;配合大连市委组织部组织辽宁省优秀专家年度体检 12 人;核对教育部人事司《中央联系的高级专家信息审核登记表》共 19 人;核对教育部人事司《国务院政府特殊津贴信息表》89 人;报送大连市委组织部《孙宝元科研团队介绍》;报送大连市委组织部《大连年鉴·科教专家》共 7 人 。

2006 年退休教职工名单

陈成吉 迟晶莹 初春利 董泉玉 高洪吾
高希玉 关东媛 关慧贞 韩秀菊 黄承逵
黄伟 简国树 姜桦 姜秀英 敬军
李洪春 李惠玲 李平 李毅 李照莲
梁桂华 林思乐 刘东学 刘芙莲 刘丽玉
刘淑芬 刘晓红 刘勇 刘兆峰 孟淑华
彭伟 曲秀芬 史静 宋振寰 滕毓昆
田世民 王桂华 王惠敏 王树本 卫茂荣
吴宏基 吴伟 奚平一 邢金有 徐闯
徐景德 杨洪珍 杨裕安 于万铭 于有津
袁力江 翟国福 张红平 张巨东 张永举
张永泉 张竹霞 赵嘉麟 赵淑荣 赵维俊

(共计 60 人)

2006 年入校人员名单

宾月珍 蔡喜运 蔡宇 曹旭阳 曹延明
柴玥 车明星 陈飞 陈广 陈家晶
陈健 陈莉 陈旭 陈叙 陈岩
陈岩波 陈永刚 丛君义 戴建英 邓德伟
董悦生 段春迎 段玉平 方芳 方明豪
房灿峰 冯太傅 付海燕 傅璟 高莹
耿兴华 勾莹 顾茜 关水 郭培军
韩秀友 何斌 何成 何德民 侯海燕
侯庆敏 侯爽 胡霞 黄学文 贾明
姜雪 金一和 靳立军 兰忠 雷逢春
冷鸿涛 李凤志 李海涛 李俊 李磊
李亮 李明智 李淑杰 李涛 李宪坡
李晓娜 李艳茹 李燕 李悦青 李战胜
李震 李铮 厉龙 梁长海 刘凤玉
刘红 刘季红 刘九菊 刘蓉 刘新
刘馨月 刘艳 柳欣欣 卢乃超 卢涛
卢小丽 吕品 马春雨 马威 梅建琴
梅雨 梅玉林 孟林茜 米卫红 南晓莉
潘安成 裴经旻 秦明利 秦伟 邱荣国
曲振平 饶军 沙广燕 申国哲 石勇
史金艳 宋刚 宋金波 宋克东 宋连莲
宋鹏 宋世德 宋颖辉 宋永琴 苏克治
苏振东 孙莲花 孙世国 孙挺 孙喜和
孙晓华 孙秀峰 孙旭光 孙阳春 孙英姬
孙玉明 孙壮 唐春安 唐莉 唐小微
田夫 王宝祥 王春立 王尔大 王桂兰
王国鹏 王明征 王宁 王鹏 王孝坤
卫巍 文成伟 吴迪 夏国军 肖武
熊光 徐立昕 徐丽 徐凌 徐向舟
徐昭 徐征 许福友 薛方红 严苡丹

杨海军 杨 木 杨玉林 姚 雁 叶 娇
叶 鑫 于凤云 于 昊 于 杰 余 隽
余祖元 袁景利 张 弛 张 迪 张健魁
张 硕 张 涛 张婷婷 张雪彪 张 玉
赵泰洋 赵小薇 郑秉权 郑晓韦 郑中兴
周晓丹 朱小鹏 朱志伟 祝培生 左建国

（共计 180 人）

2006 年离校人员名单

陈韶华 丛九源 崔海涛 崔香兰 高燕杰
郭 彬 郭培军 海 洋 何 旭 胡文辉
黄晓艳 黄晓英 贾永涛 蒋 山 金英达
李德伏 李东辉 李凤志 李 亮 李 速
李一鸣 刘洪波 刘 洁 刘明伟 刘寅东
刘志刚 陆 凯 马玉平 米卫红 宓 东
秦 伟 施锡泉 石 宇 苏士艺 苏志勇
王殿夫 王寻羽 吾 敏 阎圣刚 杨卫身
叶景岩 于文武 喻浩朋 曾葆青 张 奥
张朝晖 张 涛 张婷婷 赵国朋 赵 磊
赵 睿 郑秉权 郑云龙 朱锋刚

（共计 54 人）

2006 年逝世的在职教职工名单

单 位	姓 名	逝世时间
财务处	冯 镭	2006-01-13
船舶系	古长江	2006-08-24
监理公司	白凤存	2006-02-04
原机械工厂	宗建军	2006-09-13

两院院士和教授副教授

中国科学院　中国工程院院士简历

钱令希院士

钱令希，著名力学家。男，1916年7月生，江苏无锡人，汉族。1936年毕业于上海中法国立工学院(现上海理工大学)。1938年获比利时布鲁塞尔自由大学最优等工程师学位。回国后历任铁路桥梁工程师，云南大学、浙江大学教授，1952年起在大连工学院(现大连理工大学)工作，任教授、系主任、研究所所长、院长等职。1955年当选中国科学院院士。1988年获比利时列日大学以国王名义授予的名誉博士学位。

钱令希教授自工程实践转向力学的科学研究和教学工作，在推动科技进步和培养人才两方面做出了重要贡献。在学术上，他在结构力学、极限分析、变分原理、结构优化设计等方面有深入研究并获得重要成果。他努力为工程服务，在桥梁、水坝、港工、造船等工程都发挥了力学研究的作用。60年代电子计算机冲击科技领域，钱令希教授大力倡导建立计算力学新学科，他身体力行，更新知识，开展研究，并在大连理工大学带领和培养出一支优秀计算力学队伍。著有《静定结构学》、《超静定结构学》、《工程结构优化设计》三部著作。研究成果曾多次获国家自然科学奖及国家科技进步奖。

他曾任国务院学位委员会委员，中国力学学会理事长，中国高等教育委员会副会长等多种职务。他曾任第二、三届政协全国委员会委员，第三、四、五、六、七届全国人民代表大会代表。1979年被评为全国劳动模范。1993年应邀赴香港理工大学接受“杰出中国访问学人奖励计划”授奖。荣获1994年辽宁省“功勋教师”称号。1995年获“何梁何利”科学与技术进步奖。1998年获陈嘉庚技术科学奖。2005年获大连市“最高科学技术奖”。

邱大洪院士

邱大洪，教授，海岸和近海工程专家，1930年4月出生于上海，浙江湖州人，1951年毕业于清华大学土木系。第八届全国政协委员，第九届全国政协常委，1991年当选为中国科学院院士(学部委员)。现任大连理工大学教授、博士生导师，大连理工大学土建勘察设计研究院总工程师，曾任大连理工大学海岸和近海工程国家重点试验室主任和学术委员会主任。历任国务院学位委员会第二、三、四届学科评议组成员，国家自然科学基金会第二、三、四、六、七届学科评审组成员，中国海洋湖沼学会、中国海洋学会常务理事，中国海洋工程学会名誉理事长。

在波浪理论和试验研究方面，发展了浅水区非线性椭圆余弦波的工程应用理论和试验验证，得到了不规则海浪和椭余波对常见海工结构作用力的实用计算法。系统地研究了波浪在海床中的渗流与海工结构的相互作用，1996年获国家教委科技进步二等奖。专著《波浪理论及其在工程上的应用》，1989年获交通部港航专业优秀教材二等奖。1979年以来共发表论文100余篇。

在工程设计方面，1958～1964年，主持并参与大连渔港的工程设计；1973年～1976年主持并参与大连新港的我国第一个10万吨级油轮深水码头的工程设计，其后获国家建委全国优秀设计金质奖；1983年～1984年主持组织混凝土多用平台可行性研究，编制完成《钢筋混凝土多用平台可行性研究报告》，该项成果于1986年获国家教委科技进步一等奖。

在实验室建设方面，主持建设海岸和近海工程国家重点实验室。

钟万勰院士

钟万勰，著名力学家。1934年生于上海。

1956年上海同济大学桥梁与隧道专业毕业。现任大连理工大学工程力学系教授、博士生导师，英国威尔士大学名誉教授。曾任中国力学学会副理事长。国际计算力学学会(IACM)常务理事。香港大学名誉教授。1993年当选为中国科学院院士。

钟万勰教授几十年来立足于工程力学与计算力学，致力于相关新兴学科之间的交叉与渗透，拓宽研究领域，并用于工程实际。早年研究潜水耐压壳时提出了椎柱结合壳失稳的不利形式，已反映于我国潜艇设计规则。以群论研究有广义对称性的结构，已用于电视塔及水塔系列标准设计。70年代，结合国情发展计算力学，研制开发国产集成程序系统JIGFEX，DDJ－W及DDDU等，广泛应用，成为工程师手中工具。在极限分析广义变分原理基础上提出新上、下限定理。80年代，进而提出参变量变分原理，解决了一批土壤力学、弹塑性、摩擦接触、润滑等非线性问题。在结构优化研究中提出最有效的序列二次规划。近几年，他发现了结构力学与最优控制的模拟关系，已出了一批成果，如串联式子结构的波传播问题、反对称矩阵辛本征问题的算法、精细积分算法、弹性力学求解辛体系，应用力学与最优控制的对偶体系等。最近他提出分析结构力学，致力于应用力学教学改革，提倡辛数学体系。他勇于探索，勤奋敏捷，能带动大家共同前进。

钟教授曾获国家自然科学2、3、4等奖。他已发表论文近300篇。出版专著10本：《计算杆系结构力学》、《计算结构力学微机程序设计》、《结构化程序设计与DITSF语言》、《计算结构力学》、《数值计算方法》、《计算结构力学与最优控制》、《弹性力学求解新体系》、《参变量变分原理及其在工程中的应用》、《辛弹性力学》、《应用力学对偶体系》。

程耿东院士

程耿东，1941年9月出生，江苏苏州人。1964年毕业于北京大学数力系，1968年大连工学院研究生毕业，1980年10月获丹麦技术大学博士学位。1985～1995年担任大连理工大学副校长，1995年起担任大连理工大学校长。1995年当选为中国科学院院士。

程耿东教授现任国际结构和多学科优化协会副主席，国际理论和应用力学协会大会委员会委员，中国科学院主席团成员，中国力学学会副理事长，辽宁省科协副主席，大连市科协主席，1998年、2003年当选为九届、十届全国人大代表。

程耿东教授长期从事工程力学、计算力学和结构优化设计研究。20世纪70年代研究结构分析的群论方法并成功地完成了水塔支架的标准设计，开发的汽轮机基础强振分析程序被很多设计院所采用。参与研制了多设计变量、多工况、多约束的结构优化程序DDDU。对实心弹性薄板的研究被称为近代布局优化的先驱。提出了结构灵敏度分析的半解析法，并提出提高精度的方法，为很多结构优化程序采用。在结构拓扑优化研究中指出奇异最优解可行域的正确形状，并提出求解奇异最优解的松弛算法，被认为在该问题的研究上具有里程碑意义的贡献。

程耿东教授著有论文200多篇、著作三部、译著二部。曾获国家自然科学二等奖，国家科技进步三等奖，国家教委科技进步一等奖和二等奖，光华科技基金二等奖，高等教育国家级教学成果一等奖，IET教育基金“大学校长奖”，何梁何利基金“科技进步奖”等多项奖励。1999及2000年先后荣获丹麦阿尔堡大学及比利时列日大学的名誉博士学位。

王立鼎院士

王立鼎，男，1934年12月2日生于辽宁省辽阳市。1960年毕业于吉林工业大学。1995年当选为中国科学院院士。在1999年以前长期在中国科学院长春光学精密机械研究所从事机械工程研究工作，从1999年起调到大连理工大学继续从事研究工作。

现任大连理工大学教授、博士生导师，校学位评定委员会副主席，机械工程学院学术委员会主任，微纳米技术及系统辽宁省重点实验室主任；任中国微米纳米技术学会副理事长，中国机械工程学会特邀理事，中国仪器仪表学会和中国计量测试学会常务理事；哈尔滨工业大学等七所高校兼职教授；《中国机械工程》等8个期刊的编委；国家自然科学基金委员会SOC重大研究计划专家，2020年国家中长期科学与技术发展规划规划专家,国家973信息领域评审专家,机械领域国家技术发明奖和科技进步奖评奖专家;沈阳市与大连市科技咨询专家等职。评为2002～2003年度大连市特等劳动模范,2004年辽宁省五一劳动奖章。

王立鼎教授长期从事精密机械和微机电系统(MEMS)领域的研究,是我国著名的超精密齿轮专家和MEMS专家。

在精密齿轮制造方面,创造自己特色齿轮工艺,使齿轮精度达到国际最高水平,研制成功基准标准齿轮、精密谐波传动齿轮和雷达的编码齿轮等,获得了国家科技进步二等奖;研制的高精度渐开线样板用于国家基准级渐开线传递,获得国家科技进步三等奖。在齿轮方面共获得近10项省部级以上奖励。

在精密机械工程方面,他组织近百名科技人员,研制成功集光、机、电、算为一体的我国第一台刻录光盘母板的纳米级精密设备,在技术上具有国际先进水平,获国家科技进步二等奖。

在MEMS领域,于1992年在长春光机所组建了中国第一个微机械工程研究室,1999年又在大连理工大学组建了微系统研究中心。他组织承担了近30项科研任务,在微驱动器、微执行器、微传感器、微测试仪和微系统的研究中,取得6项具有国际先进水平的科研成果。他培养硕士生研究生9名,博士生研究生22名,博士后5名。发表论文130余篇,主编译著1本。

林皋院士

林皋,男,1929年1月出生,江西南昌人,中共党员。大连理工大学教授,振动与强度中心主任。1997年当选为中国科学院院士。

林皋教授1951年毕业于清华大学土木工程系结构工程专业。1951年至1954年在哈尔滨工业大学及大连工学院水能利用研究班学习并毕业。1962年任副教授,1980年任教授。1981年为我国首批博士生导师。他长期从事水工结构工程领域的教学和科学研究工作,是我国大坝抗震学科领域的开拓者之一。在水坝等工程建筑物的抗震理论和模型试验技术、地下结构抗震分析、混凝土的率敏感特性与动态本构关系及其对结构地震响应的影响等技术理论和工程实际问题的研究方面均有所建树。在国内外主要学术刊物和国际会议论文集上发表了研究论文260余篇。培养硕士研究生42名,博士研究生40名。

林皋教授的科研工作密切结合工程需要。他多次在解决大坝、核电厂海域工程、桥梁、高层建筑的抗震安全评价等关键技术问题中作出了贡献,获得工程界的信任。为此获得国家科学技术进步一等奖、能源部电力科技进步一等奖、中国地震局(省部级)科技进步一等奖、云南省科技进步一等奖,以及国家教委、辽宁省、电力部科技进步二等奖等10余项省部级以上奖励。并获辽宁省劳动模范,大连市特等劳动模范,全国高校先进科技工作者,全国优秀科技工作者,全国模范教师,辽宁省优秀专家等荣誉称号。

赵国藩院士

赵国藩,1924年12月29日出生,山西省汾阳市人,大连理工大学土建学院教授,结构工程专业博士生导师,土木建筑工程专家,中国工程院院士。

曾任《土木工程学报》、《水利学报》编委;现任《国际水泥及混凝土制品》、《建筑结构学报》、《工程力学》等五种学术刊物编委;1994年起担任《亚洲混凝土模式规范》研究委员会执行常委和第1～10届国际会议委员及1996年第6届国际会议组委会主席、国家科委攀登计划—工程技术重大基础研究项目"重大土木及水利工程安全性与耐久性的基础研究"专家委员会委员;现任中国土木工程学会理事、混凝土及预应力混凝土学会理事、纤维混凝土专业委员会主任委员、结构可靠度委员会名誉委员等十多个学术职务。

曾先后20余次担任国际学术会议主席、委员,10余次应邀赴美国、瑞士、日本、捷克、新加坡、香港等地大学讲学。同时,兼任上海交通大学、浙江大学等25所院校的兼职教授/顾问教授/名誉教授。

参与制定我国水利、水电、港口、建筑、桥梁等专业的工程结构规范,参与解决国家"七五"、"八五"、"九五"重大工程项目中的关键技术问题。获第8届"陈嘉庚技术科学奖",国家级科技进步一等奖1项,二等奖3项,三等奖3项和省部委一、二等奖21项。培养硕士生87名,博士生71名、博士后10名、访问学者2名;专(合)著论文400余篇,主(合)编规范7本,专(合)著著作

15 部。

王众托院士

王众托，教授，中国工程院院士，博士生导师，1928 年 8 月出生。1951 年毕业于清华大学电机系后，长期在大连理工大学工作。50 至 60 年代从事自动化专业建设与自动控制理论与计算机应用方面的引进与研究工作，70 年代后期从事系统工程专业与学位建设，是我国系统工程学科研究与学位教育的创建人之一。现任大连理工大学知识科学与技术研究中心主任，曾任系统工程研究所所长，管理学院第一任院长（1986～1989）。国务院学位委员会工科评议组成员（第一、二、三届），中国系统工程学会副理事长，中国软件行业协会系统工程分会理事长。曾在维也纳国际应用系统分析研究所（IIASA）任研究员，主持国际合作项目。

王众托教授早期在自动控制理论与工业应用的研究与技术推广方面作过大量艰苦的开拓工作，在国内产生过重大影响。在系统工程领域内，曾在社会经济发展战略研究、元决策理论与应用、决策支持系统研究与开发、炼油厂加工方案、产品结构的优化、网络计划的新方法与应用、信息化与管理变革的相互促进等方面做过大量工作，取得许多实用成果。当前他集中注意力于知识科学与知识管理的理念、方法、技术与工具的研究。王众托教授曾编写出版过 10 种教材与专著，9 种译著，在国内外发表过 140 多篇学术论文与科学报告。

其科研成果曾获国家科技进步三等奖，国家级优秀教材奖、部委科技进步一、二等奖，全国计算机应用成果一等奖等。1984 年第一批获国家级有突出贡献中青年科技专家称号。1998 年获全国模范教师称号。两次获辽宁省劳动模范、三次获大连市劳动模范称号。曾获辽宁省优秀专家称号并两次获大连市优秀专家称号。

杨锦宗院士

杨锦宗，教授，博士生导师，中国工程院院士。原籍福建莆田，1932 年 8 月生。1955 年毕业于大连工学院化工系；1959 年于大连工学院四年制副博士研究生毕业；1983～1984 年在瑞士联邦高等理工学院 ETHZürich 做访问学者；现任中国化工学会理事，中国精细化工专业委员会副主任委员；《精细化工》、《感光科学与光化学》、《化学与粘合》等多种期刊编委会主任委员和委员；华南理工大学、北京工业大学等校兼职教授。

杨锦宗教授长期从事染料、表面活性剂、精细化工方面的教学和科研工作：50 年代末成套剖析合成世界上刚出现的活性染料和分散染料，推动我国染料工业高起点快速发展；此后开展创新染料研究，对“染料-纤维-助剂”相关性进行系统理论和实验研究，在活性染料固色率与反应性及亲和力关系研究中首先提出后两者同等重要，为提高固色率及降低污染开辟了一条新路；在世界上率先研究可反应性高分子染料，首次把染料在皮革上的固色率提高到 99%以上，获得国家发明专利、德国发明专利，公开和申请了美国发明专利。在国内外首先发现分散剂分子量分布对分散染料分散性和热稳定性有重要影响；在国内首先开展新型表面活性剂烷基糖苷的研究和生产。

获国家及省部级科技进步奖共 8 项；获国内外发明专利 6 项；著有《染料的分析与剖析》一书，获 1990 年第五届国家优秀科技图书二等奖；1998 年，《工业有机合成基础》出版。发表研究论文近 400 篇；指导博士后 9 名，国内外访问学者 14 名，培养博士生和硕士生百余名。

欧进萍院士

欧进萍，男，1959 年 3 月出生，汉族，湖南宁远人，中共党员，结构监测、控制与防灾减灾工程专家。1978 年毕业于湘潭大学水电系。1983 年于武汉理工大学结构工程专业获工学硕士学位；1987 年在原哈尔滨建筑大学获工学博士；2000 年起任哈尔滨工业大学副校长；2003 年当选为中国工程院院士；2006 年 4 月起担任大连理工大学校长。

欧进萍教授曾任国家杰出青年科学基金评审委员会委员、国家高科技计划（863 计划）海洋资源开发技术领域专家组副组长。现任国家自然科学基金学科评审组组长、国际结构控制与监测学会（IASCM）理事、国际结构智能健康监测学会（ISHMII）执行理事、国际结构控制与监测学会中国分会主席、中国建筑学会副理事长、中国振动工程学会副理事长、中国海洋工程学会副理事长。

欧进萍教授长期从事结构监测、控制与防灾减灾工程研究，在结构动力可靠性与地震损伤、结构振动控制、重大工程结构健康监测以及海洋平台结构安全保障技术等方面取得了系统的研究成果。部分成果已被我国有关规范规程采纳，已经应用于或正在实施应用于直接参与的实际工程 19 项。

主持或执笔国家“十五”、“十一五”有关专项科研规划；主持完成国家自然科学基金重大项目课题和国家杰出青年基金项目等 24 项；发表学术论文 160 篇，出版著作 4 部；获得国家科技进步二等奖 1 项(排名第一)；省部级科技进步一等奖 3 项(分别排名第一、第一、第二)、二等奖 3 项(分别排名第一、第二、第七)；省部级科学技术发明一等奖 1 项(排名第一)；两次分别获得霍英东教育基金会青年教师研究基金和研究一等奖(独立)；获得国家发明专利 10 项；获得教育部“做出突出贡献的中国博士学位获得者”、黑龙江省劳动模范、“国家级有突出贡献的中青年专家”、“全国优秀博士后”等称号。

“何梁何利”科学与技术进步奖获得者

1995 年　钱令希　　2001 年　钟万勰　　2004 年　程耿东

陈嘉庚技术科学奖获得者

1998 年　钱令希　　1999 年　赵国藩

全国高等学校百名教学名师奖获得者

2002 年　高占先　　2006 年　孟长功

辽宁省高等学校教学名师奖获得者

2003 年　高占先　孟长功　　2006 年　贺高红　刘志广

历届“长江学者奖励计划”特聘教授名单

姓名	性别	出生年月	专业技术职务	业务专长	当选时间
唐春安	男	1958-03-05	教授	岩石破坏机理及其在矿山动力灾害的应用	1999
徐世烺	男	1953-08-13	教授	钢筋砼结构设计理论	2000
王友年	男	1958-06-07	教授	等离子体与固体材料相互作用；材料表面微结构及性能的模拟	2001
滕　斌	男	1958-07-05	教授	波浪与结构的作用及结构响应；海岸及近海工程	2001
孙立成	男	1962-08-25	教授	人工光合作用	2001
李宏男	男	1957-08-29	教授	结构抗震理论与实验；高层建筑多维抗震分析；结构减震控制；重大工程健康监测与损伤评估	2001
沈永明	男	1963-02-01	教授	环境水力学；环境模拟与污染控制；环境评价与管理	2002

（续表）

姓名	性别	出生年月	专业技术职务	业务专长	当选时间
董　闯	男	1963-06-26	教授	金属材料；载能束材料改性；准晶非晶；固体微结构	2004
张洪武	男	1964-06-25	教授	工程力学；计算力学；多相多孔介质力学	2004
全　燮	男	1960-06-21	教授	环境工程、环境化学	2005
张淑芬	女	1960-04-30	教授	精细化工、染料化学	2005

历届“长江学者奖励计划”讲座教授名单

姓名	性别	出生年月	专业技术职务	业务专长	当选时间
崔占峰	男	1962-11	教授	化学工程；生物化工；组织工程	2004
姜　辛	男	1960-11	教授	材料、表面薄膜、纳米材料	2005
宋春山	男	1961-02	教授	能源化工	2005
陈　震	男	1958-06	教授	工程力学、计算力学	2006

国家杰出青年科学基金获得者

董　闯(1995)　唐春安(1995)　欧进萍(1996)　徐世烺(1996)　王永学(1997)　王　伟(1998)
滕　斌(2000)　李宏男(2000)　王安波(2000)　沈永明(2001)　徐永平(2001)　孙立成(2001)
张洪武(2002)　林　郁(2002)　陈　震(2002)　郭东明(2003)　宋钢兵(2003)　程　亮(2004)
全　燮(2005)　张淑芬(2005)　孔刚玉(2005)　邱瑞锋(2006)　吕小兵(2006)　唐　莉(2006)

“百千万人才工程”国家级入选人员名单

董　闯(1996)　唐春安(1996)　欧进萍(1997)　郭东明(2002)　全　燮(2002)　张洪武(2002)
胡祥培(2006)

教育部高等学校青年教师教学科研奖励基金获得者

陈景文(1999)　程春田(1999)　雷明凯(2001)

教育部跨世纪优秀人才基金获得者

唐春安(1994)　王永学(1995)　孔宪京(1996)　王延章(1996)　周集体(1998)　栾茂田(1998)
林　焰(1999)　李廷举(1999)　彭孝军(2000)　殷福亮(2000)　王友年(2000)　宁桂玲(2001)
张淑芬(2002)　雷逢春(2002)　郭东明(2003)　全　燮(2003)

教育部新世纪优秀人才支持计划入选者

2004 年入选：

贾振元　褚金奎　董国海　郭新闻　郭　旭　李　刚　刘黎明　刘书田　罗钟铉　邱介山
王安杰　衣学喜

2005 年入选：
苏志勋　李　刚　吕小兵　薛冬峰　修志龙
马学虎　宋永臣　柳淑学　董星龙　王晓明
孙　伟　秦学志

2006 年入选：
陈健云　关柏鸥　贺高红　黄明亮　亢　战
李凤泉　刘西民　唐一源　王德君　王晓东
王忠刚　赵纪军　朱爱民　董大海　苏敬勤

新增享受国务院颁发的政府特殊津贴获得者

吴　微　杜凤刚　张洪武　张淑芬　邵龙潭　徐世烺

教授及其他正高职人员名单

材料科学与工程学院(共计 20 人)
董星龙　张贵锋　谭　毅　董　闯　曹志强
雷明凯　李喜孟　李廷举　黄明亮　刘顺华
齐　民　刘黎明　周文龙　赵　杰　王　来
姚　山　姚　曼　张兴国　张立文　张俊善

产业投资公司(共计 2 人)
王海山　黄　勃

城市学院(共计 1 人)
唐志宏

船舶工程系(共计 5 人)
黄　一　林　焰　刘玉君　纪卓尚　宗　智

创新实验院(共计 1 人)
冯　林

档案馆(共计 1 人)
尉洪光

电气工程与应用电子技术系(共计 7 人)
吴　彦　李卫东　李　杰　陈希有　孙　辉
孙建忠　王宁会

电子与信息工程学院(共计 30 人)
杨建华　殷福亮　杨元生　王金城　王秀坤
仲崇权　王　兢　闫卫平　邵　诚　王　伟
邱天爽　韩　敏　王兴元　毛德祥　林鸿飞
刘军民　唐祯安　谭国真　孙　怡　郭成安
顾　宏　孔祥维　胡家升　黄德根　江崇礼
刘晓东　王德君　王洪玉　金明录　钱昆明

能源与动力学院(共计 14 人)
尹洪超　王晓放　徐士鸣　隆武强　孙文策
宋希庚　沈胜强　解茂昭　李维仲　白敏丽
宋永臣　穆海林　王　健　高希彦

附属高中(共计 1 人)
姚世官

高科技研究院(共计 1 人)
赵纪军

管理学院(共计 26 人)
王　宇　赵胜川　王尔大　党延忠　邓贵仕
戴大双　迟国泰　董大海　韩大卫　汪克夷
苏敬勤　曲晓飞　荣莉莉　秦学志　李延喜
刘晓冰　陈树文　胡祥培　仲秋雁　王延章
王雪华　王众托　武春友　肖洪钧　杨德礼
张国梁

国际文化交流学院(共计 1 人)
白忠孝

国有资产处(共计 1 人)
刘志杰

化工学院(共计 54 人)
张永春　张述伟　张淑芬　杨锦宗　杨学锋
喻健良　王金渠　王艳华　辛　剑　李　钢
王新平　吕连海　陈　平　郑玉斌　赵伟杰
孙立成　王　梅　安永林　蹇锡高　朱秀玲
朱爱民　赵宗昌　赵德丰　孟长功　邱介山
彭孝军　王安杰　李志义　刘天庆　刘志广
吕小兵　马学虎　蒋景阳　胡浩权　贺高红
胡大鹏　匡国柱　毕明树　陈嘉宾　郭洪臣
郭新闻　高占先　薛冬峰　赵建章　王忠刚
包　明　李　杨　曲景平　宾月珍　王桂兰
梁长海　段春迎　张世轩　袁景利

环境与生命学院(共计 17 人)
李新勇　徐永平　张　芸　李爱民　伍会健
金一和　陈景文　白凤武　全　燮　王　栋
王长海　贾凌云　安利佳　周集体　修志龙
杨凤林　张树深

机械工程学院(共计 24 人)
张弘弢　王殿龙　王敏杰　徐文骥　赵福令

刘　冲　王晓明　康仁科　王德伦　田树军
孙　伟　孙宝元　屈福政　马孝江　梁延德
贾振元　秦现生　同淑荣　高　航　吴东江
丛　明　王晓东　褚金奎　王立鼎

计算中心(共计 2 人)

李英壮　朱鸣华

大连理工工程建设监理有限公司(共计 1 人)

杨文超

建筑与艺术学院(共计 10 人)

张险峰　陆　伟　孙　晖　唐　建　孔宇航
胡文荟　范　悦　王　琪　孙　彪　胡　英

教务处(共计 1 人)

朱　泓

经济系(共计 5 人)

原毅军　刘凤朝　逯宇铎　金　镝　侯铁珊

力学系(共计 27 人)

杜志达　孙东科　关振群　郭杏林　陈浩然
李宝元　李晓杰　李兴斯　李锡夔　林家浩
刘迎曦　刘书田　齐朝晖　钱令希　郭　旭
李　刚　杨海天　钟万勰　徐新生　王希诚
王守新　杨春秋　姚伟岸　张文首　张洪武
岳前进　吴承伟

人文社会科学学院(共计 17 人)

杨连生　王　卫　王续琨　魏晓文　张志刚
郑保章　王　前　刘鸿鹤　刘则渊　刘元芳
刘乃仲　姜青春　洪晓楠　戴艳军　胡　光
王子彦　迟景明

软件学院(共计 4 人)

李明楚　沈宏书　乔国钧　薛　强

设计院(共计 4 人)

曾昭华　李中军　贺南光　董瑞符

数学系(共计 20 人)

邱瑞锋　于　波　金正国　李风泉　南基洙
宋立新　雷逢春　韩志清　侯中华　贺明峰
刘西民　罗钟铉　苏志勋　卢玉峰　吴　微
郑斯宁　王　毅　王　军　王仁宏　张立卫

体育教学部(共计 4 人)

金若中　田爱华　张树山　元文学

图书馆(共计 4 人)

金玉玲　刘　斌　刘　旭　马克芬

土木水利学院(共计 45 人)

柳春光　王树刚　钟　阳　唐春安　贾金青
姜　峰　康海贵　金　生　陈静云　陈健云
程春田　陈廷国　董国海　孙大鹏　宋玉普
孙昭晨　沈永明　邱大洪　林　皋　马震岳
丁一宁　李宏男　许士国　李志军　周惠成
周　晶　赵国藩　张　哲　迟世春　邹志利
滕　斌　栾茂田　徐世烺　吴智敏　王子茹
王永学　王立久　王清湘　杨　庆　袁永博
张宁川　张日向　黄才良　李木国　柳淑学

外国语学院(共计 10 人)

陈海庆　秦明利　高桂珍　杜凤刚　姜　怡
时真妹　宋　黎　姜　欣　王义静　张学忠

物理与光电学院(共计 28 人)

张庆瑜　于清旭　余　虹　王文春　王友年
周　玲　刘金远　刘宏亚　丛书林　唐一源
韩福祥　王德真　潘　石　宋鹤山　林国强
胡礼中　姜东光　李国卿　丁建华　桂元星
冯太傅　张卫宁　关柏鸥　杜国同　赵明山
衣学喜　白亦真　刘爱民

学校办公室(共计 12 人)

邹积岩　邵龙潭　宁桂玲　林安西　郭东明
程耿东　李俊杰　孔宪京　姜德学　薛　光
卢中昌　欧进萍

副高职人员名单

安全装备厂(共计 1 人)

温殿江

材料科学与工程学院(共计 27 人)

陈　军　邓德伟　韩会民　郝　海　季首华
李　萍　林　莉　刘旭麟　卢　新　马红军
潘国威　羌建兵　谭家隆　王存山　王桂芹
王同敏　王秀敏　王轶农　温　斌　项　礼
徐卫平　杨春平　张维平　赵　红　朱小鹏
祝美丽　邹龙江

财务处(共计 4 人)

陈桂妍　程家旗　李文刚　张积勇

产业投资公司(共计 1 人)

王　锐

城市学院(共计 2 人)

马建军　任连伟

出版社(共计 12 人)

傅　平　韩　露　金英伟　刘宪芹　刘晓晶
刘新锋　刘新彦　逄东敏　王佳玉　袁　斌

张　凤　张剑宇

船舶工程系(共计14人)

陈　明　邓燕萍　洪　明　黎　胜　李铁骊
李贤徽　林　哲　刘　艳　马　骏　马　坤
倪少玲　阎艳萍　周　力　周　美

档案馆(共计2人)

吕可路　周景伟

电气工程与应用电子技术系(共计15人)

丛吉远　段雄英　李　锻　李国锋　李　阳
廖敏夫　刘凤春　刘　娆　刘蕴红　戚　栋
盛贤君　王　宁　杨振强　张　莉　庄　海

电子与信息工程学院(共计60人)

陈　昌　陈育斌　陈　喆　董　明　董维杰
冯　毅　高仁璟　郭　禾　郝应光　江荣安
姜忠莲　蒋国平　解永平　李建华　李丽双
李明伟　李秀花　李亚芬　林建英　林秋华
林晓惠　刘华毅　刘　萍　刘文琦　卢湖川
吕蕾蕾　马洪连　马灵芝　马晓红　马幼军
孟　华　孟　军　孟宪福　牛纪桢　潘学军
宋　彤　宋玉洁　孙效里　孙旭东　唐　达
王春立　王丹宁　王宏伟　王建国　王　健
王　林　王树义　王孝良　王　瑛　王占杰
王哲龙　魏东兴　吴　迪　杨　斌　杨素英
张大波　张　利　张志君　周东清　朱瑞军

能源与动力学院(共计20人)

曹希山　陈　石　郭万慧　郭晓平　冀春俊
李素芬　李文蛟　刘卫国　刘晓华　满长忠
梅玉林　孙培岩　王　平　王　巍　王　正
谢　蓉　薛冬新　杨凤珍　于学兵　周雅夫

国际合作与交流处(共计1人)

张　宪

发展规划处(共计1人)

郭金明

附属高中(共计27人)

丛　彦　董福贤　高俊生　姜淑清　李　东
李凤华　李凤茹　李　满　李万义　李玉梅
林中秋　刘敬东　刘淑娟　牛素芹　齐　静
孙桂芝　王国荣　邢月玲　杨茂君　于淑华
于秀娟　张继明　张景海　张淑芳　郑秋文
周建芳　朱晓东

附属学校(共计8人)

杜　欣　郝　焱　姜声河　李汤斌　闫春玉
赵　环　周　杰　邹艳娉

工会(共计2人)

王晓波　周秀华

公安处(共计2人)

韩忠顺　李英华

管理学院(共计44人)

陈耀华　冯长利　耿　勇　郭文臣　金　淳
李　弘　李丽明　李明斐　李　铭　李文立
李新然　刘彦文　卢　涛　那日萨　潘东华
乔　坤　裘江南　唐丽艳　王东华　王刚义
王国红　王　敬　王明征　王淑娟　王旭坪
王学先　王　勇　吴江宁　吴力文　夏昊翔
肖贵蓉　杨德权　易学东　于惊涛　俞明南
张令荣　张米尔　张启銮　张醒洲　张　旭
周宽久　周英楠　周　颖　朱庆华

国际文化交流学院(共计1人)

徐　丹

国有资产处(共计4人)

关佳茹　扈仪馨　金　锋　周德华

后勤办公室(共计3人)

陈　达　王连焕　王全和

化工学院(共计102人)

陈宏博　陈永英　崔京南　崔丽钧　董宏光
都　健　高欣钦　宫国梁　韩　梅　韩　轶
郝　策　何　成　纪　敏　贾翠英　贾晓津
姜文凤　具本植　李惠荣　李久艳　李　楠
李淑英　李文翠　李　翔　李晓莲　李亚明
李战胜　刘　春　刘　迪　刘贵昌　刘建辉
刘　靖　刘润杰　刘延来　刘毅慧　刘志军
吕荣文　马　伟　马　源　孟庆伟　牟文生
潘景喜　潘艳秋　彭　乔　乔卫红　任厚珉
申凯华　石　川　史启才　宋志民　宋志玉
孙　力　孙世国　孙英姬　田福平　汪　晴
王宝和　王慧龙　王金惠　王锦艳　王克峰
王同华　王　维　王旭珍　王　瑶　王益龙
肖　光　肖金秋　肖　义　谢洪勇　熊　光
修景海　徐绍平　徐晓英　徐　勇　杨大令
杨建华　杨希川　殷德宏　银建中　由宏新
于才渊　于永鲜　于志家　张春庆　张红兵
张　华　张明嘉　张乃文　张秋民　张守臣
张守海　张素萍　张晓冬　张雄福　张志超
赵艳秋　赵宗彬　仲剑初　周　颖　朱　彻
朱盛维　邹久朋

环境与生命学院(共计30人)

包永明 曹同川 陈丽杰 董悦生 段景丽
黄丽萍 姜波 金礼吉 李文利 李晓晖
刘志军 柳丽芬 栾雨时 曲振平 苏乔
王竞 王静云 项学敏 谢健 徐丽
徐品三 杨青 张爱丽 张代佳 张捍民
张兴文 张耀斌 赵慧敏 赵心清 赵亚芝

机械工程学院(共计69人)

安立帮 曹利新 陈伯力 陈星 陈宗毅
程晓萍 崔岩 戴恒震 董海 董惠敏
杜立群 方加宝 冯刚 高顺德 高艳明
高媛 郭丽莎 胡青泥 胡延平 华顺刚
季亚男 姜开宇 金仁成 金洙吉 李剑中
李曼 李喆 梁丰 刘克成 刘伟伟
刘欣 罗晓芳 罗怡 马雅丽 马勇
马跃 毛范海 苗明 钱敏 宋洪侠
宋满仓 孙洪玉 孙守林 孙旭光 孙玉文
佟宇 王丹虹 王连吉 王欣 王续跃
王永青 邢英杰 徐力 徐征 徐志祥
徐中 阎长平 杨晶 杨连文 于同敏
虞慧岚 张军 张世琳 张守魁 张晓丽
张应中 张永顺 张元良 朱林剑

基建处(共计7人)

查建明 高展 李海春 芮耳东 宋金玉
郑庆信 周秀芬

计算中心(共计4人)

姜文周 刘化总 张晓景 张晓燕

继续教育学院(共计6人)

姜香云 梁宏伟 梅雨 岩江月 于黎明
翟钢军

监察处(共计3人)

孙景利 许运涛 尹世泽

监理公司(共计14人)

赫娉芝 贾生富 姜文潭 李大臣 李福雁
李鸿安 李岩 刘永泰 吕昌 孟德
孙晓滨 王培庄 王树林 张锡宁

建筑与艺术学院(共计13人)

蔡军 邓威 高德宏 金英达 李世芬
梁江 梁圣复 柳长洲 曲敬铭 索健
王时原 周博 祝培生

教务处(共计5人)

付冬娟 郝云忱 于迎昕 张程江 张晓军

经济系(共计5人)

黄飞雪 梁艳 任曙明 宿长海 兆文军

科技处(共计6人)

韩丽洁 侯明远 嵇忆虹 康旭东 刘书孟
郑学锋

科技园(共计1人)

昌锋

离退休处(共计3人)

常俐 于泽涛 周胜军

理工科技(共计3人)

初世超 李敬安 王秀波

工程力学系(共计32人)

白瑞祥 毕祥军 卞永宁 蔡贤辉 蔡志勤
陈飙松 董守华 冯颖 季顺迎 亢战
雷振坤 李锋 李金平 李丽华 李守巨
李汶 李云鹏 刘维波 陆杰 马红艳
曲牡 王喜闻 王跃方 吴志刚 奚进一
许洁 张小鹏 张亚辉 赵国忠 赵明
周霞 朱祎国

绿化公司(共计1人)

刘会霖

汽车电子(共计1人)

牛志明

人事处(共计1人)

李叶青

人文社会科学学院(共计25人)

蔡小慎 陈晓晖 丁堃 董锋 费艳颖
葛丽君 韩秀艳 解兰春 荆蕙兰 梁海
刘宏伟 刘洁 刘伟 马莹华 孙建平
万志全 王国豫 王丽丽 杨炳君 杨姗姗
张秀萍 张旭泉 赵岩 周文杰 朱航

软件学院(共计8人)

柏建阁 惠晓丽 刘玉琴 田园 吴国伟
徐胜君 周建阳 周勇

设计院(共计22人)

邴晓 代斌 范路安 高峰 侯文玉
纪大海 李伯军 李凌云 李松 任玉彦
苏萍 苏志军 王宁 王焱 王勇
许永真 阳辉 杨化阁 张鸿飞 张珍
张震 朱浩

审计处(共计4人)

冯宝军 李淑贞 王发业 杨玉新

市内管委会(共计2人)

吴文信 朱相寅

数学系(共计 26 人)
曹后伟　曹铁川　代万基　邓新梅　冯　红
冯敬海　郭崇慧　蒋志刚　金光日　李正学
梁传广　刘秀平　庞丽萍　钱晓元　沈玉波
王世卓　王　颖　吴大为　杨彦春　杨志青
于洪全　张宏伟　张学胜　赵凤珍　赵国辉
赵立中

唐山街市场(共计 1 人)
徐晓惠

体育教学部(共计 20 人)
曹　平　丛培信　胡　谊　金宝玉　刘友范
吕永新　孟昭莉　孙喜和　谭希颖　佟贵锋
王宝智　王洁群　王有庆　王正树　夏培玲
肖爱英　杨佳宁　袁　丽　张晓萍　郑秀丽

体育馆(共计 1 人)
周福战

统战部(共计 1 人)
冯振业

图书馆(共计 12 人)
陈　陶　代玉美　李元鸣　刘凡儒　刘建华
罗远环　王　红　王瑞云　夏立娟　殷敬华
赵连明　郑　玲

土木水利学院(共计 48 人)
车　铁　陈　滨　陈　兵　戴倩云　端木琳
冯　新　贡金鑫　关增伟　郭美谊　郭　莹
洪　雷　黄丽华　贾艾晨　李广伟　李桂玲
李　昕　李英敏　梁书秀　刘　君　刘亚坤
娄树莲　鲁桂荣　潘宝峰　邱文亮　任　冰
沈成能　宋向群　宋永发　宋元诚　唐小微
王国利　王国新　王立成　王庆国　王苏岩
吴晓媛　肖诗云　徐向舟　许　青　杨　微
杨晓昕　伊晓东　殷福新　张金利　张英华
赵　维　赵艳华　朱　彤

团委(共计 1 人)
郭玉铸

外国语学院(共计 40 人)
陈宏俊　程丽霞　高　鹏　韩秀丽　蒋立真
李丽媛　李　荣　李筱平　李秀英　栗　红
刘艾云　刘　卉　刘文宇　马忠孝　孟庆荣
牛晓春　齐丽霞　钱　进　秦铁力　宋艳伟
隋玉玮　孙莲花　仝益民　王慧莉　王　姿
吴卓娅　夏晓梅　许淑清　许艳秋　杨　莉
殷晓芳　由志慎　于风军　张丽娟　张　敏
张艳敏　张治中　赵秋娜　钟淑芳　周　刚

物理与光电工程学院(共计 45 人)
边继明　卜寿亮　陈茂笃　戴忠玲　单　明
丁振锋　郭淑红　郝胜智　姜雪宁　荆亚玲
赖康生　李　崇　李淑凤　李晓娜　李雪春
李叶芳　梁秀萍　刘　伟　刘艳红　刘　悦
陆文琪　马春利　梅显秀　牟宗信　秦福文
秦　颖　邱晓明　任春生　宋士惠　宋远红
孙长森　滕永杰　王美田　王雪莹　王艳辉
温小琼　徐　军　翟　峰　詹卫伸　张家良
张　毅　赵艳秋　郑　殊　周　平　庄　娟

宣传部(共计 4 人)
陈志强　姜再华　吕东光　许梅杰

学生处(共计 4 人)
高彩文　苟福衍　薛　徽　于晓君

学生就业中心(共计 1 人)
梁　茵

学校办公室(共计 2 人)
李成恩　张世红

研究生院(共计 3 人)
韩贵秋　刘晓梅　宋　丹

医院(共计 8 人)
陈丹梅　荆润宏　李　孚　宋　凯　王　放
杨俊云　杨泽信　岳宗阁

幼教中心(共计 1 人)
刘　洁

住宅办公室(共计 3 人)
唐明春　王旭东　张永利

组织部(共计 1 人)
刘宇彤

学　生　工　作

学生工作综述

2006年,学生工作处以中央16号文件精神为指导,在学校党委、校行政的正确领导下,紧紧围绕学校中心工作,积极面对新形势、新情况和新问题,不断探索新方法和新途径,加强学生工作规范化、科学化、系统化建设,积极开创我校学生工作的新局面。

招生宣传与录取工作

1.实施"阳光工程",扎实做好招生工作

(1)开拓招生宣传工作新载体

修订了《大连理工大学招生宣传工作责任制实施办法》,将我校招生宣传责任省区扩大到19个,招生宣传的绩效将作为年度优秀学生工作先进集体的重要参评指标;第一批"优秀生源基地"正式挂牌,使我校的生源质量得到提升和保证,并扩大了学校的影响。

"大工学子母校行"招生宣传活动取得较好成效,全校92支社会实践队伍利用寒假期间奔赴全国95所重点中学,影响遍及全国11个省(区)。

(2)"创新实验班"首次招生

学生处与教务处、大学生创新院共同研究策划,创办了"创新实验班"。目前共有84名学生在创新实验班学习,实验班贯彻"加强基础、淡化专业、因材施教、分流培养"的办学方针,培养学生的创新精神和创新能力,强化学生实践动手能力,注重学生的个性发展,使学生的知识、能力、素质三要素得到全面协调发展。

2.招生录取工作圆满结束,新生质量良好

在学校招生领导小组的直接领导下,顺利完成了外语类和澳门籍保送生、文艺特长生、艺术类、高水平运动员、自主选拔录取及暑期录取工作,新生质量是近几年最好的年度之一。

(1)2006年全国招生计划人数是4600人,录取新生4600人,其中保送生21人、自主选拔录取52人、国防生100人、艺术类61人、文艺特长生20人、高水平运动员11人(其中参加省考试5人)、澳门学生4人(其中3人为保送生)、香港学生1人、内地新疆高中班12人、内地西藏班15人、预科升本科56人,另招收少数民族预科班学生60人。

(2)2006年在我校有招生计划的省份中,有11个省区最低录取分数线高出当地重点院校控制线的幅度大于2005年;有21个省区的最低录取分数线高出当地重点院校控制线30分以上,其中高出一本线50分以上的有6个省区,40分以上的有9个省区,30分以上的有6个省区。

(3)2006年我校在辽宁省理科录取分数再创新高,录取线高出一本控制线52分,是近几年生源情况最好的一年。

教育管理与发展咨询工作

1.以社会主义荣辱观教育为主线,深入开展思想政治教育

(1)中央督察组对我校贯彻落实中共中央国务院《关于进一步加强和改进大学生思想政治教育的意见》(中发[2004]16号文件)情况进行检查指导。学生处高质量完成了自查报告的撰写及相关支撑材料的整理工作,贯彻落实16号文件的具体措施及取得的成绩得到了督察组的充分肯定。

(2)开展大学生思想政治工作情况调查和学生思想状况、学风建设、经济困难学生等专项调查,为有针对性地开展学生工作提供参考。积极探索有效的工作方式方法和手段,汇编成《大连理工大学大学生思想政治教育实践与探索——学生工作"八项工程"实施方案》,指导实际工作。

(3)2006年学生工作部采取多种形式,在全

校学生中深入开展社会主义荣辱观主题教育，相继开展了“知荣辱、树新风，建设和谐校园”系列活动和感恩教育系列活动。

(4)无偿献血工作模式由原来的指标式献血转变为敞开式献血。学生处将无偿献血作为学生思想教育的契机，加强学生社会责任感教育，精心组织，周到服务。2006年全校共计2338名本科生报名参加无偿献血。

(5)学生处总结多年新生入学教育经验，制定了《大连理工大学新生入学教育实施办法》，通过采取学校集中教育与院系分散教育相结合的方式，以入学“六课”教育为主要实施内容，加强新生入学教育。

(6)学生处联合教务处制定《大连理工大学少数民族预科班管理办法(试行)》。同时通过组织少数民族学生参观旅顺爱国主义教育基地、欢庆古尔邦节等活动，强化学生的爱国主义和集体主义观念。

2.积极探索学风建设新机制，推进优良学风建设

(1)学生处制定了《学生工作部2006年加强学风建设工作方案》，与教务处、校团委联合开展了学风建设大讨论活动，在全校新生中开展学风建设“八个一”活动，全面推动全校学风建设。

(2)在部分院系试行新的大学生奖励办法，不断完善学生激励机制。科学规范地做好2005～2006学年的各项奖学金评审工作。各项奖学金累计获奖5007人次，发放总金额607.52万元，相对2004～2005学年获奖学生增加619人次，奖励总金额增加76.92万元。

3.健全制度，规范程序，加强学生管理

(1)学生处以教育部新的学生管理规定为指导，系统总结我校学生工作的规章制度、工作流程、活动指南和工作技巧，编印了《大连理工大学学生工作规范》，促进了我校学生工作的科学化、规范化、系统化建设。

(2)学生处在全校范围内开展了“校规校纪教育活动月”活动。本次活动月以学习贯彻新修订的校规校纪为主题，通过制作校规校纪宣传展板、开展校规校纪知识竞赛、举办模拟法庭等活动，在全校学生中很好地普及了新校规校纪。

(3)学生处加大了大学生自我管理委员会的指导力度，充分发挥其组织职能，提升大学生自我约束管理能力；积极进行学生社区文化建设，营造温馨、高雅的学生社区文化。

(4)学生处下发《关于做好2006届毕业生离校前工作的通知》，并制定了《毕业生离校期间辅导员值班表》，保持学校良好秩序；继续为广大毕业生免费提供学位服、毕业生纪念册、纪念光盘、校徽等服务，并精心组织校院系两级毕业典礼；全校各院系集思广益，采取多种行之有效的措施与方法，积极营造一个既生动活泼又健康有序的校园氛围，我校已连续七年实现毕业生文明离校。

扶贫助学工作

1.学生处通过以国家助学贷款为主渠道，以奖、助学金和勤工助学为辅助，社会资助和困难补助为补充的经济困难学生资助体系，2006年对全校4071名家庭经济困难学生实现了全覆盖资助，资助金额达到900多万元。

2.切实做好国家助学贷款申请及贷后管理工作。学生处本着科学、严谨、细致、公正的原则，为854名学生办理了国家助学贷款，批准额度1738.17万元。同时学生处开发设计了经济困难学生管理信息系统，积极强化申贷学生的贷后管理工作。在毕业生离校前，学生处集中对有贷款的毕业学生召开诚信教育大会，截至目前，我校国家助学贷款毕业生按期还款率为93.6%。我校国家助学贷款按期归还率位居全国高校前列。

3.努力拓展校内外勤工助学。充分挖掘校内勤工助学岗位，使学生的勤工助学与专业学习相结合；积极开拓校外勤工助学资源，将勤工助学与社会实践相结合。截至目前校内设置勤工助学固定岗位1309个，临时岗位565个，本年度发放勤工助学工资298万元。家教中心共促成家教协议2358条，预计为家庭经济困难学生创收234万元。

4.加大学费清欠力度。学生处在今年的学费清欠工作中做到分别对待、细致到人，在清欠的同时做好耐心细致的思想政治工作。截至目前，全校共有148人未按时缴纳学杂费，欠费总额151.3万元。其中校本部欠费34人，欠费总额15.6万元，全部属于经济困难的允许其全部或部分缓交，学费缴纳率为99.83%；软件学院欠费

114人，欠费总额为135.7万元。

5.开展诚信教育月活动。4月中旬起，学生处在全体学生中开展了诚信教育系列活动，包括邀请中国人民银行和中国银行相关同志结合个人征信系统，为全校学生做诚信教育专题讲座和报告，还开展了以“诚信从我做起”为主题的诚信签名活动、诚实守信为主题的公益广告设计大赛、“诚信在我心中”征文比赛、模拟诚信法庭等活动，取得良好效果。

6.大力扶持和加强自强社建设。学生处进一步扶持自强社发展，强化各院系自强社指导教师的作用，增加自强社与校内其他学生社团的横向交流机会；组织开展了“自立自强先进个人”评比、“好书接力、爱心传递”募捐、第三届“给我三分钟”个人才艺展示大赛、爱心奉献回报社会等活动，自强社已成为大工校园最具活力的学生团体之一，这一组织模式也得到了新华网、大连日报广泛报道。

学生工作队伍建设

1.加强学生工作队伍培训。学生处积极贯彻落实教育部《普通高等学校辅导员队伍建设规定》要求，制定了科学、周密的培训计划，积极构建分层次、多形式的辅导员培训体系。本年度首次实行辅导员分年级研讨培训。此外，学生处精心组织了2006年新留任辅导员的岗前实习、军政训练、岗前业务培训等工作。

2.完善学生工作干部工作考评制度。2006年学生处在2005年学生工作干部工作考评的基础上，科学划分考核分类指标及权重，进一步完善考评制度，实行上级、同级、学生和自己多角度评估，定性考核与定量考核相结合的原则，对辅导员进行综合考评。

3.加强学生工作研究。学校将2006年学生工作研究课题纳入教学改革基金支持项目，并通过院系申报、公开答辩等形式产生重点支持项目16项，一般支持项目10项。2006年学生工作研究课题重点突出对实际工作的指导性与可操作性，内容涉及学生干部培养、班级凝聚力建设、经济困难学生心理特点等方面。现获得1项教育部哲学社会科学重点课题立项，1项辽宁省教育厅“十一五”教育科学规划立项课题，20项大连市大学生思想政治教育研究课题正在申报中。

4.学生处当选为辽宁省高校学生工作研究会理事长单位。作为理事长单位，承担了研究会章程、研究会近期计划的制定与起草工作。辽宁省高等学校学生工作研究会的成立为积极促进高等学校学生工作的理论研究与学术交流，营造高等学校学生工作良好氛围，不断推进高等学校学生工作学科化建设发挥了积极作用。

大连理工大学在全国30个省市自治区录取新生情况统计表

专业 \ 最高分/最低分 \ 地区	北京	天津	河北	山西	内蒙古	辽宁	吉林	黑龙江	上海	江苏	浙江	安徽	福建	江西	山东	河南	湖北	湖南	广东	广西	海南	重庆	四川	贵州	云南	陕西	甘肃	青海	宁夏	新疆
招生人数	40	110	238	85	108	1929	244	221	10	131	122	95	40	115	219	211	130	126	15	30	10	36	60	10	15	40	35	5	5	40
控制分数线(理科/艺术类)	528	505	577	552	557	503/180	570	578/260	466	572	570	566	561	550	583/300	590	546	547	637	538	569	531	560	523	550	545	566	434	514	520
我校录取最低分(理科/艺术类)	531	557	605	586	564	555/540.6	611	578/446.8	467	610	600	566	563	577	614/480.9	607	558	570	684	587	669	558	592	560	592	545	594	475	558	592
数学与应用数学	604	563	631/620	618/616	628/607	613/570	640/629	638/627		615/614	624/619	615	614	595/589	642/633	647/619	592/580	593	696	616		558	610/598							
信息与计算科学	540	579/570	629/624	598/596	619	623/566	650/645	641/636		616	633/624	631	609	600	636/625	636/631	596/595	601/594	706	589	678	601	612							
应用物理学		570	624	602	617	598/573	647	635		618	626	632	609	591	615	628	590	593	698				615	563		545				
电子科学与技术		597/573	636/628	608/606	637/619	607/577	648	654		626					640/631	633/629	591/590						609							
电子科学与技术(国防生)						564/537	601/594	607/588																						
光信息科学与技术	643	578/571	630/628	596	626	612/573	650	632/630		621	621	639		616/597	626	627/621	594	595	722			610	612		622	594				
工程力学	561	568/564	634/626	612/609	628/625	605/571	646	632/625		622/617	626/617	625	612	607/592	640/625	630/618	587/585	598/597		606	671	584	618		626	646	622			607/596
应用化学	545	578/573	625/621	617	609	592/559	643/628	629/624		619/612	630	618		584	634/629	626/625	588	594		595	674	568	610			598	630		580	635
应用化学(精细化工)	548	587	624/619	606	623	599/560	636/624	614/610		617/612	618/616	631/615		595	648/636	635/626	597	594/590		591			611			554	641			634
化学工程与工艺(英语强化)	609	560	632/618	588	599	620/568	634/625	649/623		620/617	626/623	574		584/582	628/620	624/613	576/561	592					604				618			633
化学工程与工艺(化学工程)	566	559	622/620	607	616	598/558	638		513	616		606	615	585	624	616		597/596	691	603		564	613	575	622	635	616	475	564	645
化学工程与工艺(化学工艺)		559	625/617	624/595	627/564	585/556	626	624		612	611/600	606	563	597/593	633	621/607	566	598/593							592	591	620	558	558	
化学工程与工艺(催化化学与工艺)		568	618/615	600	618/602	575/556	627	608		624	615/605	626		581	627	639	566	593								547		539		

化学工程与工艺(电化学)		572	610/605	599	618	579/556	617	593		612	611	603		590	616	608	580	591/590					604			631				
高分子材料与工程	531	584	622	593	617	599/567	628	623		616/615	622	614	611	608	640/626	624/616	590	597/593					618			594	618			645
制药工程		561	624		626	585/559	630	611		617	620	621		609	634	620/611	586	596				590	616/612							
过程装备与控制工程	652	568	622/615	608/588	625/617	586/557	636	615		622/613	618	605/587		590	628/616	631/618	587/564	593/590		590		593	613/611	588		603	617	517		608/598
无机非金属材料工程(材料化学)		560	612		624/606	583/556	633/605	595		614	616	621/607		582	629	631/612	576	596/592					609							
环境工程	552	582/572	624/623	605	634/623	597/564	635	621		618/616	616	614	605	599	627/626	622/616	582	598		596		576			599	608	649			641/616
环境科学		576	619	606	618	573/562	622	623		612	617	599		583	629	634/611	575	590							611		612			603
生物工程	577	567	625		623	601/587	637	634		615	618	617		594	638	643	586	603		602			610			620	613			594
生物技术		600		637	617	591/575	638	631		613	610	606		577	626	622/615	587	600							599		602			638
机械设计制造及其自动化	586	603/594	638/627	627/623	637/635	616/588	663/653	642/641		625/623	634/624	645/624	621/616	607/603	649/645	641/636	602/598	600/599	736	610	688	595	626/619	583	629/627	639	656/623		596/584	635/629
机械设计制造及其自动化(国防生)						596/553	655/610	616/595																						
工业设计		570	618		602	571/566	635	631		613	608	596		584	618	614	580	593												
机械设计制造及其自动化(机电外贸日语强化)	615	561	630/620		629	625/591	662/646	637/632		618/615	623	632		584	645/642	631/622	594	597/589												
机械设计制造及其自动化(英语强化)	641	594	630/626	590	628/625	615/590	658/652	634/632		625/624	627	617		614	643/641	643/627	586	595												
测控技术与仪器	569	575	622	597	625	588/573	627	642		615	620	574		589	640	611/608	592	603												
物流工程	618	590	622	629		601/572	645	643		621/616	621		630	614	633	628	590					570								
材料成型及控制工程	634	566	622/620	589/587	629/623	582/559	632/624	626/606		621	621	609		584	638/617	614/608	586/581	596/595		592		575	610/604		602	589	625			634
金属材料工程	632	574	625/615	599/588	619/612	607/557	627/621	624/606		617	611	605		580	626/620	648/611	588/581	592		594		570	605/602			549	594	483		606
材料物理		568/559	626/625	600/588	629/623	601/556	617	623/605		614/612	623/621	620		595	631/630	621/616	601/589	593/591		594		597	613			623	611			
水利水电工程	575	577	624		632	596/565	628	629		616/615	621	604/580		589/587	639/633	630/628	586	599		603/599		584	619			575	620			597

（续表）

最高分/最低分 专业 \ 地区	北京	天津	河北	山西	内蒙古	辽宁	吉林	黑龙江	上海	江苏	浙江	安徽	福建	江西	山东	河南	湖北	湖南	广东	广西	海南	重庆	四川	贵州	云南	陕西	甘肃	青海	宁夏	新疆
港口航道与海岸工程		615/584			646	596/579		662/646		630	624	622	604	582/580	647/642	648/634	604/584	596/595		609		600/592	621							
土木工程	597	592/584	629	617	637	632/583	646/638	636		619/617	629/626	635		602	639	634/628	596/587	605		608		597	622/619			599	643			604
土木工程(英语强化)		578	625/611		625	625/581	632/622	638/630		620	618	585		595	640/638	634/628	614/568	602/597					620							
建筑环境与设备工程		568	619	588	609	589/564	636/618	621/615		613	612	606		595	629	628/616	584	582												
工程管理	573	607/580	627/624		627	602/568	641/638	653/649		614/613	608	613/605		599	637/625	638/623	585/579	602/598		600		602	619			545				
建筑学	571	583/577	632/619	617	630	623/580	657/641	643/632	471	617/616	626/621	634		596	637/628	642/613	589/578	593		599		578	621	560						636
城市规划	599	569	622	600	618	600/574	635/629	615/614		610	622	604		584	626	611/608	574	583												
艺术设计(环境艺术设计)																														
艺术设计(平面设计)						568.7/540.6		461.6/446.8																						
雕塑															505.7/480.9															
工业设计		561	625		622	589/573	638	629		613	618	614		589	622	623	570	597												
船舶与海洋工程	559	605/576	630/626	610/609	621/619	614/565	652/644	638/634	474	624/621	622/620	622/618	605/593	609/601	643/642	626/625	592/588	600/598	696/691	617	676	612/605								
热能与动力工程	566	581/573	626/623	605/597	630/619	600/562	638/627	642/615		617/615	623/620	640/627		590/580	635/630	636/618	595/588	596/593	684			591/582	614	577		621	628/626			619/613
机械设计制造及其自动化(汽车工程)		593/586	630/627	616	627	613/593	655/650	659/633		619	622/621	621		595	637	631	594	601					629			548	639			630
电子信息工程(英语强化)		573	624		636	637/599	657/646	643/639		622/621	624/623	622		608/599	646/636	641/625	593/585	601												
电子信息工程	609/603	599/593	630/627	627/618	636/630	625/598	653/652	639/637	484	621	628	607	616	605	640/638	649/626	607/592	604/599	686	597	688	608	610/606	583	625	609	624			644
电子信息工程(国防生)						596/552	610/597																							

电子信息工程（集成电路）		561	625			596/571	644	630		614	615	614	612	587	625	629	588	600												
测控技术与仪器	566	568	620	597	620	575/566	624	636		614	617	597		582	636/630	627/624	587	597												
自动化	631	595/577	632/622	625/604	632/630	608/575	658/637	635/627		618/616	629/621	619/606	607/605	599/595	638/626	642/621	589/586	602/598		607		605	619/615	568	626	610	626/620			628/622
计算机科学与技术	607/577	597/564	632/626	604/587	631/623	618/571	635/630	643/630	509	622/617	624/619	621/607	609/601	598/587	650/623	644/615	595/584	597/593	731	608	680	603	632/616	563	614	617	611			612/610
计算机科学与技术（国防生）						568/532	630/607	612/580																						
电气工程及其自动化	587	603/585	631/625	609/600	632/629	622/580	645/639	645/638		622/621	626/622	620	616	585/583	639/626	653/619	597/593	603/600	688	602		605/603	623/618			656	621			629/621
英语		560/558	616/615			565/560	627/622	604/602	471	615/610	621/604	592		593	627		586													
日语		569	624/621			593/556	636	604		614/612	615/610				626/622		581													
法学		565			623/618	570/556	629/618	617		613	610	582		594/577	620/616	614/608	560	592/591												
广播电视新闻学		581	616			568/557	617/614	613/597	501	610	627	594		592	617	614/609	569/563	591												596/592
信息管理与信息系统	565	572/571	634/628	604	630	614/578	649/641	638/618		619	621/606	616	618	595	623	623/617	586/585	604					617							
人力资源管理		575/562			630	615/565	623	588		611	615			596	621	616	592	594			669									637
金融学	564	583/572	620/619		623	617/570	649/641	629/621	470	615/614	630/626	609		583/579	639/630	616/615	587	599/595												
国际经济与贸易（英语强化）	561	571	635/631		608	619/586	648/643	628/622	478	629/619	630/627		576	603/594	622/621	623/619	582/573	597/593	722	602	675		615							
软件工程	637/535	598/559	627/612	606/594	625/567	597/555	646/608	654/578	467	623/610	628/606	629/566	602/563	595/578	642/614	641/608	587/561	597/570	684	611/599	687	589/569	605/604	598	606	606	617/600			616
软件工程（日语强化）	640/551	567/557	636/613	605/590	612/571	587/556	657/611	631/579		615/610	617/607	605/572		605/579	630/621	618/607	588/558	600/572		598/587		590/576	611/608			612	625			617
网络工程		559/558	622/606	592/586	624/567	587/556	638/609	634/599		616/610	620/604	618/572	599/564	594/577	615	609/607	612/573	595/574	705	592		564/563	602/592			607	621/602			602
少数民族预科班					599/553															577/539				568/556			597/568		498/491	598/515

2006年入学成绩优秀的本科生名单

2006年入学新生(理科)省市自治区和特别行政区第一名

省(市、区)	学号	姓　名	性别	民族	考分	院　系	专　业
北京	200642001	邱　琳	女	汉族	652	化工学院	过程装备与控制工程
天津	200652001	武丽坤	女	汉族	615	土木水利学院	港口航道与海岸工程
河北	200661035	董方亮	男	汉族	638	机械工程学院	机械设计制造及其自动化
山西	200641102	刘超美	女	汉族	637	环境与生命学院	生物技术
内蒙古	200652004	王小磊	男	蒙古族	646	土木水利学院	港口航道与海岸工程
辽宁	200681505	孙　晶	女	汉族	637	电子与信息工程学院	电子信息工程(英语强化)
吉林	200661125	柯九五	男	汉族	663	机械工程学院	机械设计制造及其自动化
黑龙江	200652033	刘冰洋	女	汉族	662	土木水利学院	港口航道与海岸工程
上海	200648031	王　倩	女	汉族	513	化工学院	化学工程与工艺(化学工程)
江苏	200652035	傅　涛	男	汉族	630	土木水利学院	港口航道与海岸工程
浙江	200661131	张涔涔	男	汉族	634	机械工程学院	机械设计制造及其自动化
安徽	200661134	张富生	男	汉族	645	机械工程学院	机械设计制造及其自动化
安徽	200661135	徐　超	男	汉族	645	机械工程学院	机械设计制造及其自动化
福建	200661922	翁志容	男	汉族	630	机械工程学院	物流工程
江西	200623045	晏　雯	女	汉族	616	物理系	光信息科学与技术
山东	200691138	赵　健	男	汉族	650	电子与信息工程学院	计算机科学与技术
河南	200685098	胡玉林	男	汉族	653	电气工程与应用电子技术系	电气工程及其自动化
湖北	200659053	李东晨	男	汉族	614	土木水利学院	土木工程(英语强化)
湖南	200654037	李沂纯	女	汉族	605	土木水利学院	土木工程
广东	200661152	张敬生	男	汉族	736	机械工程学院	机械设计制造及其自动化
广西	200671112	曾达峰	男	汉族	617	船舶工程系	船舶与海洋工程
海南	200681093	彭博超	男	汉族	688	电子与信息工程学院	电子信息工程
海南	200661154	陈扬忠	男	汉族	688	机械工程学院	机械设计制造及其自动化

（续表）

省(市、区)	学号	姓　名	性别	民族	考分	院　系	专　业
重庆	200671114	熊云霞	女	汉族	612	船舶工程系	船舶与海洋工程
四川	200691160	沈　浪	男	汉族	632	电子与信息工程学院	计算机科学与技术
贵州	200692387	黄　宽	男	汉族	598	软件学院	软件工程
云南	200661164	虞诗强	男	白族	629	机械工程学院	机械设计制造及其自动化
云南	200661165	何关洪	男	汉族	629	机械工程学院	机械设计制造及其自动化
陕西	200685115	侯　茜	女	汉族	656	电气工程与应用电子技术系	电气工程及其自动化
甘肃	200661171	孔　军	男	汉族	656	机械工程学院	机械设计制造及其自动化
青海	200648109	姚慧颖	女	汉族	558	化工学院	化学工程与工艺(化学工艺)
宁夏	200661174	刘赫男	男	汉族	596	机械工程学院	机械设计制造及其自动化
新疆	200648050	王　蕾	女	汉族	645	化工学院	化学工程与工艺(化学工程)
新疆	200644050	王德伟	男	汉族	645	化工学院	高分子材料与工程
香港	200654055	陈　强	男	汉族	550	土木水利学院	土木工程
澳门	200647055	邱兆欣	男	汉族	490	化工学院	应用化学(精细化工)

2006年入学新生(文科)省第一名

省份	学号	姓　名	性别	民族	考分	院　系	专　业
河北	200600331	张佳丽	女	汉族	596	人文社会科学学院	广播电视新闻学
辽宁	200600303	谢晓宇	女	汉族	609	人文社会科学学院	广播电视新闻学
吉林	200600246	张晓娜	女	汉族	584	人文社会科学学院	法学
黑龙江	200600423	孙智妍	女	汉族	599	人文社会科学学院	公共事业管理
山东	200600250	孙江华	女	汉族	589	人文社会科学学院	法学

2006年入学新生(艺术类理科)省第一名

省份	学号	姓　名	性别	民族	考分	院　系	专　业
辽宁	200657039	葛黛安	女	汉族	568.7	建筑与艺术学院	艺术设计(平面设计)
黑龙江	200657030	李清阳	男	汉族	461.6	建筑与艺术学院	艺术设计(平面设计)
山东	200657209	袁　飞	男	汉族	505.7	建筑与艺术学院	雕塑

2006年入学新生(艺术类文科)省第一名

省份	学号	姓　名	性别	民族	考分	院　系	专　业
辽宁	200657008	潘晓寒	女	汉族	588.1	建筑与艺术学院	艺术设计(环境艺术设计)
黑龙江	200657004	郭明月	女	汉族	455.9	建筑与艺术学院	艺术设计(环境艺术设计)
山东	200657024	王怀祥	男	汉族	471.9	建筑与艺术学院	艺术设计(环境艺术设计)

2006年入学新生省市和特别行政区保送生

省(市、区)	学号	姓　名	性别	民族	院　系	专　业
山东	200608001	岳金童	女	汉族	外国语学院	英语
山东	200608002	宋思文	女	汉族	外国语学院	英语
山东	200608003	孟燕敏	女	汉族	外国语学院	英语
山东	200608004	刘　堃	男	汉族	外国语学院	英语
山东	200608005	贾思默	女	汉族	外国语学院	英语
江苏	200608006	顾婉茗	女	汉族	外国语学院	英语
江苏	200608007	郭元龙	男	汉族	外国语学院	英语
吉林	200608008	庞傲中	男	汉族	外国语学院	英语
吉林	200608009	王晶石	女	汉族	外国语学院	英语
吉林	200608010	王　曦	女	汉族	外国语学院	英语
吉林	200609007	冯雯佳	女	汉族	外国语学院	日语
吉林	200609008	夏睿聪	女	汉族	外国语学院	日语
湖北	200609001	陈　晓	女	汉族	外国语学院	日语
湖北	200609002	胡　炼	女	汉族	外国语学院	日语
上海	200609003	曾　真	女	汉族	外国语学院	日语
上海	200609004	唐怡蔚	女	汉族	外国语学院	日语
上海	200609005	王　烨	男	汉族	外国语学院	日语
江苏	200609006	江　南	男	汉族	外国语学院	日语
澳门	200611001	郭鸿标	男		应用数学系	数学与应用数学
澳门	200623001	林孝龙	男		物理系	光信息科学与技术
澳门	200691001	杨超武	男		电子与信息工程学院	计算机科学与技术

就业工作综述

学生就业中心坚持不断完善我校毕业生就业指导服务体系，着力建设和开拓毕业生就业市场，多渠道开展毕业生就业指导与教育，圆满完成了2006届毕业生的就业工作。2006年，我校荣获辽宁省普通高校毕业生就业工作突出贡献奖、辽宁省大学生创业教育示范校，首批挂牌成为辽宁省高校毕业生就业市场分市场。

完善服务体系，积极营造"全员就业"的良好氛围

学校高度重视毕业生就业工作，认真实施就业工作"一把手"工程。校领导班子定期听取就业工作情况汇报，并在全校营造全员关心就业、全员参与就业的良好氛围。

学校坚持"机构—校系两级，指导—校系结合，市场—校系共建"的就业工作思路。调动各院系教职工的积极性，利用各种机会多渠道收集需求信息，推荐毕业生，建立院系级就业基地、实习基地和就业信息网。各院系学办完成了已就业毕业生就业情况调查、未落位毕业生未落位原因调查，就业中心根据调查结果完成了《大连理工大学毕业生就业白皮书(2006)》。

集中力量建设毕业生就业市场

我校历来把就业市场建设作为就业工作的重中之重，有三个鲜明的特点。

一是坚持以校际联合为依托。2006年，我校与东北大学、吉林大学、哈尔滨工业大学、哈尔滨工程大学采取统一邀请、四地联动的方式联合召开了两次大型校园招聘会，为用人单位参会选聘毕业生提供了方便，扩大了校园招聘会的吸引力，参会单位的层次、数量都有明显提高。2006年，我校联合上述东北四校先后在北京、天津、武汉、西安、长沙、成都等城市召开了地域性的毕业生推介会，与当地人才市场合作拓展区域性就业市场；面向航空航天、冶金等行业分别召开了行业性毕业生推介会。

二是坚持以校系结合为着力点。我校明确，在毕业生就业市场建设方面，校学生就业中心的主要职能是确定宏观的市场建设思路，并开展对重点行业、重点地区的就业市场建设；院系级就业机构的主要职能是结合本院系专业特点，重点开展行业性单位的就业基地、实习实践基地的建设工作。针对学科行业的不同特点，我校将18个院系划分为六个协作板块，成立了六个就业工作协作组，以加强院系就业工作的交流、沟通与协作，促进各协作组按行业特点加强与国内外知名企业的联系。学校还根据各专业与单位隶属行业的相关性，定"向"派出院(系)就业工作主要负责人参加相关行业的就业信息交流会和地方人才交流中心举办的人才对接会，参加了中石油集团、航天科技集团、核工业集团、中建集团等行业集团和无锡、上海、昆山、宁波等重点城市举办的人才交流洽谈会，促进了校、系两级就业市场的建设。

三是以信息化平台为支撑。学校坚持不断完善网络信息化建设，搭建用人单位和毕业生相互交流和双选的平台。2006年，组织开发了新版大工就业管理信息系统，完善了大工就业网的功能，目前已有近2000家单位在大工就业网上注册并与毕业生开展网上双选。就业网已成为毕业生获取就业信息的主要渠道，日均点击量4000余次，高峰日点击量超过10 000次。学校积极参加教育部组织的网络联盟建设。我校的就业数据库系统逻辑清晰、功能全面，得到了教育部领导和技术人员的一致称赞，成为教育部设计实现就业网络联盟的框架蓝本和主要参考。

我校十分注重繁荣校园就业市场，积极发挥校园就业市场的主渠道作用。2006年，学校共向用人单位、地方人才交流中心发出毕业生需求信息函、双选会邀请函、征求意见函17 000余份，召开了两场大型校园招聘会、20余场行业和地域性招聘会、300余场企业专场招聘会，接待来校招聘用人单位超过1000家。通过积极的市场开拓，取得了良好的效果，截至年底，学生就业中心共计收到来自全国各地近2000家用人单位的需求信息23 000余条，其中本科生需求信息13 000余条，研究生需求信息10 000余条。针对毕业生就业状况调查的数据显示，有近80%的已就业毕业

生的就业信息来自学校就业网站和校园招聘会。

采用多种形式开展丰富的就业指导活动

学校邀请了十几位有丰富就业指导经验的教师完成了全年2学分就业指导课。邀请了北京爱芬食品有限公司、沈阳米其林轮胎有限公司、明基电通有限公司、通用电气中国公司等近十家单位的人力资源主管和前程无忧等人才中介机构的人力资源专家开展了丰富多彩的就业指导讲座，并通过现场讲座、组织团队式培训、模拟小组面试等形式为毕业生进行现场指导。一年来，共有近3000人次参加了就业指导课和就业指导讲座并受益。

推广北森职业测评系统，推进就业指导工作向科学化发展。全年共有近3000名毕业生使用了该测评系统。引进了时代英杰"大学生全程职前教育"网络课堂，进行广泛的宣传，并根据就业工作的进程每周安排集中播放，共有近千人次参加了网上学习或集中学习。特邀大连外国语学院留学服务中心到校为毕业生提供出国留学咨询与指导工作，全年共举办近20次咨询，接待学生200余人。

每月根据就业形势的需要出版《大学生就业》报，免费发放到每个学生寝室，全年出版8期，发行近40 000份；开设就业资料和咨询室，安排就业咨询师定期值班，为学生开展"一对一"的咨询指导，全年共接待几百人次的学生咨询；开设就业咨询热线电话，并利用就业信息网、BBS等网络渠道，进行咨询、答疑。这些形式多样的就业指导活动丰富了就业指导的内容，加大了就业指导的覆盖面。

积极引导毕业生到祖国最需要的地方建功立业

为深入贯彻中共中央办公厅、国务院办公厅联合发布的《关于引导和鼓励高校毕业生面向基层就业的意见》的文件精神，学生就业中心组织专家组对我校"服从国家需要优秀毕业生"和"就业奖学金"评审办法进行了修订，并积极引导和鼓励毕业生面向基层就业。修订后的评审办法扩大了受奖面，加大了奖励力度。

2006年我校授予37名毕业生"服从国家需要优秀毕业生"荣誉称号，其中3人获得一等就业奖学金、24人获得二等就业奖学金，共发放就业奖学金六万余元。

加强业务素质培养和专业化队伍建设

为加强就业指导工作的专家化建设，提高就业指导工作者的理论水平和指导技能，学生就业中心陆续选送了8名院系学生就业工作者参加了辽宁省2006年第一期、第二期职业指导教学训练实验班的学习。

为进一步加强我校学生就业工作的科学化、规范化建设，提高服务质量和服务水平，学生就业中心组织编写了《大连理工大学学生就业工作手册》，成为全校就业工作者在就业指导和服务工作中重要的参考资料。

我校在辅导员中组建了四年级就业工作学习研究组，每月开展一次就业工作的研讨，面向毕业班辅导员、研究生工作助理开设了业务培训班，加强就业工作队伍的专家化建设。

加强理论探讨和实践研究工作

一年来，我校承接了辽宁省十五规划课题《理工科重点大学毕业生职业期望与实现度研究》，该课题已顺利结题并获得辽宁省"十五"教育科学优秀成果三等奖；组织申报了辽宁省《2004～2005年高校毕业生就业与创业专题研究》的课题，有4项申报获得批准，其中《大学生自主创业典型案例研究》被批准为重点课题。

我校组织编写和出版了辽宁省高校毕业生就业创业指导系列教材第二部《大学生自主创业典型案例(实践篇)》，全书23万字。

为了解用人单位对我校毕业生的总体评价，听取单位和毕业生对我校教育教学改革的建议，发挥好学生就业中心在毕业生质量信息反馈方面的作用，学生就业中心设计了针对用人单位和我校往年毕业生的调查问卷，通过走访大连市用人单位及本科生招生宣传走访单位的机会和用人单位来校招聘的有利时机完成对用人单位及我校往届毕业生的调查。

为了解2006届毕业生就业状况及未就业原因，以加强就业指导工作的针对性，学生就业中心组织就业工作者设计了调查问卷并对2006届毕业生进行了普查。据调查,95%的已就业毕业生对签约单位表示满意或基本满意,76%已就业的毕业生认为较好地实现了就业愿望,有近80%的已就业毕业生的就业信息来自学校就业网站和校园招聘会。超过一半的未就业毕业生的未落位原因是继续考研和出国,95%的毕业生对学校就业工作的总体评价为满意或基本满意。

2006届本科毕业生流向

	单位性质	人数	百分比/%		地区	人数	百分比/%
按单位性质划分	不就业拟升学	64	1.66	按地域划分(不含升学、出国)	大连市	1001	41.16
	待就业	171	4.43				
	部队	53	1.37		辽宁省(不含大连)	400	16.45
	党政机关	19	0.49		黑龙江吉林	76	3.13
	科研设计单位	117	3.03		北京市	98	4.03
	地方基层项目	3	0.08				
	其他企业	722	18.69		上海市	77	3.17
	高等教育单位	26	0.67		天津市	72	2.96
	国有企业	743	19.23		深圳市	142	5.84
	其他	15	0.39				
	其他灵活就业	146	3.78		广东省(不含深圳)	64	2.63
	其他事业单位	12	0.31		江苏省	101	4.15
	三资企业	330	8.54		浙江省	69	2.84
	中等、初等教育单位	6	0.16				
	国家基层项目	3	0.08		山东省	75	3.08
	出国、出境	165	4.27		西部十二省市	110	4.52
	升学	1267	32.79		其他	147	6.04
	自主创业	2	0.05				
	总计	3864			总计	2432	

2006届毕业研究生流向

	单位性质	人数	百分比/%		地区	人数	百分比/%
按单位性质划分	部队	60	2.48	按地域划分(不含升学、出国)	大连市	856	39.96
	三资企业	272	11.26		辽宁省(不含大连)	197	9.20
	出国、出境	39	1.61		黑龙江吉林	47	2.19
	国有企业	282	11.68		北京市	175	8.17
	待就业	80	3.31		上海市	143	6.68
	地方基层项目	16	0.66		天津市	58	2.71
	高等教育单位	471	19.50		深圳市	103	4.81
	党政机关	63	2.61		广东省(不含深圳)	38	1.77
	艰苦行业企业	10	0.41		江苏省	64	2.99
	艰苦行业事业	4	0.17		浙江省	48	2.24
	科研设计单位	256	10.60		山东省	138	6.44
	其他教学单位	18	0.75		河北省	45	2.10
	其他灵活就业	28	1.16		河南省	65	3.03
	其他企业	527	21.82		西部十二省市	79	3.69
	其他事业单位	53	2.19		其他	86	4.01

国有资产管理

学校物质资产状况

截至2006年末,大连理工大学现有土地面积3 006 969 m²(包括凌水校区新征用土地692 274 m²);现有公房建筑面积891 967 m²;设备资产总值65 253万元,其中10万元以上大型设备总值28 685万元(历年数据如图所示)。

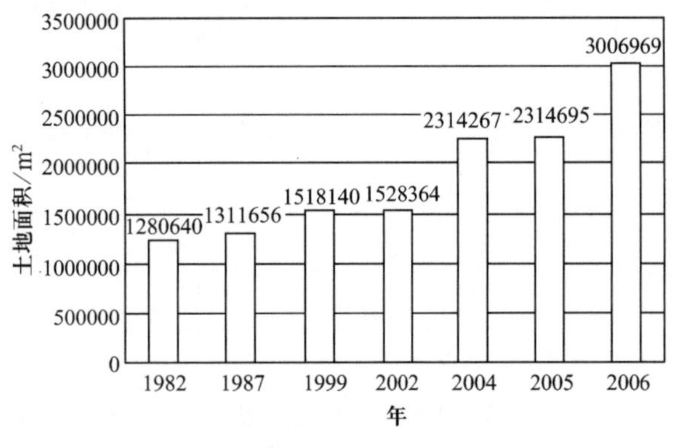

土地面积随年变化

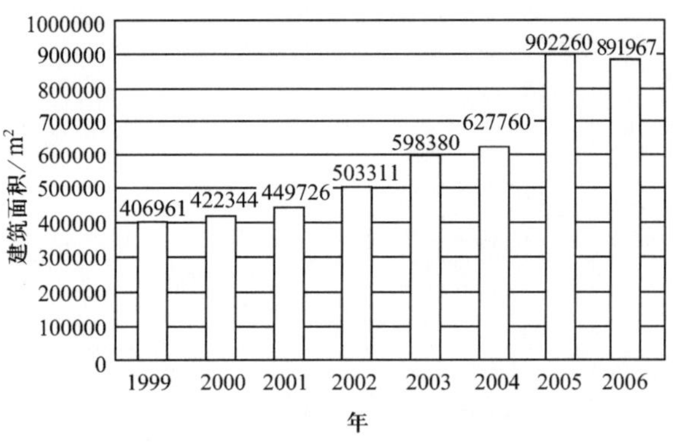

公房面积随年变化

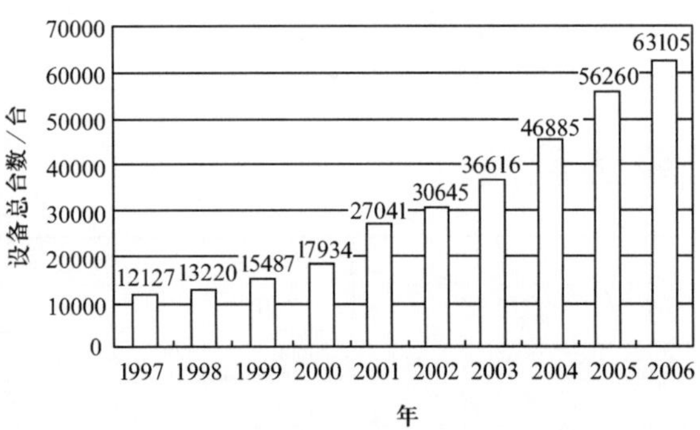

设备总台数随年变化

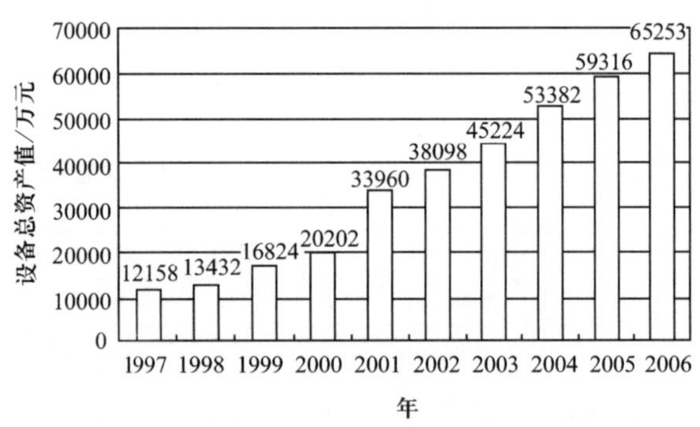

设备资产总值随年变化

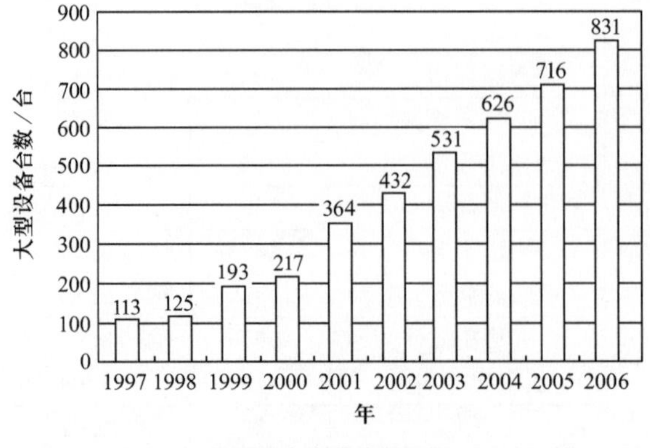

大型设备台数随年变化

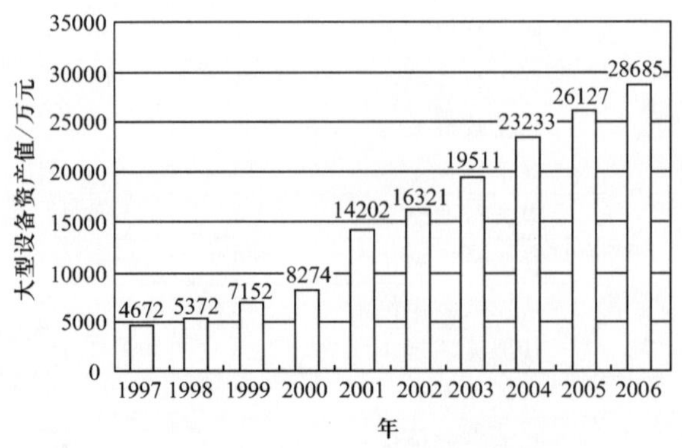

10万元以上大型设备资产值随年变化

国有资产管理工作

2006年国有资产处以学校“十一五规划”和2006年工作要点为指针，以学校教学科研和学科建设为中心开展服务与管理工作，坚持一手抓学校运行条件保障，一手抓资产和资源综合管理，稳步推进节约型校园的建设，实现了年度管理工作目标，使工作再上一个新台阶。

条件保障——做到快捷、有力、高效

1.做好公房调配和房屋改造，为教学、科研和办公提供良好的工作空间。共计完成了二馆、文科楼、2号办公楼（部分）和三束实验室楼（部分）的维修改造，进行了电信学院、管理学院、数学系、机械学院、土木水利学院、人文学院、外语学院、物理与光电学院、电气系等院系的用房调配共39次，涉及建筑面积7.4万平方米，较大地改善、缓解了我校教学和研究用房的紧张状况，有力地支持了学校的发展。

2.做好设备采购与管理工作，保证了“十五”“211工程”的顺利验收，为“985工程”二期的开展和学科建设提供装备支持。2006年共完成设备采购101次，采购设备10 582台件，价值9326万元。

3.在2005年更新投影设备的基础上，2006年重点改造更新讲台和控制机柜。在中心教学楼对18个阶梯教室进行网络中控试点，方便了教师对多媒体设备的使用，减少了误操作，提高了效率，节省了维护人力。在教学服务上做到操作说明细致化、维修信息准确化、解决问题快速化、工作方式灵活化，确保了教学工作的正常进行。

4.通过有计划的设备更新、改造，以及加强检查、巡视，及时发现和处理电力系统隐患15起，改造西山学生宿舍1、4、16、22、23、24、25的供水管线，解决了供水压力不足的问题，保障了学校生命线的正常运转。

校园建设——建设和谐、节约、安全校园

1.通过宣传、检查，扩大安装精度高的计量表具和IC卡预付电费表的范围，推广节能产品和节能技术，强化增收节支措施，使学校建设节约性校园的工作得到了落实。在用电量增加、电价涨价的情况下，仍然实现了净支出控制在1750万元的预算额度之内的目标。

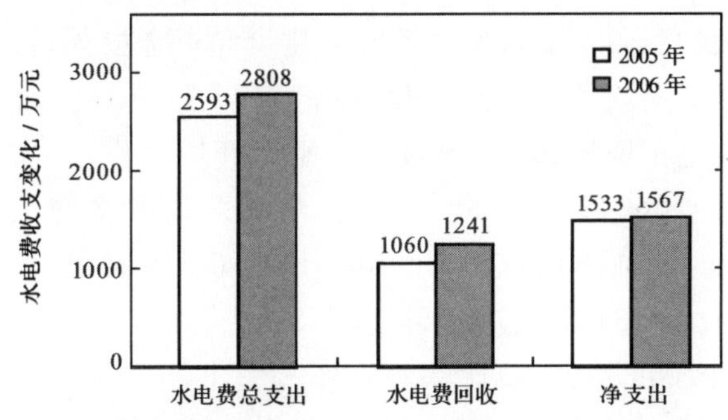

2.完成校园南部雨污分流改造，铺设雨水管线1724米，解决了以往大雨过后积水问题，保证了校园汛期安全。

3.加大宣传和督察力度，确保实验室及生产安全，全年没有发生安全责任事故，实现了与大连市政府签订的安全责任状的目标要求。

4.完成了西山足球场的改造任务，铺装人造草皮6284平方米。完成了校园内人流集中的大工路和学子路的路灯改造任务。开展了校园内路名征集和绿化优化设计。

资产管理——摸清家底，探索资产管理的新途径

1.开展了用房和设备家具资产的普查工作，通过普查摸清了家底，也发现了资产使用和管理中存在的问题。

2.通过校内调查、外出考察和研讨，进行了公房管理、大型设备共享管理和水电资源管理机制与办法的探讨。已初步完成了前期论证工作，为下一步制定具有可操作性的资产管理文件提供了依据。

图书馆·档案馆·体育馆·计算中心

图书馆工作综述

进一步加强文献资源保障体系的建设

2006 年,图书馆按照“十一五”建设规划,继续加强图书文献保障系统的建设和资金投入,按照面向教师和学科建设、提高资金使用效益、加强电子资源、缩减印刷本的原则开展工作,共完成文献购置费 1205 万元。全年采购中文图书 20 006种,83 600册,比 2005 增加了 516 种,册数减少 7584 册,平均复本率从 2005 年的 4.6 下降到 2006 年的 4.18。采购外文图书 4391 种,比 2005 年增加 1244 种。与数学系沟通联系,共同申请“中国高等教育自然科学基金”项目,获得连续 5 年,每年 3 万元系资金共计 15 万元采购经费的支持,为图书馆外文图书的建设开拓了新的途径。全年共采购印刷型中外文期刊 3596 种;增订了 SciFinder,ASTM,“世纪期刊”等数据库;扩充了 Apabi 电子图书18 560种,超星电子图书 3 万种。

另一方面,为提高利用率,对电子文献和印刷型文献、电子文献本身进行资源整合。继续学校教学参考信息管理系统和教学参考书全文数据库的研发工作,与超星公司合作,将馆藏的部分纸本参考书进行数字化,加入教参全文数据库。

在 2006 年 7 月被 CALIS 确定为数字图书馆基地。

顺利通过“十五”“211”公共服务体系图书保障系统的国家验收

2006 年 4 月 27 日,由包括清华大学、东北大学、大连海事大学等高校图书馆馆长在内的 9 名校外专家组成的专家组对学校“十五”“211 工程”公共服务体系进行了验收,经过专家组认真讨论和评议,对图书文献保障系统子项目形成了以下验收评价意见:“十五”“211 工程”子项目公共服务体系图书文献保障系统建设,与大连理工大学研究型大学的发展目标相适应,已按规定全面完成,达到预期建设目标。在文献信息资源建设、网络环境、网络化服务等方面取得了重要进展,为学科建设和发展提供了必要的文献信息资源保障和服务。其建设成果显著,总体建设水平和成效明显高于全国平均水平。

继续深化图书馆服务体系的建设

2006 年图书馆接待读者 37 万人次,借还书册次为1 253 650册次,与 2005 年相比仍继续增加。全年完成查新课题 194 项,比去年的 104 项多了 90 项,是查新站建站以来完成年查新量最高的一年。完成了大量的电话咨询、e-mail 咨询、BBS 咨询、读者留言等日常咨询。与教务处合作,接受本科生优秀毕业论文,将 2001—2005 年部分本科优秀毕业论文加工整理,供读者阅览。文献传递发出申请2239 笔,满足 1552 笔,是 2 年同期业务量的 1.6 倍。加大了与省内馆协作的力度,新增省内文献传递协作单位 14 家,累计已有 22 所省内高校与图书馆建立了文献传递关系;省外读者索取请求 373 笔,满足 289 笔,比去年也有较大幅度增长。获得 CALIS 授予的“文献传递服务”工作三等奖的表彰。

开展了内容丰富、形式多样的宣传教育工作,各阅览室定期、不定期地制作宣传展板,宣传图书馆的服务、文献资源、规章制度等;举办了以“利用信息资源,提高信息素质”为主题的图书馆

宣传月活动，通过举办一系列活动，宣传图书馆的资源和服务；配合读者宣传月，开展了有针对性的宣传活动，收到了良好的效果。全年共开展37场文献资源利用讲座，发送《图情信息》25期，及时向全校副高职以上教职人员通报了最新的消息。

加强了个性化服务的开展，为读者登记所需图书、查找所需图书并通过短信或电话方式与读者沟通；向部分教师通过Email提供新书目录服务；收集研究生及教师Email地址，开展到期前图书的提醒和超期图书的催还服务；制作出小语种图书书目检索信息，方便读者查询。

注重引进数字化技术和手段

2005年和2006年共购入服务器18台，目前图书馆共有服务器40余台。2006年度将主要服务器进行了系统的迁移，硬件的稳定也使图书馆的服务系统整体更稳定。继续进行网络改造的后续工作，部署了网络安全系统，包括网管系统服务器、入侵检测系统服务器和策略服务器。2006年12月6日整个网络改造工程通过专家组的验收。引进汇文电子阅览室计费管理系统对电子阅览室进行管理，使电子阅览室的管理更严格规范，并方便了读者。开展图书馆门户网站的开发工作。与参考咨询部进行讨论，确定系统的架构，设计多种模式，在网上发布，广泛征求用户意见，根据用户的意见进行设计。

全面开通伯川图书馆的无线网络，在图书馆的阅览区和报告厅配置无线接入设备，并布置了不同的访问策略，使处于不同区域的用户可以访问不同的资源，提升了图书馆网络服务水平。开通自动化系统自动催还和到期前提醒功能。由系统自动发送Email给读者进行催还和到期前提醒，减轻了流通部门的工作量，提高工作效率，也使服务更人性化，读者反映良好。

大力开展国内外交流与合作

举办“辽宁省高校馆际互借与文献传递工作交流会”及“华东地区教育部直属院校高校图书馆馆长会议”，加强了与国内知名高校图书馆的联系；在新馆调研过程中访问了香港部分高校图书馆，通过参观考察感受到香港地区高校图书馆先进的服务理念；受日本科学协会委托成为日本科学协会北方地区赠书中转站，并接受日本科学协会赠书项目邀请访问日本科学协会及日本部分高校图书馆；参加了中美大学图书馆馆长论坛；派出工作人员赴美国西弗吉尼亚大学进行学术交流。接待教图、中国科技资料进出口公司两家书商到图书馆做了国外教材及专业外文图书展，为读者提供了直接挑选外文图书的机会，受到了师生的欢迎。

重新进行岗位竞聘，加强人员队伍建设

2006年3月，进行了新一轮人员聘任，在聘任中进行了改革，按照图书馆的现状和未来发展的设想将全部岗位分成管理和业务两大系列，分别制定了级别，制定了所有岗位的具体职责。本次岗位聘任其目的是鼓励人员的竞争上岗，为同志们提供更多的发挥自己才干的机会，鼓励业务骨干脱颖而出。通过岗位的重新聘任，图书馆各项工作在新的岗位框架下有了新的提高。

积极组织申报以图书馆人员为主要师资队伍的图书馆硕士点“图书馆信息资源管理专业”，一方面通过教育培养师资和业务骨干，另一方面为图书馆自身培养后备人才。该硕士点在2006年12月通过了学校的答辩。

为提高人员素质和业务水平，图书馆积极派员参加各种业务会议和培训，在2006年派员参加业务会议41人次，参加培训14人次，调研7人次。

鼓励工作人员进行科学研究，继续召开学术年会，对提交的论文进行评奖；第一期研究课题顺利结题，组织开展了第二期馆内课题的研究工作。

开展新馆建设的相关工作

根据学校新校区建设规划，图书馆成立了新馆建设领导小组，多次开会研究新馆建设相关工作，提出了新馆建设的设想，拟定了图书馆设计任务书，根据学校的要求调研了香港、深圳和广州部分高校图书馆，对新馆建设的认识不断深入。

档案馆工作综述

围绕学校中心工作，主动提供服务

1.认真做好“十五”“211 工程”建设项目验收工作

“211 工程”建设项目验收包括项目档案的验收。档案馆充分认识到“211 工程”建设项目验收的重要意义，及早动手，认真准备，周密安排与每个项目负责人接触，讲明项目档案的重要性，并向项目负责人及兼职档案员下发了档案整理细则。做到对项目档案工作，项目负责人重视，兼职档案员工作明确，档案具体放置地点清楚。圆满完成了“十五”“211 工程”建设项目档案工作的验收。

2. 配合新生入学教育，创造优良育人环境

为了给新生一个了解学校、了解大连的窗口，增强对学校、对大连的热爱，为培养学生创造一个良好的环境，学校档案馆与大连市档案馆配合，在新生入学时在学校图书馆大厅举行了《大连·学校风情展》，用近 400 幅珍贵照片展示了大连、学校的历史现状和未来。在广大师生，尤其是新生中起到了很好的作用，不出校门就可以知晓大连，了解学校，增加对学校的感情。

扩大学校影响

在全馆同志的努力下，学校档案工作得到了档案界同行及上级领导的认可，先后被选为全国高校档案协会副会长单位，辽宁省高校档案协会常务副理事长单位，大连市高校档案协会理事长单位。2006 年档案馆一名同志被评为辽宁省十佳档案工作者，一名同志被评为辽宁省档案工作先进工作者，档案馆被大连市档案局、人事局评为“十五”期间档案工作先进单位。结合工作撰写论文，有 4 篇论文获辽宁省档案学会优秀论文一、二等奖，扩大了学校的影响。

体育馆工作综述

以保障全校体育教学、训练工作为根本任务，充分利用场馆资源，积极开展群众体育，努力打造一流体育馆，积极发挥宣传展示学校的窗口作用。

全年接待上课、健身、比赛、大型活动及参观访问已达到 60 万人次。共 20 万人次体育课和运动队训练在体育馆内完成，占全校学生体育课 72%，被教育部专家誉为体育教学使用率最高的大学体育馆。

成功举办了世界台球精英赛等共计 20 余次大型活动。利用学生上课和训练的空余时间开设了十几项业余健身项目，共接待了近 25 万人次的师生及家属的业余健身活动。对学校的全民健身工作起到了重要的促进作用。

被评为“中国社会信誉体育馆”，“大连市城运会优秀场馆”、“大连市文明城市评比优秀单位”，连续三年以第一名身份被评为“大连市 A 级游泳馆”。

计算中心工作综述

面向全校师生开放，提供教学和科研上机、课程培训和 Internet 接入平台，在教学上机管理中始终提倡开放式上机和学习环境。

完成计算中心楼内主机房柴油机应急供电、UPS 集中管理、中心配电柜改造、消防设施改造等机房改造工程。开通西山新建学生宿舍网络。租用大连网通的 10 M 出口线路升级到 30～40M。

参与完成对校园网主页 CI 设计和改版。完成本科生上机卡及刷卡系统更换非接触卡的前期调研和可行方案论证。根据机房环境改善迁移，建立一个独立的数据中心机房，规范管理制度与措施。升级邮件系统，提供更大的容量，更安全的措施，扩大服务内容。

审　计　工　作

2006年，全年共组织完成各类审计项目634项，审计资金总额28.3亿元。查出违纪违规金额236万元，比上年下降67%；查出账务处理不当金额2214万元，比上年下降60%，总体说明学校财经管理更加规范、有序，内部控制更加健全、有效。查出损失浪费金额307万元，比上年增加75万元。促进增收节支2829万元，比上年增长264%；清理往来款项178万元。撤销不当的银行帐号1个，做出审计决定1项，提交审计报告及审计调查报告等50余篇，提出审计建议133条。参加全校各项招标、资质考察、现场监审等211人次。受监察处委托起草了《大连理工大学关于禁止"小金库"的规定》。审计成效显著，表现在审计覆盖面不断扩大，效益审计比重大幅度提高，审计的建设性作用大大增强，保障了学校事业健康发展。

围绕中心、服务大局、强化审计、创造效益

1.认真做好预算执行与决算审计，促进加强宏观经济管理

2006年共完成学校财务、基建投资、"211工程"等预算执行与决算审计任务4项，审计资金总额13.5亿元，是学校最大审计领域。其中，对"十五""211工程"建设资金审计，是"211工程"验收的重要内容之一，审计处都主动督促学科办、财务处等部门及时进行纠正。对学校几次调整决算报告，均能做到按时完成审计报告，为顺利验收做出了应有贡献，审计服务于大局。

2.继续加强基建与维修项目审计，促进合理确定工程造价

2006年共完成基建与维修工程审计493项，送审额4.2亿元，比上年增长83%，审计核减2704万元，比上年多核减2042万元，平均审减率6.5%，审计为学校创造了显著的直接经济效益。

(1)基建处建设项目平均审减率0.51%，造价控制较好。尤其是创新园大厦工程，由于管理、控制到位，完全实现了预想的投资计划目标。由于审计积极沟通，使竣工结算、财务决算审计得到省财政厅及时批复，保证了按期消号。

(2)维修改造审计项目349项，占71%，平均审减率7.04%，说明量大、管理不统一，还需进一步加强控制。

(3)软件学院建设项目，是审计处主动要求把关的项目。在建设过程中，审计处投入达200余人次，到开发区参加招标、现场指导、勘查、变更确认等工作。最后把好竣工决算审计收口关，在软件学院的大力支持配合下，2006年整个新校区竣工结算审计基本结束，实现了审计防范风险、控制造价的目标。

(4)投资公司北区科技楼建设项目，在孔书记的直接指挥下，审计处牵头组成协调组，负责组织协调审计工作，涉及30多家施工单位，在各方的配合下，严密组织、严肃纪律、强力审计，于2006年8月底全部完成竣工结算审计任务，审减1122万元，实际平方米造价2834元，达到了校领导要求把造价控制在最低限的目标。审计为学校节约了资金，维护了学校利益。

3.稳步推进领导干部经济责任审计，促进提高管理水平

2006年共完成领导干部任期经济责任审计11项。其中：离任审计3项，占27.3%；任中审计8项，占72.7%。

4.坚持实施财务收支审计，促进规范财经秩序

2006年共完成软件学院、工程力学系、应用

数学系学报编辑部、高等教育研究所、工程训练中心、校电话站、附属学校的财务收支审计 7 项。围绕会计信息真实性、财务管理有效性、财务收支合法性、资产安全完整性进行审计,杜绝和纠正损失浪费、违法违纪、账目处理不当的问题,进一步规范了财务行为。

5.积极开展专项审计调查,为领导决策服务

2006 年审计处完成 3 项专项审计调查,都是校领导交办的任务。如对技术转移中心的专项审计,以摸清财务状况和家底为目标,审计克服重重困难,对资产、负债及所有者权益进行了全面清理和确认,为学校领导决策提供了依据。又如对创新园外场地石材工程结算的审计调查,揭示了问题、分析了原因、提出了审计建议,为校领导及时提供了信息,促进了提高质量和规范管理,而且避免了 2 万元损失。

6.加强校办产业审计,促进健康发展

2006 年共组织完成 7 项校办产业审计任务,其中:离任审计 3 项;会计报表审计 4 项。还派出 3 人承担 14 家校办企业监事等工作,加强对企业监管。通过审计和监管,进一步促进企业加强经营管理,规范财务行为,明确经济责任。

7.定期开展货币资金审计,确保资金安全

2006 年审计处对全校货币资金进行了一次全面审计,安排专人,严格按教育部规定对学校财务银行对账单进行"双签"。加强了货币资金安全管理和内部控制,发挥了审计防范风险作用。

8.积极与外审配合、协调和沟通,努力维护学校利益

2006 年教育部先后两次派审计组对程校长离任和某军工项目决算进行了审计。审计处把配合好外部审计工作,维护学校利益,作为一项重要任务。外审组对学校内审工作高度肯定:"内部审计制度完善,审计工作有效开展"。审计处的工作也得到军工项目组书面的肯定与表扬。校内审计充分发挥了审计为学校服务的功能。

9.整理经济责任审计结果报告,纳入干部管理档案

根据中组部《关于进一步开展干部人事档案审核工作的通知》(组厅字[2006]5 号)的要求及配合档案馆迎接中组部对我校干部人事档案审核工作,审计处对 2000 年以来的上百项经济责任审计档案卷宗,按照干部档案归集的视角,逐一梳理和审核。最后将现在岗的处级干部 33 份经济责任审计结果报告重新完成,并经孔书记审定后,补充到干部个人档案中。

积极采取有效措施,全面提升审计能力

(1)加强学习和后续教育,努力提高审计人员综合素质。如:认真学习党的十六届六中全会《决定》精神;学习贯彻落实新修订的《审计法》等。

(2)加强审计宣传,努力创造良好审计环境。如:通过系列审计讲座,增强学校领导干部责任意识,提高遵守财经纪律和接受审计监督的自觉性。

(3)加强审计研究,提升审计理论水平。承担完成教育部《教育内部审计作业准则》课题 1 项(教育部拨专项研究经费 2 万元);《改进方法、突出特色,切实履行审计职责》、《对高等院校预算执行情况与决算审计内容的探讨》、《学习贯彻新〈审计法〉全面履行审计职责》等 5 篇论文先后在《教育审计》、《中国教育审计二十年》等刊物上发表。

(4)加强审计制度建设,进一步规范审计行为。新制订了审计处《审计项目质量控制办法》及《审计外勤工作纪律规定》,进一步规范审计行为,保证审计质量。

(5)整合审计资源,提高审计工作能力。为了解决审计力量不足与审计任务量大的矛盾,审计处一方面改进审计方法,提高审计效率,另一方面整合审计资源,提高审计能力。

基 建 工 作

2006 年,基建处进行了开发区校区学生宿舍及公寓楼、化工综合楼、化工实验楼、图书信息资源中心的审计招标工作;10 月开始中国大连高级经理学院用地内的移民动迁工作,目前已经完成全部工作的四分之一;西山 2 舍、3 舍、五食堂(含浴池)的翻建以及 27、28、29 舍新工程于 10 月中旬开工建设,已完成主体一层施工。

基建计划、决算工作

2006 年基建处审查乙方报审决算中审减了 301 万元,占报审的 40%。完成了全年应审决算,11 月中旬全年的决算工作全部完成。

组织编写投标文件 13 项,有 12 项完成了招标工作,累计中标价为 6170 万元,签订各项合同 60 项,合同总额 8083 万元。

完成了教育部、省、市上报的计划统计工作,协助学校编报基本建设计划和"十一五"基建计划。

基建前期规划审批工作

2006 年,完成了西部新校区征地手续办理工作,于 5 月份取得土地证;7 月份组织完成人才公寓三期、综合实验四号楼、图书信息资源中心、新征地基础设施工程、教学服务中心等几项工程的可研报告编制,并报教育部立项审批;4～5 月组织完成中国大连高级经理学院可研报告编制工作,报国家发改委立项审批,年末已经通过发改委评估中心初步评估,目前正在审批过程中;人才公寓四期在大连市的立项工作,于年末得到大连市高新技术园区批准立项;完成了西部新校区修建性详规工作进行校园控制性详细规划的调整,并于年末调整完毕,得到大连市规划局的正式批准;进行了新老校区区域性环境评价工作,11 月得到大连市环保局的环评批复;编写了拟建化工学院实验楼、综合楼、图书资源信息中心、高级经理学院等建筑设计方案,正式委托设计的化工学院、水利馆 4 号楼和南山三栋人才公寓已在设计中。

后　勤　工　作

后勤工作综述

为达到"让师生员工满意的后勤"这一目标，2006年后勤集团实行现代管理模式，建立了一个以顾客为导向的后勤服务组织。

饮食服务中心始终把办好学生伙食作为首要任务和政治任务来抓。由于2006年市场伙食原材料和能源价格持续波动上涨(与2005年同期相比平均价格涨幅分别在30%和40%左右)，临时工最低工资标准由450元/月增加到600元/月等原因，办伙成本越来越大。中心在保证食品安全前提下，严把进货关、质量关、价格关，尽一切可能降低伙食成本，争创节约型文明食堂。

校园绿化公司干部队伍的年轻化、知识化优势已凸现，服务育人的理念已经成为体系，寓育人于日常校园管理服务中，已经是工作的座右铭。一年来，职工队伍稳定，思想素质普遍有所提高。

维修服务中心在认真执行大连市供热体制改革精神，实行连续供热制度的同时，为保证教工住宅室内温度18℃，制订了用户采暖温度反馈管理办法，在全校设立50个测温点，及时反馈信息，师生员工很满意；完成了西山锅炉房15吨锅炉的安装；完成了北山锅炉房50米烟囱的建设；自己出设计方案，彻底解决了南山文萃小区4栋楼的暖气不热问题，得到学校教职工的表扬；解决了体育场看台下没有暖气的问题，为学生体育训练创造了良好的环境；在供暖过程中管理人员和维修人员通力合作，把整个教学区的供暖工作捆绑在一起，用最短的时间解决问题。全年采暖维修小项目1000余项，做到2小时内到场，4小时内解决，紧急情况20分钟内到场，维修完好率100%，师生员工比较满意。

驾校通过积极落实《大连市机动车驾驶培训管理条例》和交通部《机动车驾驶员培训管理规定》，健全、完善严密的管理制度、服务规则和服务标准。严格执行国家规定的教学计划和教学大纲，成为大连市惟一一所全年无违章教学单位。大连晚报《闪电行动考验大工驾校》一文，表扬了大工驾校的规范化、标准化办学模式。

劳服公司在2006年为学校集体企业的职工按时定期交纳了各项保险金。解决了2003年遗留的全校集体职工欠缴的保险基金。2006年是劳服工程队在学校基建项目收缩、施工项目减少的情况下极为困难中求生存的一年。在后勤集团的支持和帮助下，全年完成了北山生活区、后勤宾馆二部、西山生活区以及学校院系、机关等大小土建项目，施工产值200多万元。在学校相关部门的帮助下，解决部分职工的住房问题，为有病和特困职工捐款并争取到补助，使职工感到温暖。

接待中心为提高服务水平和档次，不断改善宾馆的软、硬件条件。为寻求新的经济增长点，后勤集团接管了原新鑫园宾馆和专招二部。目前，接待中心拥有后勤宾馆一、二、三部，经营规模不断壮大，全年接待团队数百个、近5万人次。良好的社会效益牵动了经济效益的增长。

生活服务中心负责西山26栋学生宿舍管理工作，2006年又增加了东山博士公寓的管理。西山生活区两栋学生旧宿舍楼的拆除重建，给2006届新生住宿安排带来困难，是最紧张的一年。经与学生处、研究生院共同协调，合理完善地安置了学生住宿。2006年西山26栋学生宿舍微机管理全部联网，实现了管理智能化，并解决了学生晾衣物难的实际问题，得到学生的好评。

北山学生区服务中心负责北山 A、B、C 三个区共 10 栋学生宿舍的管理。今年 B 区学生毕业离校后利用暑假对 B 区进行了全面的大修，共投资 120 万元，项目 73 项。因为 B 区是社会化投资建设的，所以，宿舍质量较差，困难大，时间紧，北山学生区干部职工整个暑假没有休息一天，按期完成了大修任务，保证了新生的入住。

幼教中心安装了幼儿安全接送系统，使各班级能及时看到和记录家长接送幼儿情况；正式开通了网上银行，这项创新工程的使用在东北地区幼教系统尚属首家；安装了中心局域网，可以监测到各班报送上来的安全自查表，可以随时解决问题。在接待教育局领导来园安全大检查中，给予了“安全工作做得扎实有效”的评价。完成了国家“十五”课题及各种幼儿教研国家级论文一等奖 2 篇、二等奖 4 篇；获各项活动优秀奖 18 项，参加了全国蒲公英第四届大都市青少年英语艺术表演选拔赛，荣获金奖。

一年来，交通运输在确保 15 条线路班车安全运行的同时，适时调整部分班车的行车线路并增设乘车、下车站点。对远离主楼班车点的教师派专车送到教学楼前。全年班车上线率百分之百，未发生重大交通责任事故。

校医院在全年领导班子不健全的情况下，在全体职工努力下，坚持“以病人为中心”的服务理念，提高医疗服务质量，突出预防保健的特色，为全校师生员工提供优质服务。

住宅办认真落实学校各项住房管理政策，为教职工调整住房 54 户；办理周转房入住 82 人；办理产权证 187 本；完成校内 21 栋住宅防水大修及文萃轩小区环境改造工作；完成两个物业管理小区公共维修基金的信息核对，分摊软件的购买、安装，并已正式启用；完成日常维修 2900 余项，住户满意率在 98%以上。按照学校的要求，对不合理占用住房进行了清理。

物业管理中心加强安全管理，采取了以人防和技防相结合的治安管理措施。建立了四级防范体系，有效地改善了小区的安全状况。在环境建设、小区绿化养护、小区文化建设、创建社区联席会制度，打造和谐社区工作平台等工作中都取得明显效果。

爱委会完善各项规章制度，健全各项管理规定，配合市爱委会工作，加强卫生监察。确保灭“四害”、垃圾清运和消毒工作准确、安全、及时。对南山铁路沿线脏、乱、差，无人管理的地区进行治理。按照校领导指示，爱卫会在承担了全校生活垃圾清运工作的同时，又承担了五一路正校门至南山 23 路终点站、大工路西段、北山鑫园小区的卫生清扫保洁、垃圾清运工作，使南山的教工和北山学生区周边的环境面貌有所改善，得到居住在南山的教工和北山的学生称赞。重新划分了全校除雪分担区，以保证全校除雪工作顺利进行。

市内校区管理工作

2006 年 3 月 18 日，市内校区管委会成立 10 周年。10 年来，由当初的 123 人减少为现有的 74 人，离退休职工 87 人。其中 2006 年为 6 名满 30 年工龄的职工办理了提前退休和为 5 名锅炉工安排转岗和离岗休息。人员减少，工作量逐年增加。市内的校园建设、后勤管理与服务、治安保卫、饮食服务、生活服务、工程维修、教学调度、教室和宿舍管理、电话通信、变电所、收发、卫生保洁、绿化、高层物业、体育活动中心等各项工作都上了新台阶。

工程维修中心重新修改完善服务承诺制，较好地完成了对教学楼、办公楼、实验楼、学生宿舍及家属楼的正常维修改造和解决冬季供暖联网中的问题。生活服务中心始终把管好、建好学生的“家”——宿舍作为自己的中心工作来做。饮食服务中心在只有化工学院四年级本科生和研究生就餐的情况下，克服由于就餐人员少难以全部负担各种经费的困难，全力为就餐学生服务。在食堂硬件建设和软件建设上下功夫，使得饮服工作又上新台阶。

加强市内管理安全工作。安全责任重于泰山,明确各单位一把手责任制,定期召开安全会议,布置、检查安全工作。利用春秋季二次给化工学院学生讲授安全课,1100余名学生到课听讲。组织学生进行消防器材的使用操作演练,散发安全防范传单3000余份。为东院主楼重新安装了消防灭火系统和烟感自动报警装置。

寻求市内校区新的管理及运行模式,整合市内现有资源调整相关管理及运行办法,打破自我封闭、自管一摊的老办法,考虑整体大局,做到保障有力。与继续教育学院合作,共同改建东院主楼教学环境。继续教育学院出资改造装修走廊、教室,配备新的课桌椅,并由继续教育学院使用,由市管会负责管理,改变了原来破旧的教学环境。继续教育学院在2006年12月辽宁省成人教育教学水平评估中,被评为优秀,获得相当高的评价。

保　卫　工　作

公安处全年共接警330起，立案13起(其中刑事案件8起，破1起；治安案件5起，破3起)，查处和调解各类治安情况和纠纷80起，按校规校纪查处案件15起(其中盗窃案件10起)。根据新的校园治安状况和发案特点，公安处在原有10人机动车治安巡逻队的基础上，重新规划校园巡逻路线，增加夜间步行巡逻力量，共6组12人，通过采用步行巡逻与车辆巡逻相结合的方式使巡逻的覆盖面更广，并利用电子巡更系统保证巡逻的时间与地点。

2006年公安处对学校相关人员和学生进行三次较大规模的消防方面的宣传教育。进行一次安全疏散演练，在学生区开展“珍爱生命安全，杜绝火灾隐患”签名活动，联合学校有关部门查处违章用电，查火灾隐患，下发整改通知书，及时更换、配备相应的消防器材，全年无火灾事故发生。

重新修订了学校交通管理工作的有关规定。制定了《关于加强西山学生生活区机动车管理的规定》，对西山学生生活区实行限时封闭管理，保障师生的安全。

此外，公安处积极参与了学校武器装备科研生产保密资质认证工作。

离退休教职工工作

截止2006年12月31日,学校离退休教职工2805人,其中离休干部223人。

2006年离退休工作处继续坚持以“六个老有”为工作目标,把服务窗口下移,将服务与活动室建设结合起来。一些服务工作在5个活动室进行,方便老同志。如春游、体检报名、发纪念品、健康咨询、打工资条、小型活动等。活动室硬件及设施也得到改善,投资约10万元,管理和服务也进一步改善,获省老干部局“活动室达标先进单位”称号。

2006年以学习中组部《关于进一步加强和改进离退休党支部建设工作的意见》为主线,进行党支部委员以上干部集体培训一次,全体党员和离休干部专题政治学习三次。党支部建设得到加强。

2006年10月,开展“尊老敬老宣传月活动”。通过各种形式和媒介宣传我校老同志发挥作用情况和丰富多彩的晚年生活,使我校尊老敬老传统在新形势下得到很好的继承和发扬。

2006年,校老教授协会(老科技工作者协会)于9月份,退休自管会于4月份,分别完成换届,成员相对更年轻化。

2006年,离退休处加强计算机应用,更新10台计算机,完善全处计算机联网、数据共享系统。将原来贴满墙的老同志每个月工资条集中发放方式,改为在各个活动室用计算机查询和打印工资单,方便了老同志,管理也更科学和规范。全年完成关于党支部建设、发挥作用情况、社区养老服务、老人状况和需求及养老对策等四篇调研文章。10月份成功承办了东北地区部分高校离退休工作研究会第二届年会。

2006年,组织两次郊外春游(离、退),1400多人参加;两次趣味运动会(离、退),1300多人参加;10多个文体协会(小组)参加比赛20多次,获奖20多项;“三八节”女同志校园徒步走,600多人参加,离休干部秋季校园徒步走和参观,130多人参加;新年联欢会1450多人参加;老年大学舞蹈健美班、书画班等活动300人次参加。

2006年,探望老同志及家属603人次。其中,元旦、春节期间走访248人;“七一”前走访慰问18名60年以上党龄的老党员;高龄生日送蛋糕(退休85岁以上,离休80岁以上)118人;去医院探望病号164人次;去世处理后事55人。

2006年为退休教工体检年,历时近4个月组织2100人参加体检,结合体检组织健康咨询30多次。组织17名学生勤工助学,为14名特殊老同志家庭服务,总工作量达4000多小时。

党的干部与组织工作

党的干部与组织工作综述

组织工作

1.党员发展

学校党委立足发展党员工作的科学化、规划化、制度化建设,坚持标准,保证质量,建立保证党员发展质量的长效机制。各分党委(党总支、直属党支部)根据学校总体规划,制定了发展学生党员工作规划的具体实施方案,并将目标任务层层分解落实到支部。严格履行发展程序,坚持"团推优"、"两公开"、"一公示",坚持做好研究生发展党员的导师评议、坚持对新生党员档案材料进行审查并做好衔接工作;坚持做好在中青年教师中发展党员工作。目前,已形成了一系列适合学校特点的党员发展工作质量保证体系,并收到良好成效。

2006年共发展新党员1488名,其中,教工党员32名,学生党员1456名。新发展的学生党员中,有1084名本科生,372名研究生;新发展的教工党员中,35岁以下的15人,高级职称4人。预备党员转正1195人。截至2006年12月份,我校全日制本科生党员比例为10.6%,研究生党员比例为36.4%,学生党员比例达到19.7%;教工中党员比例达到56.9%,其中专任教师中党员占68.0%。

2.基层组织建设

一是创新机制,构建院系民主管理机构,努力探索发挥院系党组织参与重大决策的内容、途径和方法。在土木水利学院首先试点成立由学院分党委领导的民主管理机构——土木水利学院民主管理委员会。一年来,又有15个院系相继成立了由本院系分党委(党总支)领导的民主管理委员会。实践证明,这种方式推进了院务公开的制度化与规范化,是体现民主监督的有效形式,为院系党组织和教职员工参与重大决策提供了一种切实有效的载体。

二是以创新精神不断拓宽党支部活动的覆盖面,促进支部的先进性建设。学校党委鼓励各基层党组织创造性地围绕本单位中心工作开展党建工作,并在每期的《大工党建信息》中开辟专栏报道党支部的特色活动。院系基层党支部"特色活动"丰富多彩,主题鲜明,积极拓展到人才培养、科学研究和社会服务三大领域。如,为庆祝建党85周年、纪念红军长征胜利70周年,化工学院分党委承办了党员模拟长征活动,《辽宁日报》、《大连日报》等媒体进行了报道;机械工程学院分党委组织毕业生党员与旅顺五十九中学学生交流,开展情系母校"助燃希望"尽展名校党员风采等活动。土木水利学院分党委在研究生党支部中开展"创建和谐工作室,争做文明研究生"、"博学日新"等主题活动。2006年,有18个单位开展的"特色党支部活动"获得学校党委专项经费资助。

三是进一步完善激励与监督并重、奖惩分明的学生党员培养与管理机制。为进一步发挥学生党建工作在全面改进和加强大学生思想政治工作中的作用,宣传和树立学生党员群体中的典型和榜样,学校于2006年12月9日首次开展了针对学生群体的年度党内"两优一先"表彰活动(今后每年"一二九"前后将进行一次),集中表彰了36名优秀学生党员、28名优秀学生党支部书记、17个先进学生党支部等共计81个学生党内优秀个人和先进集体,并授予校级党内荣誉称号。

在做好表彰和激励的同时,注意严格党员管理。根据《中国共产党纪律处分条例》,组织部门会同学生管理部门于 2006 年 4 月 24 日出台了《关于进一步做好学生党员管理的要求》,使学生党员处分有法可依,填补了学生党员违纪管理的空白。这也是在学生党员管理工作中贯彻落实“党要管党、从严治党”方针的具体措施之一,在大连地区各高校中也是一项创新。去年年底,对 4 名违纪学生党员给予了党内警告以上处分。

干部工作

一是严格程序,不折不扣地贯彻执行干部选拔任用条例。学校认真履行“推荐提名、组织考查、酝酿协商、讨论决定”等选拔任用干部的基本程序和主要环节,加大民主推荐干部力度,进一步扩大干部工作中的民主。3 月上旬,组织大规模的干部岗位民主推荐大会(分类别、分层次召开 2 个会,全校有 200 余名干部教师参加),就图书馆馆长等 8 个正副处级干部岗位进行大范围的民主推荐(推荐结果在一年内有效),为后续的工作奠定了基础。9 月中旬,专门进行了校长助理的民主推荐。2006 年共任命(聘任)处级干部 41 名(提任 29 名)、科级干部 15 名(提任 11 名)。提任的 29 名处级干部中有 5 人曾为当年或上一年度的机关挂职干部,挂职干部已成为后备干部队伍的重要来源之一。

二是认真完成上级党组织和教育部主管部门下达的任务。学校党委按照省委、市委组织部门规定的程序,5 月 29 日召开学校党代表大会,选举产生大连市第十次党代会代表 5 人;6 月 9 日,向辽宁省委组织部推荐辽宁省十次党代会代表 1 人。7 月 7 日,协助教育部人事司相关部门,通过召开全校教授及干部大会进行会议投票推荐(329 人参加)和个别谈话推荐(54 人参加)等方式,完成了学校行政副职领导干部的民主推荐工作。

三是及时做好相关学院(系)院长(系主任)的海内外公选及院系党政领导班子换届工作,在主流媒体上发布公选院长(系主任)的信息。2006 年,新成立或完成党政班子换届的单位共 18 个,进行中的有 4 个。在院长选聘过程中,面向海内外选拔优秀人才。例如,新成立的能源与动力学院,聘任岑可法院士为名誉院长;新成立的物理与光电学院的院长是来自于瑞典皇家工学院的 Brje Johansson 院士、诺贝尔奖的评委。

四是继续选派青年教师到机关挂职,不断加强后备干部队伍建设。2006 年确定了 14 名院系青年教师到学校机关部门挂职工作。他(她)们中,高级职称 9 人(含 2 名教授、博士生导师),中级职称 5 人;博士 8 人,在读博士 6 人;35 岁以下青年教师 6 人。

五是学校党委从制度建设入手,修订和制定了干部选任、班子换届、年度考核、述职等八个文件,为科学和规范地构建学校管理架构,打造一支结构优良、活力充沛的高素质管理干部队伍提供了制度上的保障。

六是开展 2006 年院系及校机关部门述职述廉与干部考核工作(今后每两年述职一次,年度考核仍为每年一次)。全校有 24 个基层单位、24 个机关部门进行了大会公开述职和民主测评,对 310 多名处科级领导干部进行了年度考核。从统计结果看,进行述职的 19 个院系中有 17 个院系党政班子的群众满意及比较满意度在 90%以上,24 个机关部门中有 9 个部门的优秀率排名有所上升,26 名机关正处级干部的优秀和较好率的平均值达到 94.8%。学校干部队伍在整体上得到了广大师生的肯定。

此外,在组织工作手段方面进行新的尝试,开展技术革新,不断提高组织工作水平。组织部门组织力量自主开发研制了专门用于选票(民主测评票)的数据读取和统计分析的计算机软件,配置了专用设备,可直接从纸质选票上读取数据、由计算机进行汇总;已在本年度各院系述职述廉大会中对民主测评票进行自动化处理,效果良好。此项改革,彻底改变了以往的人工抄写和统计数据的繁琐方法,使选票、民主测评票的统计工作能够做到快速、准确、便捷。同时,为开展对领导班子和领导干部的综合考评,组织力量自主开发了“大连理工大学民意调查网站”,为开展民意调查提供了平台。

党校教育培训工作

党校实施“两级建校、分层培养”教育模式，加大了干部培训的力度，干部教育培训工作取得新进展。各院系分党校采取大院系与小院系结对子的方法联合轮流主办了积极分子培训班共9期(2689人)。校党校举办预备党员培训班2期(共1525人)，委托学院分党校举办教工积极分子培训1期(32人)。

2006年，党校举办干部教育培训班6期(处级等4期，科级等2期)。8月2日举办暑期第一期处级干部培训暨党总支书记理论研修班(23人，林安西书记做辅导报告、孔宪京副书记做总结发言并颁发结业证书)。8月17日举办暑期第二期处级干部培训暨院长等行政干部财经纪律与政策法规培训班(近60人，邀请了中纪委驻教育部纪检组副组长李胜利局长作报告，薛光副校长到会讲话，邵龙潭副书记主持)。10月14日举办第三期处级干部培训暨补课班(18人，孔宪京副书记到会讲话)。11月30日举办第四期干部培训暨后勤与国有资产管理干部培训班(近50人，林安西书记、孔宪京副书记分别授课)。党校还举办了机关科级干部及工作人员2006年春季、秋季培训班各1期(153人)。

为了规范院系分党校的工作与课程体系，出台了《大连理工大学院(系)分党校工作细则》，对分党校的授课范围、课时、教师聘任、考核方式、考务工作等各方面都做了较详细的规定。

理论研究工作

为进一步深化高校党的先进性建设理论研究，推动学校党的先进性建设，学校于2006年4月5日成立了“大连理工大学党的先进性理论研究中心”(挂靠人文社会科学学院)，定期组织相关专题的研讨。截至11月底，已向辽宁省、大连市有关部门报送十余篇论文，有4篇论文在大连高校“党的先进性建设”理论成果评选中获奖，6篇论文被省党建研究会收录。

确定并启动了包含“高校基层党组织建设、学生党建、干部队伍建设、党的先进性建设理论与实践”等4项研究课题和9项子课题的2006年度“大连理工大学党建研究基金”资助项目。10月份，结合课题研究工作，以院系党务干部为主组建了3个调研小组，分赴国内十余所重点高校进行调研，就党员发展、院系级党组织功能、干部教育培训和干部队伍建设等问题开展学习交流，形成了万余字的考察调研报告3份。

每月定期编辑出版《大工党建信息》(第36-44期，共9期，电子版)，并向在连兄弟高校邮寄，同时抄送大连市委组织部，得到了兄弟院校的认同。

学校党委于2006年7月再次荣获“辽宁省先进党委”称号。

2006 年党员基本情况统计

党员类型			党员数	总人数	党员比例
在职教工	按系列分类	专任教师	1052	1547	68.00%
		党政管理人员	254	313	81.15%
		其他系列人员(工程技术、实验室、图书管理、卫生技术等)	423	936	45.19%
		工人	57	341	16.72%
		合计	1786	3137	56.93%
	博士生导师		188	303	62.05%
	按职称分类	正高职	278	399	69.67%
		副高职	503	840	59.88%
		中级	598	1100	54.36%
		初级及以下	407	798	51.00%
		合计	1786	3137	56.93%
全日制普通大学生、研究生	02 级本科生		61	291	20.96%
	03 级本科生		872	4574	19.06%
	04 级本科生		584	4408	13.25%
	05 级本科生		257	4472	5.75%
	06 级本科生		185	4663	3.97%
	本科生小计		1959	18408	10.64%
	04 级以上硕士生		821	1933	42.47%
	05 级硕士生		988	2427	40.71%
	06 级硕士生		868	2712	32.01%
	硕士生小计		2677	7072	37.85%
	04 级以上博士生		486	1685	28.84%
	05 级博士生		318	625	50.88%
	06 级博士生		163	638	25.55%
	博士生小计		967	2948	32.80%
	合计		5603	28428	19.71%
离退休人员			1062	2805	37.86%
城市学院		教工	115	323	35.60%
		学生	120	6327	1.90%
		合计	235	6650	3.53%
全校党员总数			8686		

宣传和思想政治工作

宣传和思想政治工作综述

2006年是"十一五"开局之年。党委宣传部在学校党委的正确领导下，围绕中心，服务大局，从五个方面入手，努力做好宣传思想工作：认真开展理论教育，坚持用科学发展观武装全校党员干部和师生的头脑；加强校内宣传阵地建设，通过校园宣传媒体，及时宣传报道学校改革发展的动态，营造和谐校园；加强对外宣传，提升学校的知名度和社会美誉度，打造学校品牌，提升学校软实力；有效开展形势政策教育和法制宣传教育，推进依法治校进程；着力加强宣传思想工作队伍建设，不断提高创新宣传思想工作的能力，为建设国际知名的高水平研究型大学提供精神动力、思想保证和舆论支持。

为加强整体宣传工作深度与力度，对校内新闻媒介进行了全面完善，从长远发展的角度逐步推进校内媒体的建设。主要进行了如下工作：

(1)加强理论武装，营造"学习科学发展观，运用科学发展观"良好氛围。

(2)加强校内宣传阵地建设，形成讲和谐、促发展的可喜局面。

(3)加强对外宣传，打造学校品牌，激发全校师生爱校、建校的责任感和荣誉感。

(4)舆情信息报送与法制宣传教育。

(5)宣传思想工作队伍建设。

2006年新闻媒体对大连理工大学的部分报道一览

序号	媒体名称	报　道　内　容	日期
1	鞍山日报	鞍山与大连理工大学签订全面合作协议	2006-01-05
2	大连日报	三十年磨一"剑"	2006-01-10
3	大连日报	我市4名获奖科学家感言创新	2006-01-11
4	新华网	第四个干部学院 中国大连高级经理学院揭牌	2006-01-13
5	人民网	落实大规模培训干部任务 大连高级经理学院揭牌	2006-01-14
6	辽宁日报	中国大连高级经理学院揭牌	2006-01-14
7	大连日报	中国大连高级经理学院在理工大学揭牌	2006-01-14
8	大连日报	"冰人"王刚义将挑战北冰洋	2006-01-20
9	大连日报	夏德仁慰问突出贡献科学家并送上节日祝福	2006-01-31
10	新华网	辽河油田：企业研发中心搬进大学校园	2006-03-11
11	辽宁日报	辽河石油勘探局与大连理工联合组建研究院	2006-03-17
12	大连晚报	大工博士生喜获"爱因斯坦奖"	2006-03-21
13	大连日报	破解大连博士生获"爱因斯坦奖"之谜	2006-03-24

（续表）

序号	媒体名称	报　道　内　容	日 期
14	大连日报	20名"归雁"获奖了	2006-04-01
15	新浪网	东北赛区女子小组赛 大连理工女篮战胜东北师大	2006-04-03
16	大连日报	大连理工昨日举行首届公共管理硕士开学典礼	2006-04-09
17	中国青年报	沈阳战区"新型军事人才培养协作区"成效显著	2006-04-14
18	辽宁日报	热爱祖国 最纯洁、最神圣的情感	2006-04-19
19	辽宁日报	力学专家顾元宪的爱国情怀	2006-04-19
20	中国石油报	海水淡化:大连石油化工公司的招牌技术	2006-04-24
21	大连日报	向高水平研究型大学迈进	2006-04-28
22	人民网	中央任命欧进萍为大连理工大学新校长五十七年名校向高水平研究型大学迈进	2006-04-28
23	大连日报	院士看"风洞"	2006-04-30
24	中国教育报	欧进萍任大连理工大学校长	2006-05-01
25	辽宁日报	欧进萍任大连理工大学校长	2006-05-01
26	光明日报	欧进萍任大连理工大学新校长	2006-05-09
27	中国广播网	我国首个高级企业管理人才国家级培训基地开班	2006-05-11
28	大连日报	为"国字号"高级经理人"充电"	2006-05-12
29	光明日报	中国大连高级经理学院开学	2006-05-12
30	辽宁日报	中国大连高级经理学院举行开班典礼	2006-05-12
31	东北新闻网	辽宁制造业快步走上信息高速路	2006-05-15
32	大连日报	加快高水平研究型大学建设步伐	2006-05-15
33	中国教育报	大连高级经理学院培训骨干企业高级经理人	2006-05-15
34	中国广播网	国家验收大连理工大学"十五"211工程建设项目	2006-05-15
35	人民网	大连理工"211工程"通过教育部验收	2006-05-16
36	科学网	欧进萍任大连理工大学校长	2006-05-16
37	中国广播网	大连理工大学"十五"211工程验收顺利结束	2006-05-16
38	大连日报	教育部对大工给予充分肯定	2006-05-17
39	辽宁日报	大连理工大学211工程通过教育部验收	2006-05-18
40	大连日报	高级经理人接受培训 张成寅夏德仁等与学员座谈	2006-05-19
41	大连日报	国际联合与技术转移中心在大工揭牌	2006-05-27
42	中国教育报	辽宁开展"百场报告进校园"活动	2006-05-27
43	大连日报	大鹏展翅九万里	2006-05-28
44	大连日报	大工将首招"创新实验班"	2006-05-29

（续表）

序号	媒体名称	报　道　内　容	日 期
45	大连日报	大连理工大学 MPA 教育中心启动区市县公务员 MPA 课程培训	2006-05-29
46	大连日报	百万专项资金推进大学生思想政治教育	2006-05-31
47	新华网	大连：10 万元建成跨径 62 米人行桥	2006-05-31
48	人民网	大连理工获国际大学生创业东北赛区冠军	2006-05-31
49	科学时报	大连理工建技术转移中心	2006-06-02
50	辽宁日报	百场报告进校园活动启动	2006-06-04
51	大连日报	厂校携手加快成果转化	2006-06-09
52	大连日报	“绿色”染料：让孩子告别“毒衣服”	2006-06-09
53	大连日报	两校获教育部殊荣	2006-06-13
54	大连晚报	大连理工大学 MPA 教育中心启动区市县公务员 MPA 课程培训	2006-06-14
55	大连日报	市人才研究中心成立	2006-06-14
56	科学时报	三院士纵论自主创新	2006-06-14
57	辽宁日报	大连成立人才研究中心	2006-06-15
58	人民网	中国大连高级经理学院第二期专题研讨班开班	2006-06-16
59	大连日报	中国大连高级经理学院举办第二期专题研讨班	2006-06-19
60	中国广播网	大连高级经理学院举办第二期专题研讨班	2006-06-19
61	中国广播网	第六届全球智能控制与自动化大会今日召开	2006-06-21
62	国际在线	第六届全球智能控制与自动化大会在大连举行	2006-06-21
63	大连日报	张成寅夏德仁等亲切看望钱令希教授	2006-07-16
64	科学网	中科院沈阳分院与大连理工大学签署合作协议	2006-07-25
65	辽宁日报	大连 20 名教授联手“科技服务企业行”	2006-07-26
66	人民日报	王刚义：挑战北极冰海	2006-08-09
67	搜狐	大连理工管理学院与半岛晨报正式建立战略结盟	2006-08-24
68	辽宁日报	半岛晨报与大工管理学院战略结盟	2006-08-24
69	辽宁日报	终极挑战在北极冰海完美谢幕	2006-08-25
70	中国体育报	“中国冰人”征服“两极”	2006-09-31
71	大连日报	大连 3 位教授获全国第二届高校教学名师奖	2006-09-01
72	大连日报	大工管理学院案例教学备受好评	2006-09-04
73	大连日报	大连理工大学建设高素质教师队伍	2006-09-12
74	大连日报	理工大学博士生王正泅日前获青少年科技创新奖	2006-09-13
75	辽宁日报	为了心中的神圣使命——大连理工大学国防教育工作纪实	2006-09-16
76	大连日报	大连理工大学出新招 谁得奖学金打擂见分晓	2006-09-21

(续表)

序号	媒体名称	报　道　内　容	日　期
77	人民网	GOOGLE 李开复做客大连大学生励志讲坛	2006-09-25
78	文汇报	我天文学家首次观测到神奇“磁零点”	2006-10-09
79	人民网	大连获全国五人制足球联赛最佳赛区称号	2006-10-09
80	大连日报	大连获最佳赛区称号	2006-10-09
81	人民网	中国大连高级经理学院第三期专题研讨班开学	2006-10-16
82	大连日报	“国字号”高级经理人进修	2006-10-16
83	辽宁日报	产学研旗帜飘扬出的工业神话	2006-10-19
84	中国教育报	大连理工:校企合作平台 5 年创益 12.6 亿元	2006-10-21
85	科学网	大连理工大学:校企合作 5 年创效益 12.6 亿元	2006-10-31
86	科学时报	大连理工大学:校企合作 5 年创效益 12.6 亿元	2006-11-01
87	辽宁日报	大工科技园迈进全国高校科技园区前列	2006-11-02
88	中国广播网	大连理工大学一七贤岭国家大学科技园启用	2006-11-02
89	大连晚报	大工 60 名学生专为盲童“讲”故事	2006-11-16
90	科学网	大连高新区与大连理工大学共建国家科技创新示范基地	2006-11-17
91	大连日报	中国大连高级经理学院第四期专题研讨班开班	2006-11-18
92	大连晚报	你们是大连这座城市的骄傲	2006-11-18
93	新浪财经	屈伯川 大连理工大学前校长 名誉校长	2006-11-18
94	大连日报	大工 60 名学生专为盲童“讲”故事	2006-11-21
95	中国教育报	大连理工大学学生“集体打工” 不只收获金钱	2006-11-25
96	人民网	大连理工大学教授到台湾高雄大学进行学术交流	2006-11-30
97	大连日报	东北五高校 2007 届毕业生供需见面会昨举行	2006-11-30
98	大连日报	大连理工对未就业毕业生启动就业培训基金	2006-11-30
99	中国化工报	生物质精细化学品崭露头角	2006-12-04
100	大连日报	中科院院士下基层 开展学术交流促进自主创新	2006-12-07
101	大连日报	200 多名“秀才”将当兵	2006-12-09
102	大连日报	大连环保产业捐资助学 发放仪式在理工举行	2006-12-10
103	光明日报	首届“国际 MBA 群英会暨 2006 中国 MBA 人物评选”揭晓	2006-12-11
104	大连日报	大连高校开展纪念“一二・九”运动 71 周年活动	2006-12-11
105	大连日报	大连理工大学校企合作 365 个项目提升地方经济	2006-12-13
106	大连日报	关于授予大连理工大学微机电系统与精密工程研究所等 10 个班组大连五一奖状的决定	2006-12-13
107	新浪网	大连理工大学管理学院获中国 MBA 教育开拓奖	2006-12-15

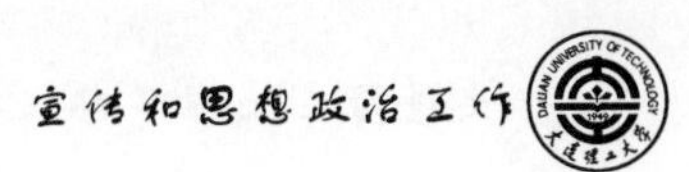

（续表）

序号	媒体名称	报　道　内　容	日期
108	大连日报	大连理工大学管理学院获殊荣	2006-12-15
109	大连日报	北京街社区与理工大学研究生联合共建社区	2006-12-15
110	东北新闻网	“国际 MBA 群英会”大工喜获大会惟一学院奖	2006-12-16
111	辽宁日报	“国际 MBA 群英会”大工获惟一学院奖	2006-12-18
112	搜狐	大连理工大学 EMBA2006 年会圆满落幕	2006-12-22
113	大连日报	大工癌症研究生硕士答辩被授予优秀研究生称号	2006-12-22
114	大连日报	大连理工大学获“国际 MBA 群英会”四项大奖	2006-12-22
115	辽宁日报	135 个项目获国家科学基金资助	2006-12-24
116	辽宁日报	科学发展全面振兴 沈鼓集团校企合作开辟新天地	2006-12-25
117	大连日报	今年大连理工大学获得国家自然科学基金资助经费 4700 余万元 资助项目 135 项	2006-12-25
118	辽宁日报	沈鼓集团校企合作开辟新天地	2006-12-25
119	中国广播网	大连理工双星计划入选高校十大科技进展	2006-12-30
120	中国教育信息网	大工参与的双星计划研究工作入选中国高校十大科技进展	2006-12-31
121	大连日报	理工大与北大科学家首次发现“磁零点”	2006-12-31
122	东北新闻网	大连理工大学与北大科学家首次发现“磁零点”	2006-12-31
123	大连电视台	辽宁省高校毕业生就业情况调研会在大工举行	2006-01-10
124	大连广播电台	辽宁省高校毕业生就业情况调研会在大工举行	2006-01-10
125	中央电视台	中国大连高级经理学院在大连理工大学揭牌	2006-01-13
126	辽宁电视台	中国大连高级经理学院在大连理工大学揭牌	2006-01-14
127	大连电视台	中国大连高级经理学院在大连理工大学揭牌	2006-01-14
128	大连广播电台	中国大连高级经理学院在大连理工大学揭牌	2006-01-14
129	大连电视台	夏德仁慰问钱令希院士并送上节日祝福	2006-01-30
130	大连电视台	嘉宾访谈:访大工就业中心主任梁茵	2006-02-15
131	中国教育电视台	大工支教老师李洋和青海学子张清芳的故事	2006-02-24
132	大连广播电台	人大代表程耿东:高校本科扩招应该叫停	2006-03-01
133	中央电视台	大工支教老师李洋和青海学子张清芳的故事	2006-03-03
134	大连电视台	大连市人大代表赴京参加“两会” 专访大连理工大学校长程耿东	2006-03-03
135	大连电视台	辽河石油勘探局-大工研究院在连成立	2006-03-09
136	大连广播电台	辽河石油勘探局-大工研究院在连成立	2006-03-09
137	大连电视台	瑞典皇家工学院院长应理工大学邀请来连访问	2006-03-25
138	大连广播电台	瑞典皇家工学院院长应理工大学邀请来连访问	2006-03-25

(续表)

序号	媒体名称	报 道 内 容	日 期
139	大连电视台	瑞典皇家工学院院长到大工访问并发表演讲	2006-03-27
140	大连电视台	理工大学开展社会主义荣辱观教育	2006-03-28
141	大连广播电台	市委书记张成寅到科研院所和高校调研	2006-03-31
142	大连电视台	市委书记张成寅到科研院所和高校调研	2006-03-31
143	大连广播电台	大工学子在国际数学建模竞赛中获一等奖	2006-04-01
144	大连广播电台	“商务日语培训项目”在大连理工大学启动	2006-04-25
145	大连电视台	“商务日语培训项目”在大连理工大学启动	2006-04-25
146	辽宁广播电台大连分台	中央宣布关于大连理工大学校长职务变动的决定	2006-04-27
147	大连电视台	中央宣布关于大连理工大学校长职务变动的决定	2006-04-27
148	大连电视台	教育部副部长吴启迪在大连理工大学调研	2006-04-27
149	大连广播电台	中央宣布关于大连理工大学校长职务变动的决定	2006-04-28
150	大连电视台	东北首个民用风洞实验室在大工建成	2006-04-29
151	大连电视台	理工大建成民用风洞试验室	2006-04-29
152	辽宁电视台	中国大连高级经理学院首期专题研讨班开班	2006-05-11
153	大连电视台	中国大连高级经理学院首期专题研讨班开学	2006-05-11
154	大连广播电台	中国大连高级经理学院首期专题研讨班开班	2006-05-11
155	辽宁电视台	理工大接受教育部“211 工程”项目评估	2006-05-14
156	辽宁电台	理工大接受教育部“211 工程”项目评估	2006-05-14
157	辽宁广播电台大连分台	理工大接受教育部“211 工程”项目评估	2006-05-14
158	大连电视台	理工大接受教育部“211 工程”项目评估	2006-05-14
159	大连广播电台	理工大接受教育部“211 工程”项目评估	2006-05-15
160	大连电视台	教育部专家肯定大工“211 工程”建设成果	2006--5-16
161	辽宁广播电台大连分台	教育部专家肯定大工“211 工程”建设成果	2006-05-17
162	大连广播电台	教育部专家肯定大工“211 工程”建设成果	2006-05-17
163	大连电视台	大工与岩手大学成立国际联合与技术转移中心	2006-05-25
164	大连广播电台	国际联合与技术转移中心在大工揭牌	2006-05-26
165	大连电视台	“百场报告进校园”活动在大连理工大学启动	2006-05-26
166	大连广播电台	“百场报告进校园”活动在大连理工大学启动	2006-05-27
167	辽宁广播电台大连分台	大连理工学生获国际大学生创业东北赛区冠军	2006-06-02
168	大连广播电台	大连理工学生获国际大学生创业东北赛区冠军	2006-06-02
169	大连电视台	11 所高校毕业生就业分市场在大工揭牌	2006-06-09
170	大连广播电台	11 所高校毕业生就业分市场在大工揭牌	2006-06-09

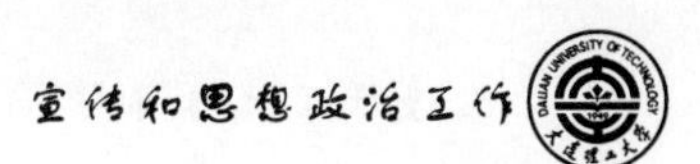

（续表）

序号	媒体名称	报　道　内　容	日 期
171	辽宁广播电台大连分台	大工举行辽宁省高校毕业生就业市场分市场揭牌仪式	2006-06-09
172	大连电视台	大连市人才研究中心落户大连理工大学	2006-06-13
173	大连广播电台	大连市人才研究中心落户大连理工大学	2006-06-14
174	辽宁广播电台	第六届全球智能控制与自动化大会在大连举行	2006-06-21
175	大连电视台	第六届全球智能控制与自动化大会在大连举行	2006-06-21
176	大连广播电台	第六届全球智能控制与自动化大会在大连举行	2006-06-21
177	大连电视台	第六届全球智能控制与自动化大会在大连举行	2006-06-21
178	大连电视台	大工与中科院沈阳分院签署全面合作协议	2006-06-27
179	大连广播电台	大工与中科院沈阳分院签署全面合作协议	2006-06-28
180	大连电视台	市政府与大连理工大学联合成立国际研究院	2006-07-09
181	大连电视台	大工成立国际航运中心研究院	2006-07-09
182	大连电视台	院士专家研讨大连航运中心建设	2006-07-11
183	大连电视台	大连召开国际航运中心建设院士咨询座谈会	2006-07-11
184	大连广播电台	院士专家研讨大连航运中心建设	2006-07-12
185	大连电视台	张成寅夏德仁看望钱令希	2006-07-16
186	大连广播电台	张成寅夏德仁看望钱令希	2006-07-16
187	大连电视台	钱令希《力学与工程应用》文集首发	2006-07-17
188	大连电视台	王刚义“征服北极冰海”之旅启程	2006-07-17
189	大连广播电台	大工出文集庆祝钱令希院士 90 华诞	2006-07-17
190	辽宁教育电视台	访辽宁省三好学生标兵大连理工大学学生黄剑桥	2006-07-17
191	大连电视台	全国博士生学术论坛在连举行	2006-07-20
192	大连电视台	大连理工大学与大连广播电视局联手合作办学	2006-07-24
193	大连电视台	大连理工大学 2006 级新生报到	2006-08-25
194	辽宁广播电台大连分台	大连理工大学采取多种措施帮助贫困生安心学习	2006-08-05
195	大连电视台	中国大连高级经理学院第三期专题研讨班开班	2006-10-16
196	大连电视台	张成寅与高级经理学院学员座谈	2006-10-21
197	大连电视台	大工校企合作 五年创益 12.6 亿元	2006-10-24
198	大连电视台	CSR 实施 大工 5 万吨油轮通过主题设计	2006-10-24
199	辽宁教育电视台	大工获“挑战杯”大学生创业计划银奖	2006-10-25
200	辽宁教育电视台	大工校企合作委员会召开 2006 年年会	2006-10-28
201	辽宁教育电视台	专访大连理工大学国家级教学名师孟长功	2006-10-30
202	大连电视台	市政协视察科技产业发展情况	2006-10-31

（续表）

序号	媒体名称	报　道　内　容	日 期
203	大连电视台	大连理工大学产学研孵化面积跃居全国高校前列	2006-11-01
204	大连广播电台	大连理工大学七贤岭大学科技园启用	2006-11-01
205	大连电视台	理工大学举办 2007 届毕业生供需见面会	2006-11-29
206	大连广播电台	理工大学举办 2007 届毕业生供需见面会	2006-11-30
207	辽宁广播电台大连分台	理工大学举办 2007 届毕业生供需见面会	2006-11-30
208	大连电视台	大连市高校研究生纪念“一二·九”演讲比赛在大工举行	2006-12-09
209	大连电视台	我市 200 名大学生即将“携笔从戎”	2006-12-09
210	大连电视台	美国丹纳赫传动捐赠大工并建立联合实验室	2006-12-11
211	大连广播电台	大连理工大学校企合作提升地方经济	2006-12-13
212	大连电视台	大连理工大学举行科技表彰大会	2006-12-22
213	辽宁广播电台大连分台	大连理工大学举行科技表彰大会	2006-12-23
214	大连电视台	大工参与的双星计划入选中国高校十大科技进展	2006-12-30

统一战线工作

2006年,学校统战工作按照省、市统战工作会议精神和工作部署,以邓小平理论和“三个代表”重要思想为指导,以认真学习贯彻第20次全国统战工作会议精神为重点,以学校教学科研、改革发展稳定为中心,认真做好学校统一战线的各项工作。

认真组织学习贯彻全国统战工作会议精神,进一步提高认识

为了学习、宣传和贯彻中共中央[2005]5号文件和全国第20次统战工作会议精神,坚持用新的统战工作方针政策指导工作,统战部先后组织直属单位党支部书记进行了学习,各民主党派负责人进行集中学习和讨论,在学习研究的基础上提出了贯彻意见,并在实际工作中得到了落实。主动宣讲统战理论知识,积极地把党的统战理论纳入到党校教学计划。2006年,统战部为学校党务工作者、党外教师和预备党员等讲解“中国共产党领导的多党合作和政治协商制度”12场。

指导和帮助各民主党派组织加强自身建设,更好地履行参政党职能

1.协助各民主党派做好组织建设

协助各党派积极稳妥地做好组织发展工作,有计划地把思想政治素质好、业务能力强、学历层次高的优秀党外知识分子吸收到民主党派中来,壮大参政党的力量。2006年协助各党派考察发展对象20人次。2006年各党派总计发展新成员11人,其中民盟委员会发展3人,农工党委员会发展2人,九三学社委员会发展6人。截至2006年底,我校共有党派成员363人,其中在职成员156人。

2.充分调动民主党派的积极性,围绕学校中心工作,带动党派基层组织工作,为学校建设做贡献

目前由学校统战部与学校机关各部、处、办建立了工作协商会议制度,为党外教师建言学校建设搭建了平台。统战部与监察处于7月14日召开了第一次联席工作会议,主题为“发挥民主监督作用,促进党风廉政建设”。11月1日,校统战部和发展规划处联合召开了“学校‘十一·五’发展规划”协商研讨会,听取各民主党派和无党派人士的意见和建议。

统战部组织民主党派教师参加教改课题研究工作,2004年立项的《培养科学精神和人文精神相结合人才的教育模式的研究》课题研究工作圆满结束,获2006年校优秀教学成果奖二等奖。

3.帮助民主党派基层组织搞好思想建设

学校党委统战部要求各民主党派基层组织结合工作实际,开展形式新颖、内容丰富的学习活动。2006年的学习主题有:贯彻邓小平理论和“三个代表”重要思想,以胡锦涛同志为总书记的中共中央关于树立和落实科学发展观、构建社会主义和谐社会、建设创新型国家等一系列治国理政思想,《中共中央关于进一步加强中国共产党领导的多党合作和政治协商制度建设的意见》、《中共中央关于加强人民政协工作的意见》精神。

统战部建议学校各民主党派策划编写本党派基层组织发展历史,目前学校民盟、民进、农工党、致公党、九三学社已完成了本党派大连理工大学基层组织党派史编写工作。

4.认真做好学校民主党派基层组织换届工作

2006年3月5日,致公党大工支部召开党员大会,选举产生了由李松、朱红、侯中华、褚金奎、端木琳五人组成的第四届委员会。经第四届委员会第一次会议选举,褚金奎任主任委员,李松、端木琳任副主任委员。

2006年4月19日农工党选举产生了由李晓杰、刘凤伟、夏元化、谭家隆、程彬五人组成的第六届委员会。经第六届委员会第一次会议选举，李晓杰任本届委员会主任委员，谭家隆任副主任委员。

2006年10月20日，民进大工支部选举产生了由王德伦、刘宪芹、刘新锋、夏晓梅、韩会民五人组成的新一届委员会，王德伦任主任委员，夏晓梅、刘宪芹任副主任委员。

2006年12月23日，民盟大工委员会召开了全体盟员大会，选举产生了第七届委员会。本届委员会由(以姓氏笔划为序)孙长森、张大波、张华、吴迪、邹志利、余虹、林青松、屈福政、姜东光、娄颖、秦学志11人组成。经第七届委员会第一次会议选举邹志利任主任委员，林青松、姜东光、孙长森、秦学志任副主任委员。

5.在学校党委的领导下，积极参与大连市各民主党派换届工作

民盟大连市第十二次代表大会11月14日至15日举行，大会选举产生了民盟大连市第十二届委员会，我校田树军教授当选主任委员，邹志利教授当选副主任委员，余虹教授当选为委员。姜东光教授当选民盟省委第十一次代表大会代表。

民革大连市第七次代表大会11月16日至17日举行，选举产生了民革大连市第七届委员会，我校于波教授当选副主任委员。

民进大连市第十一次代表大会11月28日至29日举行，大会选举产生了民进大连市第十一届委员会，我校王德伦教授当选为委员。

农工党大连市第七次代表大会11月24日至25日举行，大会选举产生了农工党大连市第七届委员会。我校李晓杰教授、谭家隆副教授当选为委员。

九三学社大连市第十次代表大会12月4日至5日举行，大会选举产生了九三学社大连市第十届委员会，王永学教授当选为主任委员，宁桂玲教授、董闯教授当选副主任委员，韩敏教授、孟长功教授当选为委员。

关心人大代表、政协委员工作

1月9日，学校党委召开学校情况通报会，向即将参加辽宁省、大连市人大及政协会议的代表和委员，以及学校党派负责人通报了近年来的改革与发展情况。校党委书记林安西、副书记邵龙潭出席会议并讲话。

学校统战部协助组织校内各级人大代表、政协委员深入基层、外出学习考察，为这些同志多接触社会、多进入经济建设主战场、更好地向“两会”建言立论和反映社情民意提供必要的渠道和机会。统战部在全校范围内征集提案、建议和社情民意，并将意见建议提交学校有关代表和委员。

积极做好理论研究和宣传报导工作

2006年学校教师积极申请大连市统战理论研究立项课题，《新形势下参政党能力的系统构建》、《大连市社区结构变迁与社区统战工作的创新机制研究》、《新形势下加强参政党理论建设的思考》3个课题在大连市统战理论研究优秀成果表彰会上获得表彰。

2006年10月学校统战部在校内开展了有关台湾问题研究的征文活动，推动了我校师生员工开展关于台湾问题的研究工作。

2006年大连市统一战线理论研究会大连理工大学研究基地荣获2005～2006年度优秀研究基地称号。统战部荣获2006年度大连市统战信息工作先进单位二等奖。

凝聚侨心、发挥侨力，为侨服务

为纪念中国侨联成立50周年，统战部联合学校侨联举行了归侨座谈会、侨眷联谊会。中秋节期间，统战部与学校侨联共同走访老归侨和归侨遗属，送去组织的温暖。10月，统战部联合侨联对学校归侨侨眷情况进行调研，为以后更好地开展工作创造条件。

加强统战领域干部和代表人物的选拔与培养工作

6月至11月，按照市委统战部的要求，向大连市推荐了16名优秀党外教师。

8月，选派3名无党派教师参加市委统战部组织的无党派高级知识分子学习班。

10月，选派2名党派负责人参加市委统战部

组织的民主党派干部培训班。在学校组织的干部公开招聘中,统战部认真准备材料,积极推荐优秀党外干部。

12 月 2 日,在大连市工商联第十三次会员代表大会上,经济系教授原毅军当选副会长。

少数民族工作

10 月 14 日,统战部组织学校朝鲜族师生参加大连市朝鲜族民族文化艺术节,我校师生参加了竞技表演和民俗游戏,通过民俗节文化载体,加强了朝鲜族师生的联系。

完成上级各项工作任务

6 月 16 日,省、市委统战部高校统战工作调研组来我校召开座谈会,调研学校统战工作。学校党委领导,以及统战部、各民主党派负责人、无党派代表人士等出席了座谈会。学校党委副书记邵龙潭代表学校党委以“努力开创学校统一战线工作的新局面”为主题,向工作组进行了工作汇报。省委统战部副部长王立斌在听取工作汇报后发表了讲话,对我校统一战线工作给予了高度评价。

7 月 26 日,大连市政协副主席李信忠率领市委和市政协联合调研组来我校召开座谈会,调研学校政协工作。

10 月,我校统战部部长参加全国高校统战部长会议。中央统战部副部长陈喜庆、教育部思想政治教育司司长杨振斌等领导出席了本次会议,共有 121 所高校的 156 名代表参加。会议选定了包括我校在内的 10 所高校统战部在会上发言,进行工作经验介绍。

12 月 21 日,全省统战部长会议在沈阳召开。鞍山市委统战部、本溪市委统战部和我校统战部 3 个单位在会议上做了工作经验介绍。

11 月 1 日,大连市委统战部通过《大连日报》举办“北城杯”统一战线知识竞赛活动,校统战部精心制作了 100 多片有关本次知识竞赛的幻灯片,举办 5 场专题讲座,发出答卷 2000 份,回收 1870 份,掀起了学习宣传统战理论和知识的热潮。12 月 26 日,统战部获得大连市委统战部颁发的竞赛活动优秀组织奖。

纪检监察工作

大连理工大学2006年纪检监察工作，在校党委、行政的领导下，深入贯彻中纪委第六次全会及教育部纪检监察工作会议精神，落实省、市纪检监察部门的工作部署，坚持“标本兼治、综合治理、惩防并举、注重预防”的方针，以学习党章为重点，巩固反腐倡廉的思想基础；以制度建设为核心，完善反腐倡廉的保证措施；以积极监督为职责，确保权力正确行使；认真落实《实施纲要》，努力取得党风廉政建设和反腐败工作新成效。

发挥廉政教育的激励作用

1.抓好主题教育，增强党员干部廉洁自律意识

紧紧围绕校党委《在全校党员中开展“学习党章，遵守党纪”党风廉政主题教育活动的决定》中规定的三个学习专题，积极主动开展教育活动。市党校于文发教授来校为全校的党员代表做了“认真学习贯彻党章”的专题报告；校党委书记林安西就全校学习贯彻党章，推进党风廉政建设发表了重要讲话；采取多种形式配合主题教育活动开展。

2.抓好预防腐败教育，提高党员干部反腐倡廉的自觉性

为认清高校反腐败斗争的形势，邀请驻教育部纪检组副组长李胜利来校，在2006年暑期处级领导干部培训班上做了《教育系统预防职务犯罪》专题报告。校监察处在发挥正面教育的激励作用的同时，重视反面案例的警示作用。向重点部门负责人赠送了《教育系统职务犯罪案例选编》一书，向基层党组织推荐了反腐专题片《天职》。

3.认真完成上级纪检监察部门布置的工作任务

(1)中共教育部党组治理商业贿赂的通知和教育部办公厅治理商业贿赂的实施意见下发后，根据校党委的要求，校监察处制定《大连理工大学开展商业贿赂专项工作安排》，确定学校专项治理工作的范围及重点部门，按要求完成宣传教育，调查摸底，查找突出问题，认真搞好整改等六个环节。

(2)按照教育部及辽宁省教育厅的要求，学校召开了“治理教育乱收费工作会议”。相关部门负责人参加了会议，财务处通报学校各项收费的执行情况，会议认真查找学校现存问题，强调今后学校各类收费都要经过审批，通过公示接受群众监督。

发挥制度建设的保障作用

(1)2006年是教育部规定的制度建设年，为落实《实施纲要》具体办法中制度建设的任务，校监察处牵头，相关部门分工负责，新建及完善党风廉政建设工作制度45项。

(2)为加强院(系)民主管理制度建设，推进院(系)务公开制度化与规范化，2006年底全校各院(系)成立了民主管理委员会。

(3)校纪检监察部门已建立内部工作制度四项：大连理工大学与大连甘井子区人民检察院联席会议制度、校纪委与党委组织部联席会议制度、校监察处与校审计处联席会议制度、校纪委与党委统战部联席会议制度。四个联席会议制度的建立，为加强校检双方联合查办案件、加强干部选拔任用和管理监督、充分发挥校内民主监督作用、发挥审计结果的教育作用，提供了保障和依据。

发挥信访举报的职能作用

2006年接到信访举报20件，查实18件，待查2件。对违纪行为按程序及时进行组织处理。校纪委对一名违反招生工作纪律的干部，给予党内警告处分；对三起违反财经纪律的部门和负责人，在全校通报批评。

发挥纪检监察人员的能动作用

(1)为加强能力建设、提高反腐倡廉工作水平,监察处三位同志先后参加了中纪委、辽宁省纪委、大连市纪委举办的培训班的学习。

(2)认真履行职责,全面参与监督。2006 年,监察处参加了高考录取、艺术类招生、体育特长生测试、支边生选拔、研究生录取、保送研究生、基建工程、大宗物资设备采购、设备报废、人才招聘、干部应聘、对投标单位的现场考察等监督工作百余次。

(3)校监察处 2006 年荣获大连市纪检监察系统先进集体称号。

工会与教代会工作

发挥教代会作用，畅通民主管理渠道

一年一度的教代会是学校领导和代表们共同研讨学校工作的有效途径。为了提高教代会例会质量，学校工会认真做好会前各项筹备工作和大会提案的征集工作。会议期间，抓紧收集代表们意见，书面汇报给学校领导和有关部门。会议结束后，逐项落实代表提案，并与职能部门加强沟通，做到件件有答复。教代会闭会期间，校工会共督办落实代表提案37件、建议12件。表彰了优秀提案先进个人和提案承办先进单位。在全国高校中率先实施了提案内容和答复结果网上公示制度。

针对研究生课程成绩评定、公房分配、多媒体教室管理等共性提案，工会组织提案集体答复会，请代表与有关部门面对面座谈，既协调了工作，又加强了沟通理解。

加强制度建设，提升学校竞争实力

配合学校《教职工违规违纪处罚条例》，工会起草了《教职工申诉办法》。这个办法的实施，将在协调校内人事劳动争议、化解矛盾、维护教职工合法权益方面发挥作用。

制定了《大连理工大学温暖工程基金管理办法》，首次对困难补助对象、原则、标准和审批程序做出了具体规定。

清理了工会固定资产，建立了工会档案，重建了工会网站，与全国多所重点大学工会建立了交流工作信息制度。

与教务处合作，开展青年教师多媒体课件制作竞赛和青年教师讲课竞赛，与组织部等部门合作开展机关干部培训。举办了工会干部业务培训班，提高教职工队伍素质，提升学校竞争实力。

工会推荐的劳动模范和全国省市先进个人和集体100%入选。

实施温暖工程，为建设和谐校园贡献力量

针对公共基础课教师课时多、经费少的特点，启动了公共课教师周末交流休养计划，首批45名公共课教师围绕“加强公共基础课建设”等两个专题进行交流研讨和休养。既达到了切磋教学方法的目的，也增进了交流。

在全省高校中率先成立了“女教授联谊会”，48名女教授在开展联谊的同时，工会还组织她们参观中小企业，开展科技咨询活动。此项活动被纳入大连市总工会“金桥行动”计划。

启动了教授假期疗养计划。

组织引进人才和新教工70多人，参观开发区校区，在了解学校发展的同时，增进了新教师之间的熟悉和交流。

组织我校百名单身教工联谊活动，邀请海事、东财、大医等周边5所高校近300名单身教工参加。联谊的主题是“专业交流、学科交流、友情交流”。

整合工会经费、学校福利费和教职工捐款，设立了温暖工程基金。2006年资助教工225人次，资助本科生、研究生75人，资助下岗职工子女上大学9人，资助金额28.6万元。比2005年增加一倍。

教职工患病住院，下岗职工有困难，我们都代表学校领导和广大教职工前去慰问。一年来，校工会和基层工会慰问的在职教职工近200人次。

暑假期间，为150多名高考、中考的教职工子女进行登记咨询工作，还有子女升初中、上小学的协调工作。

女教工反映生小孩费用报销少，工会及时反映给有关校领导，并得到圆满解决。2006年为54名女教工报销生育费用和计划生育费用15万

多元，女教工很满意。

有教师反映单身男教工宿舍条件差，工会立即到西灰楼了解情况，及时反映给主管校领导，有望得到解决。

请妇产医院医生到学校为1200名女教工进行健康体检。为450多名合同工、临时工和37名学生办理婚育证明。

上述工作，不仅起到了温暖人心、凝聚人心的作用，也使广大教职工有了归属感，增强了对学校的向心力。此外，我校有3个校外扶贫点，工会请老师为他们设计旅游规划，进行项目扶贫，捐款捐衣物，承担社会责任。

实施健康工程，增强教职工身心健康

除了组织健康登山、徒步走等大型群体活动外，还举办了足球、排球、乒乓球等20多项体育比赛。参加活动的教职工8000多人次，活跃了校园氛围。组织6个代表队参加大连市比赛，全部获得好成绩。

此外，为各单位和家属区投入8万多元钱，购买健身器材，修建了家属区网球场。

山上礼堂开展活动212场。

工会俱乐部从2006年暑期开始免费向教工和离退休人员开放。

在工作中，我们自觉做到务实、廉洁、自律。

我校工会在同类高校中专职人员最少。由于形成一个团结高效的团队，加上热情、勤奋的工作，被评为2006年辽宁省“模范职工之家”、市先进工会、市职工体育先进单位、市职工之家优秀单位、大连市校务公开先进单位和计划生育先进单位。

共青团与学生会工作

深入开展政治理论学习

校团委认真贯彻中央十六号文件精神，建立和完善了以学生理论研究会为龙头，以学生理论研究会院系分会为桥梁，以班级“两组”学习小组为基础的学生理论学习体系。中央电视台教育频道、辽宁电视台、大连电视台等媒体还对我校理论学习进行了采访报道。

举办了开展“八荣八耻”主题演讲比赛；召开学习《江泽民文选》讨论会；举办“纪念中国共产党建党八十五周年”座谈会；开展“铭记历史 振兴中华”纪念“九·一八”知识竞赛；举办纪念毛泽东逝世30周年西山画廊展，教育广大同学缅怀伟人，牢记使命。

开展纪念红军长征胜利70周年系列活动，举办了长征知识讲座，纪念长征胜利70周年演讲、摄影、征文比赛，教育广大同学传承长征精神。我校刘舜同学获得辽宁省“纪念长征胜利70周年”演讲比赛特等奖，并代表辽宁省参加在西安举办的全国总决赛。同时我校学生在辽宁省委高校工委和教育厅主办的纪念红军长征胜利70周年系列活动中取得佳绩，在主题摄影和主题征文比赛中多名同学分获一、二、三等奖。

不断创新理论学习形式，开创“排话剧 学理论”，我校学生自排自导的大型爱国主义话剧《我的1919》于10月21日在山上礼堂成功公演，教育效果显著，获得师生好评，同时在“辽宁省首届大学生戏剧节”中囊括所有一等奖。

扎实加强团的自身建设

校团委自觉坚持“党建带团建”的工作原则，坚持“抓基层、抓骨干、抓落实”的工作方针，在党建的带动下，全面加强基层团组织建设和团干部队伍建设，为共青团工作的顺利开展提供强有力的保障。

选派多名专职团干部到大连团市委参加团校培训。在学校内举办春秋两期团校培训，春季团校培训邀请了辽宁省团校副校长常家树教授做关于增强团员意识和团干部素质的主题讲座；举行庆祝建校57周年多米诺骨牌爱校搭建，大连电视台等媒体对此次活动进行了报道；举办校友访谈，邀请我校第25届学生会主席李波、第27届学生会副主席张驰，为广大团校学员传授学生干部工作经验。秋季团校培训主要针对新生团干部，以介绍学校工作为主，举办了八期培训；深入开展大学生素质拓展工作，认真组织《大学生素质拓展证书》认证工作；3月中旬到4月中旬，举办“团徽引我向前进——第七期团支部建设活动”；举办“我与祖国共奋进”2006级新生班级诗歌朗诵比赛；组织团支部集中换届直选；组织“一二·九”表彰暨“两优一先”评比，激励各院（系）团委、团总支、团支部以及全校团员青年开拓进取，努力工作，开创我校共青团工作的新篇章。

11月13日，大连市学生联合会第十一次代表大会举行，我校杜海健同学在第一次全体会议上当选为大连市学联主席。

努力推动大学生科技创新工作

校团委以“学在大工，创新在大工”为理念，培养和激发同学们的创新精神、创新热情，培养同学们的创新能力。大力贯彻落实科技文化创新工程，全面启动第六届“攀登杯”科技竞赛，举办2006年大连理工大学数学建模大赛，本次比赛同时也是东三省的第一届数学建模比赛。

全国“挑战杯”创业计划大赛决赛中，我校阳光光电科技小组获得全国银奖，“一片片蓝莓”创业团队获得全国铜奖，是我校在近几届“挑战杯”创业计划竞赛中成绩最好的一次。由于组织工作成绩较为突出，我校还被组委会授予了“优秀组织奖”。2006年“高教社”杯全国大学生数学建模竞赛我校选手再创佳绩。在864所高校的9985个参赛队伍中，我校获得全国一等奖3个，二等奖4个，在所有参赛高校中位列前十名。大连理工大学CAD机械制图大赛暨2006首届全国三维数字建模大赛技能类辽宁赛区比赛(选拔赛)在我校举行,我校四名同学参加最后的决赛,最终取得两个一等奖,一个二等奖,一个三等奖的好成绩。承办了大连市第二届研究生仿真机器人足球大赛,我校两支球队在比赛中分获第一、三名,此外,研究生会科技中心还在研教楼举办了专题科普图片展,扩宽同学们的视野。

积极开展志愿服务与社会实践活动

校团委深入开展各类志愿者活动,共招募志愿者1300多人,是有史以来人数最多的一次,首次使用了注册登记卡。迎接新生,组建电脑义务服务队,设立毕业生旧物收集站,开展造血干细胞捐赠活动,志愿服务大连国际徒步走大会和大连国际马拉松大赛,开展"3·15雷锋日系列活动"和"爱在海边"活动,为儿童村孩子献爱心。

校团委和学生处联合举办"大工学子母校行"活动,经选拔,共有92支实践团队奔赴全国95所重点中学开展活动。2006年暑假期间举办的文化、科技、卫生"三下乡"实践活动,锻炼了同学们的意志。组织大学生到黄泥川村宣传农民们所关注的法律常识;开展爱心助成长义务家教活动;走访凌水王家村居委会,与那里的退休老党员进行了交流座谈,产生了积极的影响,培养了他们服务社会的精神。此外,校团委还不断加强全校社区挂职体系团队组织队伍建设,完善社区挂职体系工作机制,制定院系社区挂职评比制度,完善和确立了"奉献、开拓、荣誉"的团队文化。

丰富校园文化,全面推进素质教育

开展高水平讲座,开拓学生视野。两次承办中国大学生国际讲坛、大连市大学生励志讲坛,开展七期大家讲坛。5月21日,盛大网络公司总裁、微软终身荣誉员工唐骏在我校山上礼堂作了《超越平凡,追求卓越——大学生的未来成功之路》主题演讲;9月23日,Google全球副总裁、大中华区总裁李开复博士在我校刘长春体育馆为大连十三所高校的大学生作了题为《选择的智慧》精彩演讲,这些讲座受到了广大同学的热烈欢迎。举办了两期"视野"讲座,分别邀请大连国际服装节开幕式的总导演马志广先生和我校齐东海教授为大家做讲座。

研究生会举办了"研途有你,感动我们"大工人物评选。最终当选2006年度感动大工十大人物的是:钱令希院士、林皋院士、已故的顾元宪教授、许士国教授、孙效里老师、雷瑞波同学、赵一橙同学、佟洪江同学、郭定明同学以及力学系爱心协力基金。

推进高雅艺术走进校园。4月,辽宁省芭蕾舞团在我校进行了一场精彩的演出,使同学们感受到了高雅艺术的魅力;10月盛益建设集团业余京剧团在山上礼堂为大工师生奉献了一道丰盛的京剧大餐。

社团文化活动缤纷多彩。各类学生社团继续秉承"自我管理、自我服务、自我教育"的宗旨,本着"求精、求佳、求可持续发展"的理念,使社团活动日益精品化。我校获得九州幻想"原创之星"全国高校幻想文学征文大赛优秀组织奖,王璞同学的《谁说我不爱你》获得九州幻想"原创之星"全国高校幻想文学征文大赛的三等奖。体验就业竞争的"设计人生,挑战职场"活动,我校与东财、海事三校的联合模拟炒股大赛,胡敏英语讲座,会员联谊晚会,"软景杯"模拟应聘挑战赛等满足了同学们兴趣多样化的需求。

各类文体活动竞相举行,极大丰富了校园生活。举办了第八届健美操大赛,"Music star"歌手大赛,迎新生晚会,第九届"可口可乐峰岚杯"文艺大赛,第十届"文明杯"辩论赛,第十七届英语晚会,第二届记者节,第八届"大工青年文学艺术奖",纪念"一二·九"运动71周年大型文艺汇演,寝室文化节,体育文化节,男篮争霸赛,对全面提高我校大学生的综合素质起到了积极作用,营造了健康、高雅、文明、向上的校园文化氛围。

校友联谊工作

2006年,在“建好网络、加强联系、增进感情、共同发展”的总体思路指导下,校友会工作以感情为纽带、以活动为载体、以网络为平台,不断扩大宣传和影响。

举办大工校友讲坛

2006年4月13日下午,我校化工系毕业生、长江学者讲座教授,牛津大学首位华人教授崔占峰校友应邀做客第七期“大工校友讲坛”。崔占峰校友以“生物医学工程展望”为题,为师生作了一场精彩的学术报告,并热情回答了现场同学提出的关于科研、留学等方面的问题。

与院系校友会一起组织校友返校活动

做好毕业十年、二十年校友返校工作,此项工作已成为学校节假日期间的校园盛事,并带动了其他各届校友的返校热情。2006年全年,共接待、组织28批1300余名校友。

加强对院系和各地校友会的指导工作

为加强与院系校友会的广泛合作与交流,在调整校友联谊总会新一届理事会成员时,化工学院、管理学院等七个院系分管学生工作的副书记被确认为理事成员。一年来,院系校友会工作得到了院系领导的重视,取得了可喜的成绩。院系积极组织并参与校友返校活动,与校友和校友所在企业展开交流及合作,广泛听取校友建设性意见,积极聘请校友做兼职教授,设立校友奖学金、助学金,邀请校友回校与学子座谈等,校友资源为院系科研合作、教书育人起到了有力的支持作用。电信学院组建十周年庆典活动,邀请部分校友做客校友讲坛和学术报告会。

2006年2月伦敦校友会成立,12月苏州校友会筹备会议召开;北京市房山区大连理工大学校友会在当地民政局登记注册;内蒙古、加拿大校友会、香港校友会、陕西校友会分别召开了换届大会,实现了新老班子的交替,为加强校友与母校之间的联系、做好校友之间的联谊与服务打下了良好的基础。上海校友会出版了17、18两期《连友》报纸,主要宣传报道了王希季和王大珩两位院士献身科教的感人事迹,弘扬了大工的优良传统和良好学风。

继续做好基础性和日常性服务工作

做好基础性和日常性工作,一直是校友会长期努力的方向。维护校友会网站、搜集校友信息、更新校友数据库、定期向各地校友会和部分校友邮寄校报,接待校友来访,接收校友来信、来电,为校友们查询老师和同学的联系方式,解答校友疑问等。

2006年学校文件一览

2006年委发文件目录

文件编号	文件标题	发文日期
大工委发[2006]1号	中共大连理工大学委员会关于张言军同志等职务任免的决定	2006-01-03
大工委发[2006]2号	中共大连理工大学委员会关于动力工程系党总支更名的决定	2006-01-05
大工委发[2006]3号	中共大连理工大学委员会关于印发《大连理工大学2006年工作要点》的通知	2006-02-27
大工委发[2006]4号	中共大连理工大学委员会关于调整校党建研究基金管理委员会成员的通知	2006-03-02
大工委发[2006]5号	中共大连理工大学委员会关于深入开展以“八荣八耻”为主要内容的社会主义荣辱观教育的决定	2006-03-21
大工委发[2006]6号	中共大连理工大学委员会关于杨炳君同志等职务任免的决定	2006-04-04
大工委发[2006]7号	关于印发《大连理工大学关于离岗人员使用学校资源的规定》的通知	2006-03-07
大工委发[2006]8号	中共大连理工大学委员会关于构建全员育人、全过程育人、全方位育人格局的实施意见	2006-04-17
大工委发[2006]9号	中共大连理工大学委员会关于体育教学部直属党支部换届选举结果的批复	2006-05-08
大工委发[2006]10号	中共大连理工大学委员会关于转发《教育部关于树立社会主义荣辱观进一步加强学术道德建设的意见》的通知	2006-05-16
大工委发[2006]11号	中共大连理工大学委员会关于工程力学系党总支换届选举结果的批复	2006-06-29
大工委发[2006]12号	中共大连理工大学委员会关于环境与生命学院党总支换届选举结果的批复	2006-07-04
大工委发[2006]13号	中共大连理工大学委员会关于开展学习贯彻胡锦涛总书记重要讲话精神和中央下发的四个保持共产党员先进性长效机制文件活动的决定	2006-07-04
大工委发[2006]14号	中共大连理工大学委员会关于赵杰同志等职务任免的决定	2006-07-07
大工委发[2006]15号	中共大连理工大学委员会关于人文社会科学学院党总支换届选举结果的批复	2006-07-25
大工委发[2006]16号	中共大连理工大学委员会关于宁桂玲职务任命的决定	2006-08-19
大工委发[2006]17号	中共大连理工大学委员会关于薛光等同志职务任免的通知	2006-08-20
大工委发[2006]18号	中共大连理工大学委员会关于欧进萍等同志职务任免的决定	2006-08-20
大工委发[2006]19号	中共大连理工大学委员会关于认真学习贯彻胡锦涛总书记回信精神进一步促进学校改革与发展的决定	2006-09-08
大工委发[2006]20号	中共大连理工大学委员会关于物理系党总支更名的决定	2006-09-15
大工委发[2006]21号	中共大连理工大学委员会关于认真学习《江泽民文选》的决定	2006-09-27
大工委发[2006]22号	中共大连理工大学委员会关于李俊杰同志职务任命的决定	2006-10-08
大工委发[2006]23号	中共大连理工大学委员会关于后勤党委换届选举结果的批复	2006-10-17

(续表)

文件编号	文件标题	发文日期
大工委发[2006]24号	中共大连理工大学委员会关于产业党委换届选举结果的批复	2006-10-20
大工委发[2006]25号	中共大连理工大学委员会关于市内校区管理委员会直属党支部换届选举结果的批复	2006-10-31
大工委发[2006]26号	中共大连理工大学委员会关于电气工程与应用电子技术系党总支换届选举结果的批复	2006-12-04
大工委发[2006]27号	中共大连理工大学委员会关于于德刚同志任职的决定	2006-12-14
大工委发[2006]28号	中共大连理工大学委员会关于副处级以上党员领导干部报告个人有关事项工作的通知	2006-12-15
大工委发[2006]29号	中共大连理工大学委员会关于城市学院党员代表大会选举结果的批复	2006-12-20

2006年校发文件目录

文件编号	文件标题	发文日期
大工校发[2006]1号	大连理工大学关于聘任学科点点长、本科专业和校实验中心负责人的通知	2006-01-03
大工校发[2006]2号	大连理工大学关于成立能源与动力学院及其干部聘任的决定	2006-01-05
大工校发[2006]3号	大连理工大学关于给予王新通报批评的决定	2006-01-09
大工校发[2006]4号	大连理工大学关于给予高欣钦行政记过处分的决定	2006-01-15
大工校发[2006]5号	大连理工大学关于给予化工学院通报批评的决定	2006-01-15
大工校发[2006]6号	大连理工大学关于制定2006级本科专业培养计划的原则意见	2006-02-24
大工校发[2006]7号	关于印发《大连理工大学关于离岗人员使用学校资源的规定》的通知	2006-03-07
大工校发[2006]8号	关于印发《大连理工大学教职工违规违纪处理办法》(试行)的通知	2006-03-21
大工校发[2006]9号	关于印发《大连理工大学教职工考勤与请假制度的规定》的通知	2006-04-13
大工校发[2006]10号	大连理工大学关于终止大连大工电脑发展有限公司租用学校公房的通知	2006-04-28
大工校发[2006]11号	大连理工大学关于调整学位评定委员会人员的通知	2006-05-12
大工校发[2006]12号	关于同意大连理工物业管理中心增加洗车服务的批复	2006-05-23
大工校发[2006]13号	关于成立辽河石油勘探局大连理工研究院专家委员会的通知	2006-05-30
大工校发[2006]14号	关于印发《辽河石油勘探局大连理工研究院科研项目管理办法》的通知	2006-05-30
大工校发[2006]15号	关于印发《辽河石油勘探局大连理工研究院科研人员聘用管理办法》的通知	2006-05-30
大工校发[2006]16号	关于成立大连市人才研究中心的决定	2006-06-12
大工校发[2006]17号	大连理工大学关于印发《大连理工大学引进人才暂行规定》的通知	2006-06-12
大工校发[2006]18号	大连理工大学关于公布2006年度新增自行审定博士生指导教师名单的通知	2006-06-16
大工校发[2006]19号	大连理工大学关于新增关柏鸥等5名博士生指导教师的通知	2006-06-17
大工校发[2006]20号	大连理工大学关于公布2006年度新增自行审定硕士生指导教师名单的通知	2006-06-23
大工校发[2006]21号	大连理工大学关于对城市学院在财务管理中违反《会计法》有关规定的通报	2006-07-06

（续表）

文件编号	文件标题	发文日期
大工校发[2006]22号	大连理工大学关于成立国际航运中心研究院的决定	2006-07-07
大工校发[2006]23号	大连理工大学关于给予林长发记大过处分的决定	2006-07-10
大工校发[2006]24号	大连理工大学关于成立保密工作办公室及其干部聘任的决定	2006-07-12
大工校发[2006]25号	关于大连理工大学振动与强度测试中心有限公司实行企业化管理的决定	2006-07-14
大工校发[2006]26号	关于印发《大连理工大学保密工作管理规定》的通知	2006-07-15
大工校发[2006]27号	关于印发《大连理工大学关于党政领导干部保密工作责任制的规定》等四个规章制度的通知	2006-07-15
大工校发[2006]28号	关于印发《大连理工大学涉密计算机存储设备保密管理规定》等六个规章制度的通知	2006-07-15
大工校发[2006]29号	大连理工大学关于印发《重大涉密活动保密管理制度》等三个规章制度的通知	2006-07-15
大工校发[2006]30号	关于印发《大连理工大学宣传保密工作条例》等三个规章制度的通知	2006-07-15
大工校发[2006]31号	关于印发《大连理工大学科学技术保密工作规定》等四个规章制度的通知	2006-07-15
大工校发[2006]32号	大连理工大学关于增加校级重点实验室及实验室主任、学术委员会主任聘任的通知	2006-08-09
大工校发[2006]33号	关于印发《大连理工大学创新实验班实施方案》的通知	2006-08-21
大工校发[2006]34号	关于印发《大连理工大学大学生学籍管理规定》等十四个规章制度的通知	2006-09-11
大工校发[2006]35号	大连理工大学关于规范市内校区公房出租管理的通知	2006-09-13
大工校发[2006]36号	大连理工大学关于成立物理与光电工程学院及其干部聘任的决定	2006-09-15
大工校发[2006]37号	大连理工大学关于印发《大连理工大学保密审查审批管理规定》的通知	2006-09-19
大工校发[2006]38号	关于印发《大连理工大学非涉密计算机信息系统信息发布、传输保密管理规定》的通知	2006-10-08
大工校发[2006]39号	关于印发《大连理工大学研究生入学考试命题管理办法》的通知	2006-10-11
大工校发[2006]40号	大连理工大学关于振动与强度测试中心申请增资的批复	2006-10-13
大工校发[2006]41号	大连理工大学关于选派院系教师到城市学院短期工作的通知	2006-10-25
大工校发[2006]42号	关于印发《大连理工大学国际化基金管理办法》等三个规章制度的通知	2006-10-31
大工校发[2006]43号	关于大连理工大学技术转移中心法人代表变更的决定	2006-11-02
大工校发[2006]44号	大连理工大学关于校友联谊总会新一届理事会成员聘任的通知	2006-11-07
大工校发[2006]45号	关于印发《大连理工大学研究生创新基金管理暂行办法(试行)》等文件的通知	2006-11-08
大工校发[2006]46号	关于印发《大连理工大学关于加强借款管理的规定》的通知	2006-11-08
大工校发[2006]47号	大连理工大学关于规范人员经费发放的通知	2006-11-08
大工校发[2006]48号	关于印发《大连理工大学关于进一步加强本科教学工作的若干意见》的通知	2006-11-27
大工校发[2006]49号	关于印发《大连理工大学人文社会科学研究基金项目管理办法》的通知	2006-12-14
大工校发[2006]50号	关于印发《大连理工大学少数民族预科班管理办法(试行)》的通知	2006-12-26
大工校发[2006]51号	大连理工大学关于对体育教学部违反《会计法》有关规定的通报	2006-12-31
大工校发[2006]52号	大连理工大学关于对原电教中心主任艾长征违反《会计法》有关规定的通报	2006-12-31

2006年校任文件目录

文件编号	文件标题	发文日期
大工校任[2006]1号	大连理工大学关于毕明树等职务任免的决定	2006-04-04
大工校任[2006]2号	大连理工大学关于同意曹志强辞去行政职务的决定	2006-04-06
大工校任[2006]3号	大连理工大学关于马军职务任免的决定	2006-04-10
大工校任[2006]4号	大连理工大学关于杨海天等职务任免的决定	2006-04-12
大工校任[2006]5号	大连理工大学关于刘立清等职务任免的决定	2006-05-08
大工校任[2006]6号	大连理工大学关于王国红等任职的决定	2006-06-03
大工校任[2006]7号	大连理工大学关于齐民等职务任免的决定	2006-06-26
大工校任[2006]8号	大连理工大学关于环境与生命学院行政干部任免的决定	2006-07-03
大工校任[2006]9号	大连理工大学关于韩敏等职务任免的决定	2006-07-11
大工校任[2006]10号	大连理工大学关于机械工程学院行政干部任免的决定	2006-08-27
大工校任[2006]11号	大连理工大学关于继续教育学院院长职务任免的决定	2006-09-16
大工校任[2006]12号	大连理工大学关于闫肃等职务任免的决定	2006-09-29
大工校任[2006]13号	大连理工大学关于朱泓等职务任免的决定	2006-10-08
大工校任[2006]14号	大连理工大学关于周福战任职的决定	2006-10-23
大工校任[2006]15号	大连理工大学关于电子与信息工程学院行政干部任免的决定	2006-10-31
大工校任[2006]16号	大连理工大学关于电气工程与应用电子技术系行政干部任免的决定	2006-12-04
大工校任[2006]17号	大连理工大学关于图书馆副馆长任职的决定	2006-12-13
大工校任[2006]18号	大连理工大学关于于德刚任职的决定	2006-12-14

2006年办发文件目录

文件编号	文件标题	发文日期
大工办发[2006]1号	学校办公室关于印发《大连理工大学2006年本科生招生计划》的通知	2006-01-09
大工办发[2006]2号	学校办公室关于举行2006年春节团拜会的通知	2006-01-09
大工办发[2006]3号	学校办公室关于召开大连理工大学第八届教职工代表大会第二次会议的通知	2006-01-09
大工办发[2006]4号	学校办公室关于切实加强寒假春节期间安全工作的通知	2006-01-11
大工办发[2006]5号	学校办公室关于成立市内校区安全检查专门小组的通知	2006-01-11
大工办发[2006]6号	学校办公室关于启用“大连理工大学能源与动力学院”印章的通知	2006-02-19
大工办发[2006]7号	学校办公室关于成立2006年校公民无偿献血领导小组的通知	2006-02-20
大工办发[2006]8号	学校办公室关于举办2006全国博士生学术论坛的通知	2006-03-13
大工办发[2006]9号	学校办公室关于成立专业学位研究生教育督导组的通知	2006-03-15
大工办发[2006]10号	学校办公室关于编纂《大连理工大学年鉴(2006)》的通知	2006-03-21

（续表）

文件编号	文件标题	发文日期
大工办发[2006]11 号	学校办公室关于启用“中国共产党大连理工大学软件学院总支部委员会”印章的通知	2006-03-23
大工办发[2006]12 号	学校办公室关于调整校保密委员会成员的通知	2006-04-03
大工办发[2006]13 号	学校办公室关于成立大连理工大学“党的先进性建设理论研究中心”及人员聘任的通知	2006-04-05
大工办发[2006]14 号	学校办公室关于成立大连理工大学健康教育工作领导小组的通知	2006-04-05
大工办发[2006]15 号	学校办公室关于成立校武器装备科研生产保密资格审查认证领导小组的通知	2006-04-05
大工办发[2006]16 号	学校办公室关于成立大连理工大学中加资源与环境研究中心的通知	2006-04-05
大工办发[2006]17 号	学校办公室关于 2006 年五一放假的通知	2006-04-06
大工办发[2006]18 号	学校办公室关于开展校庆月活动的通知	2006-04-13
大工办发[2006]19 号	学校办公室关于调整国防教育领导小组成员的通知	2006-04-29
大工办发[2006]20 号	学校办公室关于成立校武器装备科研生产保密资格审查认证办公室的通知	2006-05-08
大工办发[2006]21 号	学校办公室关于 2006 届毕业生派遣及 2006 级新生入学日程安排的通知	2006-05-31
大工办发[2006]22 号	学校办公室关于学生收看 2006 年世界杯电视转播工作安排的通知	2006-06-08
大工办发[2006]23 号	学校办公室关于 2006 届毕业生派遣工作安排的通知	2006-06-16
大工办发[2006]24 号	学校办公室关于转发党委宣传部《关于开展宣传共和国老一辈教育家屈伯川博士活动的通知》的通知	2006-06-21
大工办发[2006]25 号	学校办公室关于学生收看 2006 年世界杯淘汰赛阶段电视转播工作安排的通知	2006-06-21
大工办发[2006]26 号	学校办公室关于 2006 年暑假安排的通知	2006-06-22
大工办发[2006]27 号	学校办公室关于举行 2006 届毕业典礼的通知	2006-06-23
大工办发[2006]28 号	学校办公室关于成立大连理工大学党风廉政建设领导小组的通知	2006-07-07
大工办发[2006]29 号	关于 2006 年度防台防汛工作的通知	2006-07-10
大工办发[2006]30 号	学校办公室关于启用“大连理工大学保密工作办公室”印章的通知	2006-07-26
大工办发[2006]31 号	学校办公室关于表彰 2005 年保密工作先进集体和个人的通报	2006-08-13
大工办发[2006]32 号	学校办公室关于做好 2006 年迎新工作的通知	2006-08-20
大工办发[2006]33 号	学校办公室关于学校党政领导班子成员分工的通知	2006-08-21
大工办发[2006]34 号	学校办公室关于上调我校水电单价的通知	2006-08-25
大工办发[2006]35 号	学校办公室关于成立清理住房工作领导小组的通知	2006-09-01
大工办发[2006]36 号	学校办公室关于大连理工大学振动与强度测试中心有限公司管理体制、运行机制的原则的意见	2006-09-04
大工办发[2006]37 号	学校办公室关于大连理工大学学术交流公寓（国际会议中心）第二届理事会成员、理事长聘任的通知	2006-09-05
大工办发[2006]38 号	学校办公室关于 2006 年国庆节放假的通知	2006-09-05

（续表）

文件编号	文件标题	发文日期
大工办发[2006]39号	学校办公室关于转发发展规划处《关于进一步做好我校“十一五”规划编制工作的通知》的通知	2006-09-06
大工办发[2006]40号	学校办公室关于成立大连理工大学学风建设委员会的通知	2006-09-11
大工办发[2006]41号	学校办公室关于成立推荐优秀本科毕业生免试攻读硕士学位研究生工作领导小组的通知	2006-09-12
大工办发[2006]42号	学校办公室关于调整校改革与发展规划领导小组等七个领导小组成员的通知	2006-09-13
大工办发[2006]43号	学校办公室关于调整大连理工大学人事工作小组成员的通知	2006-09-14
大工办发[2006]44号	学校办公室关于成立大连理工大学突发公共卫生事件应急指挥领导小组的通知	2006-09-14
大工办发[2006]45号	学校办公室关于调整我校居民用电价格的通知	2006-09-18
大工办发[2006]46号	关于开展尊老敬老宣传月活动的通知	2006-09-22
大工办发[2006]47号	学校办公室关于校人事处更换印章的通知	2006-09-25
大工办发[2006]48号	学校办公室关于调整大连理工大学社会治安综合治理委员会成员的通知	2006-09-26
大工办发[2006]49号	学校办公室关于调整监察委员会等三个组织机构成员的通知	2006-09-28
大工办发[2006]50号	学校办公室关于成立“111计划”工作领导小组的通知	2006-10-09
大工办发[2006]51号	学校办公室关于调整校招生工作领导小组的通知	2006-10-10
大工办发[2006]52号	学校办公室关于调整校务公开领导小组成员的通知	2006-10-10
大工办发[2006]53号	学校办公室关于国际合作交流咨询委员会更名及成员调整的通知	2006-10-11
大工办发[2006]54号	学校办公室关于调整校毕业生就业工作领导小组的通知	2006-10-24
大工办发[2006]55号	学校办公室关于调整校产业工作领导小组成员的通知	2006-11-02
大工办发[2006]56号	学校办公室关于产业工作咨询委员会更名及成员调整的通知	2006-11-05
大工办发[2006]57号	学校办公室转发校友总会办公室关于推荐VIP校友人选的通知	2006-11-07
大工办发[2006]58号	学校办公室关于成立研究生培养机制改革工作领导小组的通知	2006-11-09
大工办发[2006]59号	学校办公室关于校计算中心更换印章的通知	2006-11-10
大工办发[2006]60号	学校办公室关于成立大连理工大学光电研发中心的通知	2006-11-21
大工办发[2006]61号	学校办公室关于调整学生思想政治教育工作领导小组成员的通知	2006-11-21
大工办发[2006]62号	学校办公室关于成立校成人教育教学工作水平评估领导小组的通知	2006-11-27
大工办发[2006]63号	学校办公室关于调整离退休工作领导小组成员的通知	2006-11-24
大工办发[2006]64号	学校办公室关于成立校干部工作领导小组的通知	2006-11-30
大工办发[2006]65号	学校办公室关于调整扶贫工作领导小组成员的通知	2006-11-30
大工办发[2006]66号	学校办公室关于成立校园网信息工作领导小组的通知	2006-11-30
大工办发[2006]67号	学校办公室关于举行“大工讲坛”报告会的通知	2006-12-01
大工办发[2006]68号	学校办公室关于调整助学工作领导小组的通知	2006-12-04

（续表）

文件编号	文件标题	发文日期
大工办发[2006]69号	学校办公室关于调整合作共事协商小组等两个组织机构成员的通知	2006-12-04
大工办发[2006]70号	学校办公室关于调整信访工作领导小组成员的通知	2006-12-04
大工办发[2006]71号	学校办公室关于调整后勤工作领导小组成员的通知	2006-12-08
大工办发[2006]72号	学校办公室关于成立成人教育教学工作水平评估自评专家组的通知	2006-12-11
大工办发[2006]73号	学校办公室关于调整大学生奖学金评审委员会成员的通知	2006-12-14
大工办发[2006]74号	学校办公室关于调整校红十字会理事会成员的通知	2006-12-19
大工办发[2006]75号	学校办公室关于成立大连理工大学金融风险与系统评价管理研究中心的通知	2006-12-20
大工办发[2006]76号	学校办公室关于2007年元旦及寒假放假的通知	2006-12-21
大工办发[2006]77号	学校办公室关于2006年校优秀教学成果奖评比结果的通报	2006-12-22
大工办发[2006]78号	学校办公室关于开放夜自习室的通知	2006-12-22
大工办发[2006]79号	学校办公室关于填报2005～2006学年实验室各项基础数据的通知	2006-12-26

表彰与奖励

先进集体

单位	获奖名称	授奖单位	授奖时间
大连理工大学	2006年度向教育部办公厅报送互联网信息先进单位	教育部办公厅	2007年2月
大连理工大学	辽宁省高校学科建设工作先进集体	辽宁省高等学校学科建设工作研究会	2006年7月
大连理工大学	2005～2006年辽宁省保密工作先进集体	辽宁省国家保密局	2006年12月
学生就业中心	辽宁省大学生创业教育示范校	辽宁省普通高校毕业生就业工作领导小组、辽宁省教育厅	2006年
城市学院	2006年国际大学生数学建模竞赛获二等奖一个、三等奖三个	美国应用数学学会	2006年2月
工会	大连市厂务公开工作先进单位	大连市总工会	2006年2月
科技处	“十五”高校科技管理先进单位	教育部科技司	2006年3月
土木水利学院理学预测会	2003～2006年大连市高校系统先进党支部	中共大连市委高校工委	2006年6月
党委宣传部	大连市法制宣传教育先进集体	中共大连市委 大连市人民政府	2006年6月
武装部	贯彻落实《国防教育法》先进单位	辽宁省国防教育委员会	2006年6月
工会	辽宁省模范职工之家	辽宁省科教文卫体工会	2006年12月
武装部	全民国防教育先进单位	中共中央宣传部、教育部、国家国防教育办公室	2006年12月
离退休工作处	2005～2006年度大连市老干部工作先进集体	中共大连市委组织部 中共大连市委老干部局	2007年1月
党委宣传部	辽宁省思想政治工作先进单位	中共辽宁省委宣传部 中共辽宁省委组织部	2007年3月
档案馆	辽宁省高等学校档案工作示范单位	辽宁省教育厅	2007年4月
软件学院团委	2006年大连市先进团委	大连市团委	2007年5月
化工学院	全国教育系统先进集体	人事部、教育部	2007年9月
离退休工作处	2005～2006年度辽宁省(中)直单位老年体育工作模范单位	中共辽宁省委老干部局	2007年10月

先进个人

姓名	单位	获奖名称	授奖单位	授奖时间
朱　泓	教务处	开放教育资源贡献奖	中国开放式教育资源共享协会	2006年6月
李宏男	土木水利学院	辽宁省高等学校优秀党员称号	辽宁省高等学校工作委员会	2006年7月
李秀花	电子与信息学院	辽宁省优秀党务工作者	中共辽宁省高等学校工作委员会	2006年7月
孟长功	化工学院	全国师德标兵	全国科教文卫工会	2006年8月
常　俐	离退休工作处	首届中国老年学奖“中国老年学学会工作先进个人”	中国老年学会	2006年9月
钱　敏	机械学院	首届大连优秀工程师标兵	大连市科学技术协会	2006年12月
郭姝媛	学校办公室	向教育部办公厅报送互联网信息先进个人	教育部办公厅	2007年2月
曲景平	化工学院	辽宁省学科建设工作管理先进个人	辽宁省教育厅	2007年10月

毕 业 生 名 单

大连理工大学第八届学位评定委员会第2次会议授予硕士、博士学位名单(2006-01-05)

博士学位

[1] 理学

应用数学系

计算数学

董玲珍　曾广钊　郑德印　裴永珍　王风筵

运筹学与控制论

李晓红　刘三明　韦才敏

[2] 工学

物理与光电工程学院

光学工程

王晓旭　李银丽　张桂菊

工程力学系

工程力学

任明法　孙　国

固体力学

周浩洋　刘泽佳　薛齐文

机械工程学院

机械制造及自动化

宫　虎　赵紫玉　季　田　冯冬菊　郝　平
张化岚　袁长峰　戚　栋　李万全　蔡玉俊

机械设计及理论

孙治国　李永华　赵婷婷　王淑芬　张建明
黄晓华

机械电子工程

张　莉　史燕琨　张可畏　余　隽　魏广芬
吕战竹　王福吉　佟建华　赵凤强

材料科学与工程学院

材料表面工程

柳　翠　牟宗信

材料物理与化学

刘天伟

材料科学与工程

王　清　尹合璧

土木水利学院

结构工程

徐泽晶　徐　磊　冯秀峰　张宏战　朱美春
牟晓光　张滇军　李　赫　王建有

岩土工程

李　湛　赵少飞　孙益振　张金利

水文学及水资源

郑德凤　董四辉　杜国志　赵鸣雁　王子茹

水工结构工程

李　亮　金　海　杨新辉　袁旭东　徐建国
李　兵　霍林生　金　峤　田明俊　石志晓

港口、海岸及近海工程

桂劲松　唐　军　宁德志　孙　路　周鹏飞

水力学及河流动力学

王志力

水利水电工程

王旭华

化工学院

应用化学

宋伟明　杨　鹏　任素珍　李志刚　董良军
陈永刚　白晨曦　宋锋玲

材料学

张春庆　曲敏杰

化学工程

钱柏太

材料科学与工程

王国庆　王　沛

化学工艺

刘春艳　刘全润　白雪峰

化工过程机械

宋占兵　杨国刚　陈彦泽

工业催化

郭孟萍　胡云峰　孔令艳

船舶工程系

船舶与海洋结构物设计制造

李艳君　陆丛红

电子与信息工程学院

微电子学与固体电子学

李　新

控制理论与控制工程

张　勇　李耀华

计算机应用技术

张　敏　史彦军　徐喜荣　刘洪波

能源与动力学院

动力机械及工程

贾俊曦　杨德胜　何　旭

管理学院

管理科学与工程

冷志杰　叶　鑫　林正奎　赵　晖　王　宁

环境与生命学院

环境工程

卜龙利　范　丽　刘振宇　朴香花

生物化工

王逸云

建筑与艺术学院

建筑设计及其理论

董　伟

[3]管理学

管理学院

技术经济及管理

郭　莉　纪志坚　杨敬辉

管理科学与工程

柏　丹　王满玲　谢焕瑛

人文社会科学学院

管理科学与工程

戴艳军　孙兆刚　徐大伟

硕士学位

[1]理学

应用数学系

计算数学

张远涛　曾　杰　林　涛　王　伟　李文升
郝海燕　谢　朋　李　宁　刘传静　鲁慧芳
周凤麒　张　峰　杨艳萍　张　凌　孙林君
申爱红　徐　强　孟庆九　关爱锐　张　岩
王文超　郑彩玲

基础数学

冯建霞　李　丽　杨明海　王　静　纪艳菊
王翠萍　宋福杰　赵光军　王利东　张　明
田苗青　张战场　石端银　陈玉珍

应用数学

喻国军　董　莹　赵　越　白忠祥　李国荣
王际科　王丽娜　赵金良　余方平　雷海林
余　睿　周　奇　陈　田　胡卫凤　焦小玉

运筹学与控制论

李艳杰　李　阳　吴艳辉　顾　剑　张伟伟
王　萍　张红娟　王　娜　刘春霞　于乐源
万丽英　岳晓晖　申丽娟　雒晓娜　金　畅
李　刚　姜翠萍　李　斌

物理与光电工程学院

等离子体物理

王　素　李亚磊　李艳琴

化工学院

物理化学(含化学物理)

徐　岩

管理学院

系统分析与集成

罗双玲　李大江　徐玉莲　马鸣杰　徐景良
高德华　贾运蕾

[2]工学

工程力学系

工程力学

王占磊

机械学院

机械电子工程

陈　涛　潘玉宝　孙　涛　王志鑫　卫江红
陈正江　韦　鹤　张　翀　杨雪鹏　金雅琨
高　军　王　斌　陈东升　张　凯　郑德兵
袁红亮　栗承斌　陈　莉　张海东　陈　波
张吉龙　王　贺　姚利斌　徐金亭　史显忠
宋　威　王袖钧　王春喜　朱少雄　张洁玉
范鑫睿　杨东军　侯贵堂　穆林涛　王雷钢
张松梅　周　鹏　肖日松　张胜利　陈俊峰
陈永华　陈国强　贾学军　吴红超　夏志辉
程　硕　卢　雁　范开萌　孙亚萍　李世才
胡旭晓　周燕峰　张生伟　常建涛　刘万振
田立明　尹德贤　李晓鹏　满　臣　李秉肇
李海亮　张健雄　霍　燚　郭权锋

机械制造及其自动化

原庆银　刘文海　刘职荣　杨上东　祁少华
孙利强　江胜峰　周　燕　李海滨　王　涛
贡志刚　潘　岩　曲　健　程丽芳　李　沐
宋丽娟　韩丹莉　谢成豪　江兆周　郑　伟
张树坤　韩　雪　王学文　王永科　靳静力
毕华丽　颜克辉　唐克岩　陈洪娜　唐合存
薛义臣　鲍金梅　马　玲　司马媛　艾传智
贾智贤　牛伟光　唐　勇　邱　铁　张　健
李　岩　范　烁　闻晓燕　杨东明　贾　颖
马　俊　黄爱芹　段　磊　刘轶斐　关微微
钱会强　李世桥　杜　强　徐莉莉　翁雪军
王彦军　曹永泉　蔡士东　孟宪超

机械设计及理论

李微波　魏　晓　杨建强　孙晓超　郭庭政
张敏强　任建基　宋　科　许长岚　谭　赞
杨　鎏　万　飞　郭云志　王玉峰　孙　鹏
齐晓松　张顺峰　刘　晶　马晓嘉　周玉敏
叶希贵　张俊河　朱连柱　郭彦肖　张楠楠
施会宾　杨绪光　李鹤荣　常春影　于贻鹏
余其兵　赵　律　刘海涛　王晓军　王逢全
洪锡君　甘树坤　王红艳　牟　森　沈青春
翟晓庆　卜忠林　刘忠赏　赵海波　翟　勇
王秀军　张素芳　尹卫星　赵鹏飞　宋近才
刘　欣　苏文涛　矫文聪　何　卫　王会刚
张久锋　马淑芳　刘家仓　程　辉　原　薇

模式识别与智能系统

段仁庆

材料科学与工程学院

材料物理与化学

王　辉　徐忠成　赵　阳　牛　静

材料学

吴志立　李　朋　车德良　刘　宇　高振宇
牟正君　朱　凤　李会玲　屈献永　袁　聪
何大鹏　张　萌

材料加工工程

吕述平　魏娜然　于延浩　赵彦波　肖洪波
张文肖　陈兴福　高振坤　曾　锋　李本贵
张久文　樊慧军　迟鸣声

土木水利学院

材料学

李　鹏　廉　龚　邢占东　田冬梅　赵善宇
郭保林　李宗梅　周飞鹏　姜祖强　曹庆坚

结构工程

杨　玫　陈　飞　水金锋　章坚洋　杨　楠
张　文　曹继锋　王延龙　王兴宇　吴先敏
李　坤

市政工程

姜　巍　刘琳琳　夏天成　付佳伟　董丽娜
崔纪鹏　谢　韬

水力学及河流动力学

蒙富强

水工结构工程

张彩双

港口、海岸及近海工程

张　娟　刘　冲　陈红军　毛雨婵　肖　辉
孙　冰　韩　明

供热、供燃气、通风及空调工程

孟世荣　李伟涛　陈会娟　范萍萍　张国利
陈　星

水文学及水资源

陈　艳

化工学院

化工过程机械

于生祥　方传艳

工业催化

杨海军　荀钰娴　迟　寒

应用化学

胡　爽　李建源　袁忠义　张晓琳

化学工程

宋　琛　李保军　刘　刚　张卫丽　雷　霆
王鹏宇　王海潮

安全技术及工程

马　路　尹晓燕　李　芳

船舶工程系

船舶与海洋结构物设计制造

李万有　肖丽娜　王永伟　刘炳楠　周　平
周　波　孔亚林　李宗民　孙先波　游前文
张付喜　付　玉　张庆文　周　芸　张　强
刘极莉　董晓霞　由　红　陶　亮　田　磊
刘宏峰　杨振财　刘　丹　戴　玉　欧阳胡明
姚道海　高　山　陈正超　解小冬　尤翔程
周晓明　姜　琳　陈　坤　王显正　王　侃
彭贵胜　周　煜　杨清勇　陈海斌

轮机工程

周　强　李作志　柏劲松

水声工程

庞业珍

电子与信息工程学院

控制理论与控制工程

李　锐　杜成文　李　森　崔　颖　马　彪
温立群　蔡嫣然　王永辉　仇大伟　李　桔
韩　亮　徐晓明　邢睿智　李振伟　孙　鹏
张晓森　王海萍　毕文彬　孔祥东　赵艳爽
张宝征　刘玉花　周广辉　胡明明　闫　林
余　华　魏　蕾　魏　猛　刘　明　雷永惠
卓　炜　丁　蕾　高兴航　唐　娜　李　勇
周开朋　孙刚磊　郭吉成　郝英立　曹爱武
雷　剑　宋国忠　朱　晖　韩慧丽　冷何晓
刘　蕾　田　丽　赵　森　王　成　孟　宇
王　冰　何龙飞　范世宇　周晓丹　张志勇
郭道明　张　岩　郭　利　朱云鹏　张永钢
林丽玉　张　薇　齐宗普　柯金虎

通信与信息系统

夏士友　孙洪雨　乔　琳　史大鹏　阎　毅
靳顺涛　刘静茹　魏传宇　雷小俊　赵贵军
邵天英　黄　鸽　李冉明　宿鸣明　赵凤勇
王孝丰　王建周　董宝玉　沈玉英　焦尚伟

检测技术与自动化装置

姬忠良　孙晓宇　孙　辉　陈宝君　郑小兵
苏　浩　杨家胜　张善锋　史成全　胡增强
郑德官　李　莹　董　明　刁　勇　王晓芳
李晓振

计算机软件与理论

崔　冲　周小兵　罗　云　匡亚明　崔晓婷
李　巍　范建明　吴跃冰　伍建焜　姚恒伟
刘凤成　韩宁宁　李永刚　王婷婷

计算机应用技术

杜　辉　唐海涛　朱春开　李新鹏　郑保重
张　昊　王学勤　王永新　曹江波　尹　鹏
苏立强　曲德华　张　学　王　伟　邹战波
金全凯　屈　岩　张盈谦　代　继　谷晓钢
卢　冶　管慧娟　李红芹　张　勇　徐　新
孟凡生　刘　明　刁华丽　舒小斌　杨宇曦
程　刚　叶　飞　张恒昆　高红燕　王　震
杨凤岐　田　巍　李慧军　王晋明　关惠强
武志峰　徐金哲　王金宝　严　峰　于守秋
谢　涛　邵　俊　冯　刚　孟　敏　钱会敏
平晓慧　郝春波　周　宇　郭春燕　肖凤纬
贺媛媛　康春雷　陈　衡　朱　杰　姜　楠
姜　鹏　李　晴　付克志　吴占洲　胡东涛
马　峰　宋　丹　张东方

模式识别与智能

王　辉　郭宏林　佟哲琼　许　鹏　雷　冰
李　峰　范迎南　张培龙　张福在　陈　将

测试计量技术及仪器

李中峰　董志国　张小军　郑永瑞　罗永胜
李　涵　赵庚申　郭子学　朱剑波　邝永变
梁柳娟　吴　娜　邹国红　穆小敏　宋　刚
陈里铭　郭　帅　陈晓春

信号与信息处理

邵　刚　杨　永　张启辉　滕　瑞　粟彦平
王梓人　张芳芳　初　孟　王　翀　石　雷
李　瑭　王　瑜　姜　明　赵跃杰　赵泰洋
徐庚元　杨新峰　操建闻　黄志杭　顾丹丹
王　亮　施文钢　付海燕　刘文锋　萧亦禧
滕　海　付　娜　杨志春　郭宝强　刘　洋
王永辉　萧亦禧　毛薇薇　房　超　孙宇哲
孙天舒　白冬梅　魏　媛　李鸿壹　李恒友
张立斌　陈　娟　田玉松

能源与动力学院

热能工程

苏文杰　薛永锋　冀新生　白旭东

车辆工程

徐向进　张宏伟

工程热物理

喜　娜　张红梅　杜德芳　吕继祖

动力机械及工程

岳常智　嵇智勇　许环运　寇向东　高小娟
张松涛　游　进　余红英　赵　锐　王益军
王守美　陈敏红　迟永涛

环境与生命学院

环境工程

陈　冰　田存萍　林海英　邢林林　马　慧

环境科学

朱　静

管理学院

系统工程

李海振　郭　慧　朱国华　丁秋雷　刘　佳
贾　萌　王宏玲　张志霞　赵　谦

物理与光电工程学院

微电子学与固体电子学

李国庆　王志俊　王新胜　陈　文

光学工程

梁殿亮

软件学院

软件工程

王红雨　常　升　郭　成　管东升　张　娜
刘　燕　廖德强　闫崇军　胡　滨　韩立奇
王清江　李向伟　范永刚　安　青　郎大为
杜　宇

[3]文学

外国语学院

外国语言学及应用语言学

史金婵　陈　铮　王琨双　林　萌　陈　旭
袁嘉曼　杨秋颖　才洪侠　叔　阳　邢　宏
李琳琳　张珺莹　隋丹妮　钟　华　李文超
李　强　张北林　王　悦　刘　洁　邢兆梅
贾彦香　杜彦乡　孙　伟　赵梓岑　吴思嘉
肖志清　陈晓霞　宋　哲　杨元元　王丽君
曾雪梅　岳展翼

[4]建筑学

建筑与艺术学院

建筑设计及其理论

李宏楠　梁　栋　江　杰　刘涟涟

[5]管理学

管理学院

管理科学与工程

刘昕露　高　雪　冬范明　王岳宏　任　爽
赖洪水　刘　燚　曹玉琳　王艳萍　焦　健
赖洪波　王　浩　崔　彦　张国权　李晓利
胡田田　李　健　闫宏斌　马宏伟　孙　毅
王建军　高　鹏　黄　冠　王志亮　李　锋

企业管理

江　南　胡　霞　陈木华　牛　娉　张海松
尹月婷　张　骞　王艳燕　王　岚　李　伟
曹　勇　林南南　张　颖　刘　毅　谭　伟
吴亚群　陈明炜　段明霞　陈洪佳　张　燕
孙彦玲　佟宁宁　陈尚卿　应祚来　刘念贫
杨秀伟　陈桂萍　孙　琰　郝　妍　孙　琳
张小红　娄　青　柳欣欣　王丰富　彭俊峰
卢瑜佳

会计学

王桂馥　田　鹏　王　晶　毕振华　王泽萍
那　智　李春阳　王晓华　霍　梅　钟琳琳
李　方　李　爽　王义平　张　丽　姜静青
李　伟　李　浩　王志伟

技术经济及管理

郑志海　杨阿猛　李青华　王　慧　姜　蕾
王慧瑾　徐丽娜　谭成章　王国凤　林安姬
杨婷婷　蔡叶娟　周　洁　张　丹　白荣欣
王冬岩　宋海龙　王永强　韩明杰　汲自华
仲小云　张　印　缪　波　王　进

行政管理

许维维　刘俊美　佟雪铭　于艳冬　王　慧
杨　琳　张　爽　李　丽　于　波　王振华
谢风媛　王珊珊　王　瓒　孙　琳　张　琳
李　娜

人文社会科学学院

管理科学与工程

张　静　赵　伟　张文博　周　照　纪晓丽
高　霓　王　昕　隆连堂　邹　昆　孟齐美
江诗松　苏炳魁　杨建秀　刘树高

行政管理

魏依娜　李启康　吴玉红　康宇航　韩晓光
王天崇　贺　剑　代秀艳　袁　昶　许成刚
杜　娜　郭远红　陈声竹　闫红梅　周柏春
吴海霞　白琳琳　张宏斌　周颖宇　朱　军
韩诚刚　耿志刚　包　勇　姜述俊　刘　滨
孙　洁　宿家慧　关丽敏　韩　强　李卫国
张晓东　李　河　裘孝锁　宫　克　孙茗达
那　琳　鲍晓娜　潘加军　张晓安　孙成林
王　楠　康小平

经济系

管理科学与工程

石新亭

[6]哲学

人文社会科学学院

科学技术哲学

卫金辉　杨常青　于成学　莫　莉　杨　静
刘　杨　高菲菲　韩　宁　朱彦元　韩　冰
于秀杰　柳　琦　郭　燕　王　毅　李雪梅
张舒阳　崔　玲　欧英利　任秋霏　周凌波
吴　伟　周　玉　秦　明

[7]教育学

人文社会科学学院

高等教育学

吕仲琳　张丽霞　杜　娟　王郡兰　于　冰
陈姝言　夏　薇　张　丹　宫　静　李曼曼

金　沙　魏海静　李永生　王　慧　时真妹
杨　娜　王立颖

[8]经济学

管理学院

产业经济学

梁洪海　赵宇芳　吴珊珊　董贺超　李华一
孙秀艳

经济系

产业经济学

岳　彬　李智博　杨　鹏　高琳琳　尹德武
屈军旗　杜延宇　刘　菁　熊　芳　赵　瑜
李光祎　徐本双　李小红　唐莹莹　李志波
陈　丹　杨　挺　逯笑微　张　蕾　汪　磊
许　诺　高春玲　宋　辰

[9]法学

人文社会科学学院

马克思主义理论与思想政治教育

赵晓乐　黄颖娜　靳　莉　周　霜　王　祎
徐　鹏　孔凡瑜　陈　晶　魏　薇　修艳竹
李伟侠　徐显达　谢光勇　滕丽娟　王雅君
王　芳

高校教师申请硕士学位

[1]工学

物理与光电工程学院

光学工程

杨桂娟

同等学力申请硕士学位

[1]工学

物理与光电工程学院

微电子学与固体电子学

刘　明

化工学院

精细化工

刘　念

土木水利学院

市政工程

蔡　岷

机械工程学院

机械电子工程

解翠英　臧大鹏　包海涛　顾　丰　朱焕立

[2]管理学

人文社会科学学院

管理科学与工程

乔晓林

管理学院

管理科学与工程

王　耕　赵振学　崔晓东　李　涛　闫雅娜

会计学

王　阳

技术经济及管理

胡　旸　阳　辉

[3]教育学

人文社会科学学院

高等教育学

李　静

[4]理学

物理与光电工程学院

原子与分子物理

王艳秋

[5]专业学位

(1)工商管理硕士学位

管理学院

秋季 MBA

工商管理

赵　勇　张　波　项昆伦　于敬艳　穆雪峰
滕颖莉　李海涛　孙福念　李伟国　董　泓
曲敬伟　程绍嵩　梁　刚　王贵卓　绍苇苇
夏立岳　林　涛　周俊辉　王莉莉　吕志宏
王　斌　杜　洋　智　勇　张亚东　李进杰
张连义　王　键　冷学超　常肖冰　郑　艳
季臣东　刘　涛　洪　为　隋长庆　赵明晓
郭　晶　齐　菲　陈颢予　李连芬　刘　刚
李　强　焦裕群　关英爽　苗　颖　戚　伟
宫　成　郭延河　刘显刚　刘俊懿　季雅莉
张智慧　王丽蓬　苏　旭　胡　克　刘飞宙
李文欣　王　蕾

(2)工程硕士学位

土木水利学院

建筑与土木工程

袁　韶　陈　森　赵俊生　彭建伟　王岩峰
陈泽伟　王　斌

水利工程

张文庆　温　旭　罗振平　王树芬　杨金良

张延坤 付洪明 陈光 彭立前 李伟
夏洪峰 马进

化工学院

化学工程

陈永英 程培久 于天杰 王力成 赵亚娟
戴景富 王泉 任静

化学工程(化工机械)

吴艳萍

化学工程(煤化工)

黎光 王朋 胡兆勃

电子与信息工程学院

计算机技术

赵风强 凤宁宁 王浩 李东升 朱雪松
陈涌 姜椿 徐彬 程兴鹏 张宁
方立 胡天兵 阎振强 方勇 李铁峰
李雪飞 李少连 陈岩 姜葱 刘立丰
李兵 王国柱 纪洪君

电子与通信工程

杨宏旭 王峰 殷福林 李孟 邹大卫
牛振宇 史鹏程 李智祥 安雪晶 陈星海
谢纯 马作斌 李增有 刘秀 丛瑞海
刘红卫 刘鹏 于善国 全学东 杨竣
王德安 李思阳 郭春柏 于跃 刘强
王兆东 马德荣 王菁 郎淳强 王开胜
徐犇 吴彤

控制工程

陈承继 史翠兰 王文华 王洪庆 何晶
叶涛 姜晶 姜丽华 高玉芬 刘英海
张秀芳 刘中华 侯勇强 张永江

软件学院

软件工程

于彦凤 程卫祥 张俊宁 牟洪涛 吕杨
郭颖 王永旭 周振雄 陈巨龙 杨春雨
郭伟 占学秋 张俊哲 张丹 赵瑛
林峰 杨振辉 郭旭 付昌宇 刘雨山
朱占东 于东辉 刘娜 钱士奎 于涛
姜海虹 苏秋野 韩玲玲 李霞 张建华
李秉坤 武文丰 孙王杰 施云贵 赵明炬
邢治国 鲁娆 王萍 李强 董天
王印庆 由枫秋 顾红生 崔革 崔振楣
高晓燕 田晓军 刘坤 柳婵娟 徐强
吴晓琴 赵开芹 王者旭 张忠磊 田世壮
刘启明 吴文国 袁士友 李春雷 傅文江
井学惠 吴国斌 于文辉 吴兴海 徐强
董兴涛 刘明娟 艾心勇 于东光 闫波
李凌云 孟庆民 齐永波 李玲 程涛
赵伟 陈颖 赵恩跃 吴垂栋 李龙升
李玲 张益政 范文震 管永升 孙友凯
湛林福 宁会生 商靖 刘锐兵 张文姬
苏伟君 张秀兰 张波 徐铁军 王淼
孟杰 姜文 赵玉 万延芝 宋立
陈颖 徐宏伟 贾鹏飞 张雪梅 汝春雷
杜树蕾 姚浩 侯宪赤 王严东 刘宝瑞
高琳 董艳菊 于小平 白璐 伍松明
沈晓春 王爱凤 马宁 庞祥武 张红
凌丽 王德利 陈景波 朱坤 雒春雨
汤迎春 刘德华 张松 杨海三 郭娇蕾
王剑威 刘东昊 刘济 刘刚 黄州锦
李源 贾芳 姜伟国 王安庆 赵峰
孙亮 李根 柳文霞 赵晖 初阳
张杰 杜铭 刘宇 杨冰 韩锐
马明勇 董宇峰 莫浩桔 李元杰 王鹏
刘宗旺 袁伟功 慈峰 田翀翀 孙原
汤浩 邹丰 纪航 黄杰 张磊
张昕 苏里 兰成华 韩荣新 曲娟
王柳人 张彬 王李 仁刚寅 陈松
王楠 于蕾 傅世博 唐蕊 于彦凤
张俊宁 韩玲玲 李霞 郭颖 李秉坤
武文丰 高山 牟洪涛 程卫祥 吕杨
于海龙 周亚芳 潘淑平 侯铁成 苗晓磊
李秋菊 王峰 孟祥斌 李真 李红
王罡 德东 张淑芳 王洋博 胡喜玲
张海新 杨朝均 付巧娟 李林田 李杏林
单德凯 张晓东 曾朝顺 戴志民 刘凤伟
李晓寒 李宏 周勇 谷旗瞻 王峥
吴伟光 林金钳 刘庆国

船舶工程系

船舶与海洋工程

孙方亮

能源与动力学院

动力工程

张新民 商文东 刘凤云 王旭东 方华
王崇孝 于泓

车辆工程

常丽 崔玲 单志强 高福国 丁在明
张宏坤 王旭荣 刁希莲 尹占顺 宋进桂

谢在玉　于京诺　顾红伟　朱光苗　杨占鹏
王海军　王福忠

机械工程学院

机械工程

郭春晓　邵永涛　刘　涛　吕　利　田继宏
张剑锋　景建华　王　金　丁爱萍　闵亚军

陈　航　段玉峰　胡　健　孙世波　谭宇海
杜广朝

环境与生命学院

环境工程

夏　懿　杨　桦

大连理工大学第八届学位评定委员会第3次会议授予硕士、博士学位名单(2006-07-07)

博士学位

[1]工学

物理与光电工程学院

光学工程

程丽红　王兆阳　马春雨

工程力学系

固体力学

隋永枫　刘晓洲　云　海　屈　衍

工程力学

李建宇　谭　涛　李海涛　李瑞勇

机械工程学院

机械制造及其自动化

孟永胜　李　震　王万雷

机械电子工程

周　明　韩丽丽

机械设计及理论

李云峰　薛立华

材料科学与工程学院

材料科学与工程

赵彦辉　马春雨　谭　娜

材料表面工程

常海威

材料学

刘成龙　宫长伟

材料加工工程

房灿峰　温　斌　管洪涛　李新涛　段玉平

生物医学工程

梁栋科　王伟强

土木水利学院

防灾减灾及防护工程

闫东明　孙　丽　袁　颖

水工结构工程

秦理曼

水文学及水资源

李向阳　何　斌　张　驰　李亚伟

结构工程

黄志强　杨　萌　王学志

岩土工程

年廷凯　肖成志　李顺群　许成顺

桥梁与隧道工程

余报楚

港口海岸及近海工程

王丽勤　桂福坤

化工学院

应用化学

徐志刚　赵　宇　陈秀英　马　威　李悦青
冯柏成　刘凤玉　李刚月　刘栋良　徐兆超
李　峰　袁　冰　汤艳峰　郭　磊

工业催化

田福平　郭明星　刘　娜

化学工艺

贡卫涛　李　燕　刘　新　李世光

化学工程

肖　武　兰　忠　宋克东　郝文峰　翟丕沐
陈邦义

材料学

何　伟　高玉荣　阎庆玲

船舶工程系

船舶与海洋结构物设计制造

张雪彪　肖　越　郭培军　张维英

电子与信息工程学院

控制理论与控制工程

蔡　敏　王介生

信号与信息处理

林秋华　梅铁民　唐　洪　张安清　马晓红
历　剑　张旭秀　孙永梅　查代奉

计算机应用技术

孙　焘　李慧贤

能源与动力学院

动力机械及工程

葛少成　唐　斌　戴永谦　刘　红　贾　明

雷霆宙　张全国

管理学院

管理科学与工程

许智超　章忠志

环境与生命学院

生物化工

包永明　常秀莲　关　水

环境工程

郭建博　丁光辉　韩建波　崔春月　张志勇

张兴文　宋智勇　韩严和　张寿通

[2]理学

应用数学系

运筹学与控制论

赵亚莉　林　琳　姜昱汐　于洪霞　任咏红

李梅霞　王　冰　白乙拉　赵海清

计算数学

赵丙辰　李锋杰　姚玉华　高淑京　白凤兰

梅建琴　吉日木图李　春　孙怡东　纪凤辉

于亚璇　刘力军　杨　洁　彭兴璇　庄举娟

物理与光电工程学院

理论物理

徐立昕　田建祥　郭彦青

凝聚态物理

李善锋

等离子体物理

王达望　尹美强　王艳辉　于　红　谭　畅

吴　迪　张远涛　贾　莉

原子与分子物理

王森铭　马建军　张建阳

[3]管理学

管理学院

管理科学与工程

郭　琼　徐经意　黄晓艳　周东生　刘晓英

孙承廷

技术经济及管理

于惊涛　邵晓阳　邓　华　宋金波　秦　颖

卢晓丽　孙秀峰　孙大鹏　韩维贺

人文社会科学学院

科学学与科技管理

侯海燕　谢彩霞　王英俊　徐雨森

经济系

管理科学与工程

苏振东　孙晓华　宋　岩

同等学力工学博士学位

港口海岸及近海工程

闫利军

硕士学位

[1]工学

物理与光电工程学院

光学工程

孟秀娟　杨　杞　杜聚有　秦少平　刘同波

董玉珮　李建勇　解　宇

微电子学与固体电子学

孙万峰　徐艺滨　冯庆浩　马世猛　杨　隽

工程力学系

一般力学与力学基础

刘春良　王　刚　孙永森　刘学涛　王德吉

孙广艳

动力学与控制(2003 自主设置)

陈杰夫

固体力学

陈　亮　周　庆　刘赫凯　杨　柳　胡　荣

关宏波

流体力学

秦颖超

工程力学

杨　菲　赵　伟　张　鹏　张　弛　王　越

邹　鹏　齐瑞才　张鹏程　侯善芹　安　然

许庆霞　曾庆强　周定国　余志兵　冯超恒

于　平　张守云　刘婉秋　吴明喜　孙　卓

康　健　张小良　陈　涛　刘　岭

机械工程学院

机械制造及其自动化

杨永亮　潘国贵　于俊发　马　东　井长胜

周建新　赵　杰　曹　斌

机械电子工程

刘　洋　佘东生　王益华　张金月　刘兆凯

机械设计及理论

杨季玲　纪志刚　孟兰会　陈　羽　杨军生
何　金　张歆澍

模式识别与智能系统

孙钦东

材料科学与工程学院

材料物理与化学

姜利民　岳　磊　胡雅琴　刘红宾　杨小军
李哲男　张起生

材料学

李博宇　于凤云　卢国英　李　茂　杨承波
张庆宝　杨　朋　胡德平　王国阳　杨　冰
王　爽　劳晓东

材料加工工程

李玉波　王　恒　杨　森　刘万忱　肖　寒
杜　鑫　麻春英　郭　进　沈　勇　罗　宁
黄利生

土木水利学院

港口、海岸及近海工程

王　晶　李仕成　杨艳增　黄小华　温过路
夏永成　李晓慧　陈丽琴　尹长权　郑瑞杰
于曰旻　郭玉彬　徐　为　高　璞　陈煜淼
扬　懿　商怀帅　李洪声　张丽敏　包伟斌
余大胜　赵凤亚　孙立志　刘庆荼　刘艳莉
包　艳　方金苗　汤小霞　何广华

岩土工程

刘　洋　冯亮亮　孟长江　杨志华　张吉宏
冀彦卓　吴国华　付建宝

结构工程

陈志勇　孙明坤　张明慧　肖　红　李学进
王　健　徐东坡　付朋辉　李苏苏　郭洪亮
孙治国　徐　勇　张大鹏　孙　进

市政工程

张海平　贾　鹏　姜艳艳

供热、供燃气、通风及空调工程

孙　鹏　丁颖慧

防灾减灾工程及防护工程

杜　超　李大东　刘莹光　张安玉　孙亚峰
陈元素　马秀平　王　腾　苏志彬　孙　宁
姜爱玲　王栋磊　刘　鑫　张本一　贝伟明
褚雪松　林利民　李学涛　杨正权　吴利玲
孙腾阁

桥梁与隧道工程

张永杰　李　冬　梅秀道　杜高明　李文武
田汉州　姜　霖　杨洪波　陶小兰　张　凯
王大伟

水文学及水资源

薛丽娟　樊　琰　李林林　闫春程　陈贵龙
张世坤　康立芸　林　冰　刘雪峰　曹玉涛
刘洪岫　霍凤霖

水力学及河流动力学

陈　晶　孙　会

水工结构工程

汪红宇　李留强　丰　飞　闫晓荣　陈　雯
王　倩　叶华静

水利水电工程

郭　锋　程国瑞　王　洋　杨　静　张雪利

化工学院

化工过程机械

张存炜　田春香　王雪峰　吴　丹　刘华炜
徐上峰　杨会中　苑塔亮　王　岳　冯　雪
赵顺轩　苏　阳　徐　鹏　蒋　婷　郝晓梅
闫　勇　王　旭　刘　虎　张志刚　王　琳

化学工程

赵　虎　张大林　王旭东　于跃飞　李丹丹
李胜利　侯　颖　谷　燕　范方荣　贾丰春
陈五花　赵建伟　唐　亮　宋丽丽　李丽娜
孙　平　张秀青　朱蕾蕾　张　健　齐连祥
于　楠　刘　江　林　乐　王艳芳　原栋文
王志强　王清泉　岳　宇　周彦明　王智勇

化学工艺

王旭艳　金　彦　李艳凤　孙　楠　于兴河
刘书林　王晓丽　刘　亮　李佳伟　赵海霞
蒋　勤　檀素霞　耿佳佳　蒋　达　肖　南
冯利波　李杞秀　李　恒　石春艳　王亚芳
何德民　张　丽　刘金刚　娇　舒　黄大军

材料学

王宏琳　邹王莹　倪　阳　刘　慧　于　祺
任　艳　刘少玉　吴长伟　王正胜　王　燕
任　林　史工昌　单　薇　张　琳　刘世民
王妮妮　闻学秋　王启飞　刘　铖　孟凡秀
刘海峰　王海连　何丽杉　王萌萌

应用化学

范丹丹　王　娜　李晓娜　张凤鸿　闻伟锋
程耀邦　于立秋　舒　凡　赖　琼　张志超

王建新　王杰雄　周　辉　范庆松　仉燕来
张　俭　邵　艳　邱　琳　吴中艳　刘　军
周宇宇　张金梅　高爱萍　杜立波　郑俊旭
夏婷婷　刘季红　李鹏飞　李子涛　蔡晓莹
陈美娟　刘　杰

工业催化

郭维静　马云云　刘春阳　刘　斌　齐国金
魏庆玲　徐仁顺　苟建霞　叶　娜　赵月峰
李　鹏　左广玲　沈宗华　费小猛　解建国
曹建峰　夏存杰　白洪亮

安全技术及工程

薛　琳　常宇清　张胜勇　田　甜　鞠茂伟
李文秀　李江涛　庄昕蓓　曹国俊　鲁　楠
葛天明　胡春明　谷祖虹

船舶工程系

船舶与海洋结构物设计制造

仲维炜　张　工　于　斌　曹富鹰　李进安
张宏帅　于麟川　王丹丹　李海波　吴　巍

轮机工程

韩东辉

水声工程

王兆骞

电子与信息工程学院

通信与信息系统

林立峰　郭广峰　张建刚　毕海波　李　策

控制理论与控制工程

郭福帅　王　政

计算机软件与理论

刘　骏　夏元良　赵红灼

计算机应用技术

张　艳　田冠华　颜世鹏　武相军　李　燕
李兆明　贾学芳　白双强　于文会　袁　彬
房俊梅　谢　辉　李伟华　刘勇峰　李正夫

能源与动力学院

车辆工程

邢建强　付　通　赵秋芳　郑利铭　梅育庭
余树洲

工程热物理

赵和平

热能工程

曹开智　范延品　刘远超　刘亚琴

动力机械及工程

崔海涛　鲍　镇　周文彬　王　宁　王　磊

制冷与低温工程

吴凌浩　王　磊　徐长红　张　良

管理学院

系统工程

陈　曦　郑　薇　邱斯莞　尚志豪　傅　韵
郭宇鹏　刘延亮　金　妍　陈雪峰　田海燕
曲义飞

电气工程与应用电子技术系

电机与电器

林　峰　邵长久　吕　斌　李　博　蔡毅云
刘顺新　刘为民　陈　跃　张可飞　孙利华
盛瑞明

电力系统及其自动化

王　媛　宋静萍　王　昆　史蒂文

电工理论与新技术

王赟鹏　王　振　陈　鑫　林国艳　徐　宏
刘江江　娄山林　姜文理　宋加中　王　贺
张　宏　姜　瑜　崔德友　张启福　耿金芬

建筑与艺术学院

城市规划与设计

孙志刚　王金岩　单学军

环境与生命学院

生物化工

魏美娇　张　匀　徐敬宜　杨洪泽　李　铮
文成玉　高新亮　石桂芳　真国辉　王军华
付光明　张学彬　徐友海　宫维嘉　贾顺义
孙元社　王　宇　王　博　孙　磊　白　玉
刘　姝　常　妍　杨　蕾　荆晓艳　徐洪涛
武国栋

环境科学

康晓林　张婷婷　刘明辉　郭士元　李秀婷
陈　妤　汪　丽　张丽娜

环境工程

杨海明　于　龙　环久峰　李艳松　葛　君
何万江　曲风臣　吕　佳　刘　萍　毕会锋
刘伟丽　谭　跃　嵇囡囡　张晓博

软件学院

软件工程

于铁拴

[2]理学

应用数学系

计算数学

王子航　于明言　赵　建　马　列　张萌萌

杨万武　常先堂　周建斌　王百青　杨　红
王宝东　张　翠　潘　花　李　云　高友兰
戴亚滨　孔令才　杜　娟　廖肇源　张晓丽
部欣春　李晓雨　朱安强　苏延辉　钱　韬
王　博　员书杰　王　鹏　李肆鹏　陈　兵
董　洋　刘俊同　王　静　杨　森　高文武
张　伟　刘　燕　许小芳　高　慧　赵　丹

基础数学

苏　涵　李清栋　李春霞　修风光　李　婷
徐　旭　叶明玉　李　群　秦玉芳　杨瑞克
林洪娟　耿金波　马　静　洪　亮

应用数学

王少翎　艾　波　唐南南　宋林锋　杨金花
刘璐菊　王凤君　胡　涛　吴定欢　康金慧
谢杰华　燕艳菊

运筹学与控制论

曹宏举　刘朝阳　李科赞　王文宇　白　巍
王　娟　刘　波　杨慎恭　李　宏　李爱玲
赵秀菊　刘　溪　肖　瑾　杨义新　刘丽英
刘　震　戴晓鸣　于桂花　高成志　袁　晓
李　洁　谭　冰　冯　艳　王　君　蔡天鸣

概率论与数理统计

付增梁　许双林　芦　丹　刘凌冰　王洪曾
马玉田

物理与光电工程学院

等离子体物理

王旭丹　林　霖　朴　勇　尹晓明　陈龙威
李　勇　张兆吉　刘韶华　苗　壮　刘瑞娟
郝斌魁　王　坤　刘　磊　张　琳　杨恒磊
张红艳　钱丹娜　刘晓娜　金　英　王丽红

凝聚态物理

雷鸣昊　武　娥　李海玲　王娜丽

光学

邓　俊　达文欣　代云丽　邢立伟　李　岩
李鹏飞

理论物理

张　宇　林英浩　王　礼　晏光辉　常俊丽
侯耀芳　韩丽萍　刘志环　王　凯

化工学院

无机化学

刘　茹　满　卓　谭　周　徐春菊　李海燕
王继凤　宫本海　常杨军　徐善利　张敬波
姚淑平　熊　燕　王妍妍　马　英　陈殿军
刘日平　李洪奎　白凌云

物理化学(含化学物理)

王囡囡　王　崇　吴海鸣　胡照琴　王海勇
王　艳　于姗姗　李　健　史玲玲　张洪艳
殷竟洲

有机化学

爱德戈尔吕　彪　杜世清

管理学院

系统分析与集成

崔如娜　王曙光　古华贞　邓耀辉

[3]管理学

管理学院

会计学

孙志国　王　璇　蓝玉叶　周靖飞　任　梦
任　力　杨黎黎　李　珣　边晓红　汪思亮
秦英楠　李艳丽　肖　峰　陈　冬　武旭斌
史晓媛　刘淑璐

管理科学与工程

付纯琦　倪子建　王天宜　吴治宗　蒋方颖
李忠浩　姚永祥　陈　涛　李　凯　毛玉欣
陈　坤　伊文霞　葛冬雪　张　竹　成　斌

企业管理

刘大伟　赵雯雯　谢黎黎　丁文林　程艳萍
杨　梅　王雪冬　赵　玥　吴　狄　贺　琛
袁　路　郑晓欢　李　鹏　武慧君　李广鹏
刘琳莉　勾希萌　蒋桂林　赵宜静　郝方芳
刘　飞　宋巧苓　吕　林　韩丽晶　王　舰
杨晓梅　赵笑一　李文霞　王　磊　莫日根夫
刘绍昱　于莎莎　刘瑞东　姜韦韦　乔新丰
张潮枪　李　刚　任　鹏　刘　楠

项目管理(2002 自主设置)

吴德军　蒋　兵　孙淑云

技术经济及管理

孙　辉　王丹青　肖艳华　冉爱晶　高　伟
唐　毅　梁秀华　董世明　王旭东　崔　淼
矫野松　张黎澍　宋文丽　姚月姣　王秉坤
窦一杰　安　宁　陈晓宇

行政管理

王　颖　徐振发　贾　微　许　丹　张诗莹
周　杨　刘　颖　张健东　唐丽莉　王文娟

社会保障

于　冰　兰　琳　宋莉莉　杜翠欣　林乐飞
孙　波　顾　茜

人文社会科学学院

行政管理

韩燕晖　刘晓妍　唐晓嵩　于　佳　朱　敏
邹　勇　李　斌　张吉庆　钟　蔚　仇宝红
吴诗琪　吴春红　姜　雪　聂　婷　侯庆敏
陈　航　王晓薇　张　军　吴　雪　李　墨
徐　进　常燕军　吕连合　冉　娟　陈立斌

科学学与科技管理(2002 自主设置)

廉　鑫　杨　木　王　裕

[4]经济学

经济系

产业经济学

王计乐　刘优剑　李国峰　于小飞　程瑞雯
于佳木　狄　敏　于秋景　孙婷婷

人口、资源与环境经济学

韩玉香　于　飞　谢天颖　刘　佳　刘小琴
杨　峰

金融学

张晓伟　王百超　郎荣娟　姜慧娜

国际贸易学

滕丽丽　孟　振　朱斌锋　魏　巍　郭冠男
任慧玲　任　珊　田　芳　陈大伟

管理学院

金融学

李　丹　王　颖　王玉刚　胡江锋　刘　旸
张　莹

国际贸易学

梁　静

人文社会科学学院

区域经济学

马　迪　邱　岩　王丹阳　邢仁芳　刘　静
曾　丹　吴乃瞻　徐志平　刘玉奎　张　冰

[5]哲学

人文社会科学学院

科学技术哲学

曹　蕾　李良敏　邹芳芳　杨　颖　何　亭
乔秋华　杨芷郁　刘　扬　吕春华　孙　巍
汪　漪　杨晓峰　尹雪慧　田　甜　王玉林
谭　超　郑　莹　张　楠

马克思主义哲学

张增娇　段微晓　郭岩峰　刘　越　许　智
管　宇　张春艳　谢喜玲

[6]法学

人文社会科学学院

马克思主义理论与思想政治教育

杨玉梅　刘忠波　何美子　刘　霞　戴臣军
姜　赫　崔婷婷　卜昭滔　孙庆贤　周力辉
张艾玲　葛　岚　于晓霞　郭秀银　江　静
曹雪飞　杨　晶　逄清秀

民商法学

孙玉芳　孙　非　栾　鸾　倪乃迪　郑春雨
程　琳　杨　颖　何　苗　魏　娜　刘　佳
王　平

[7]教育学

人文社会科学学院

高等教育学

董玲玲　张立伟　张燕天　王昕昕　李艳茹
王玉瓶　窦锦伟　孙　艳　徐冰冰　潘福妮
阎婧袆　宋连莲　刘培莉　周文娟　魏　颖
文　隽　潘广贤

[8]文学

人文社会科学学院

传播学

赵冬梅　孙　佳　梁红娟　高慧艳　周红路
徐　颖　宋小萌　张国平　柴　玥　顾春光

[9]历史学

人文社会科学学院

中国近现代史

赵姝婕　房忠婧　梁　娟　张　斌　张　硕

[10]建筑学

建筑与艺术学院

建筑设计及其理论

杨　冰　王东亮　赵晶晶　梁娅娜　石　华
杨　坤　宋文慧　金静宇　杨　健　张　威
王丹丹　黄丰明　张广娟　张　丹　刘九菊
赵鸿灏　聂　晨　王美芳　李　博　李振海
吕　彬　高　莹　张　丹　邱亦锦　王　璐
杨　波　陈　洁

同等学力申请硕士学位

[1]工学

化工学院

应用化学

张志慧　李彦龙

土木水利学院

防灾减灾工程及防护工程

刘晨阳　韩　屹

结构工程

王宗舞　辛翠香

结构工程(供热、供燃气、通风及空调工程)

徐云伟

电子与信息工程学院

计算机应用技术

王　震　隋励丽　杜丽群　杨　薇　方　兴

李传龙　徐　丽　刘　恒

通信与信息系统

孙　鹏

环境与生命学院

环境工程

齐爱玖

[2]理学

物理与光电工程学院

理论物理

孙世志

[3]管理学

管理学院

技术经济及管理

薛　英　高　晶　张　艺　孙立秋　马希才

企业管理

陶玲玲

管理科学与工程

张积勇

会计学

贾革文　杜　霞

[4]法学

人文社会科学学院

马克思主义理论与思想政治教育

龙鹏举　陈肖东

[5]专业学位

工程硕士学位

机械工程学院

机械工程

刘正斋　祁世屹　曲天威　曾海涛　柳肖艳

孙茂船　周玉龙　张　琳　苏锡锋　韩　琦

邹晓光

土木水利学院

建筑与土木工程

宋文强　宋力和　曹　冰　陈劲夫　王海龙

刘　洋　佟军华　周海霞　邵志博　谢田华

王鸿鹏　冯智双　邵作斌　秦　路　王加弟

刘　洋　王瑞涛　于俊斌　李　涛　朱　琨

刘贺宁　张可誉　王建霞　关　卓　谭春安

徐　辉　孙文杰　陈方雷　楚亚慧　周爱军

李子文　毕建勋　汪祯民　张铁志　王文江

徐涤新　毕　波　刘　江　王力艳　赵　福

吴长城　孙爱民　姜少利　范　睿

水利工程

李恒山

化工学院

化学工程

徐淑媛　王怀文　鲍永忠　杨永刚　刘家伟

李贵合　张卫东　李永达　张　野　付德生

潘　旭　丁建龙　吴玉斌　吴　婧　孙丽艳

南圣林　王　博　杨宝功　马国通　郭海燕

董国胜　程光剑　王　健　肖胜军　袁业旭

周　权　马　涛

环境工程

刘　婧

电子与信息工程学院

计算机技术

郭金辉　于　萍　李建民　石　风　刘富一

贾泽琪　王　丽　聂洪涛　王　玮　王迎帅

曲伟峰　李　鹏　姜胜震　唐秀霞　官建武

朱晓峰　刘建军　吴　畏　邵巍巍　孙治平

张丽红　冯　研　张　悦　闫海涛　王爱勇

梁　栋　王晶岩　陈云影　刘　洋　李英志

李　丹　邱少明　陈　晶　郑四敏　孙世巍

张鑫远　刘　岩　王　辉　李　钢　李　亮

薛　璐　黄海剑　陈　勇　潘　丽　王　玮

崔　军　王桂娟　季长清　孙克斌　魏　东

邵　刚　王　冬　孙承武　娄建楼　赵　鸣

袁　勤　任　艳　高林嵩　宋　阳　慎建平

车　魁　丛日昭　王　楠　李　季　张育琦

宋永欣　刘铁宏　孟令军　李国秀　李若斌

梅冰冰　孙国斌　钟志睿　杨海彬　陈　甜

张兵兵　柴　斌　杨　抒　刘　妍　付　翔

电子与通信工程

王发昌　林粤江　王青华　张　莘　范　斌

周　劲　张　强　费砚志　周　行　黄青杰

邱建勇　邹　壮　范士勇　王喜民　李全峰

李志刚　吴忠亮　温志峰　赵哲峰　赵希涛

王松岭 刘春峰 林大勇 齐锋 徐昀山
诸镭 崔建 王明东 曹宇 邓高翔
王怀志 钟全刚 韩魁 石兴华 王坚冰
陆洋 罗新 栾连毅 李洋 蒋旭
史旭鹏 王晓虎 杨宁馨 王雪慧 张兴龙
赵二龙 牟林 金宏毅 任丹 吴沁轩
严星 李鹏达 刘新晨 杨致伟 杨江
韩建新 张卫东 刘子栋 梁磊 王昕
沈蕾 刘冰 杨晓龙 刘先波 周志强
吴江鹏 刘华龙 费兴栋 左涛 冯小东
靳永昌 卜艳青 解恒夫 杜柳东 刘文军
于洋 林英波 张辉 温杰 詹永丰
马蔚云 李德纲 潘宝丰 王江卫 宋晓华
葛雁鸿 王琦 张树勇 李广东 孙琳琳
李强 郭庆勇 王甫东 何刚 李军
杜虹 曹景龙 盖齐林

控制工程

邵波 张良 郝建宽 张大勇 梁伟峰
苏娜 张世建 贾晓升 赵纯禹 陈永杰
陈锦生 李学军 张金果 赵斌 高洪岩
曾凯 史慧勇 张敏 石瑛 赵亚超
孙雷

能源与动力学院

车辆工程

刁有明 姚杰 王玉成 张笃佳 毕新雯
魏远征 韩凯 孙武

动力工程

杨富华 郭汉玉 刘剑 王建 王莺歌

管理学院

控制工程

陈淑英 李建勋

环境与生命学院

环境工程

张万筠

软件学院

软件工程

唐英 杨晓琳 刘敏 马阵 龙桂阳
陈志远 宋自文 王俊声 李保军 袁华军
陈树娥 许春权 林晓 吕宜亮 孟俊成
方海峰 林洁 何微 吉磊 刘文杰
田军 吴乃超 王传玮 陈明 张林
田宇 康晶 张灼 高旻 伊峰
蔡燕燕 史冉丽 孙建华 赵显英 王宇
孙米娜 闫倞 王鉴 刘述天 和巍
陈萌 丁景丽 李溯北 赵振国 黎平
王勇 姜国栋 谢俊 吕鋆柯 王长松
来长江 何珊 莫莉 袁慰杰 刘凯
田辉 崔晓华 张蛟 张华昕 姚勇
付豪 王斌 周建宇 陈英 王晓健
于晓晨 王治峰 吕洋 邹先峰 杨慧荣
杨永贵 谈蓓月 孙明国 刘明 黄南天
吕浩波 刘玮 陈华峰 孔芳芳 刘柱
潘冬子 郑巍 程亮 秦新冰 曲红
林琳 李彤童 李越 蒋海清 谭晓光
殷广扬 陈丽丽 陈瑞林 李子扬 张华烨
杨涧石 孟明 刘吏 石月 刘凌运
姚炜 李剑涛 邸志鹏 张量 罗冰
苏博 滕扬 陈曦 张姝 李猛坤
任一支 马丽娜 于伟海 刘志强 董俊辉
刘艳 郝志翔 桑囡囡 张晓磊 石微
梁大鹏 马振峰 李明 柳学瑾 顾宏扬
修世军 韩长军 陈玉国 韩光 徐权
韩静 徐放 胡博 向华 张春华
张文勇 张大亮 闫东泽 陈侨 欧爱平
朱俊波 胡民 邵志勇 张昊宇 邱拥军
陈征 王吉法 许力 张熙菡 刘卫强
吴雨舒 刘耀 程学敏 陈庆 张彦东
汤景 苗海 王治博 王楠 马丽
张朋辉 邹怡 曲元鑫 丁亮 史旭东
文瑞 郑常青 张天犁 路巧玲 穆鑫
钟鸣 王玲 唐哲 吕艳 张言虎
张敏 房乐天 安琦 马晓晴 马瑞新
张航 马立国 张楚 吕世纪 杨科
朴文杰 何琳琳 张海图 刘多全 邓晓懿
冯斌 周静 黄超 宋宝宇 刘长明
秦玉磊 王树春 王长斌 王巍 贾青
梁勇 田原 左云峰 孙强 王翔宇
莫岚 徐小沫 周斯 杨毅 张届伟
刘荣 李霜 李姿墨 杨继东 张洪波
洪波 车颖 何胜仁 齐恒 刘洪波
孙立海 郭凯夫 包敬辉 王二洋 刘晓
俞宏 陈志勇 闫东升 陈鹏键 白柳
刘英 金晔 崔永君

环境与生命学院

环境工程

张万筠

高校教师申请硕士学位

[1]工学

机械工程学院

机械工程

刘玉宾 何 瑞

土木水利学院

结构工程

荆旭春 张 霞 何东林 王秦香 李 柯
宋艳清 王渊辉 王 丽 刘洪波

[2]理学

应用数学系

应用数学

万 莹

计算数学

杜俊甫

运筹学与控制论

蔺 琳 张立峰 王红丽

[3]专业学位

工商管理硕士学位

秋季 MBA

工商管理

杨 明 张凤双 杨 军 张 傲 王 东
赵亚丹 潘 池 刘小力 金 罡 周 杰
梁盛强 张晓春 初永钢 杨瑞雨 查 智
卓明军 张向荣 刘 欢 武 韬 王 娜
赵建华 邵建臣 王 枫 张 茹 雷锦华
郭承民 荆象源 齐朝杰 何连春 弘 凌
朴永胜 孙相国 王 健 杨 可 杨 磊
吴 非 黄利军 蔡士军 王宏光 王志刚
王英杰 栾红钰 陈必赤 邵 冰 贾 毅
林观华 程秀敏 王 煦 梁泽之 乔 燕
袁宇飞 赵建华 余碧霞 于 华 徐 君
李 鹏 于 滨 刘正宇 林寅飞 王 利
邢宝祥

春季 MBA

工商管理

王 宓 陈 宇 齐文元 房富民 张 毅
王 涛 于景远 麦 克 孙政基 高圣家
郑 彬 张晓蕾 和林丽 李 丽 张之广
梁 锋 樊兴利 张 群 杨正军 张金鹏
牛丽亚 杨海英 郑 春 蹇晓峰 游道宇
冯 磊 李朝洪 郭祥原 崔 雷 赵 伟
王书清 赵继臣 任绪翠 曹华珊 刘 镇
张 军 孙 岚 徐延峰 王锴君 王晓明
吕傲然 李环亭 管凤秋 孔石泉 王 政
郭 莹 刘 兵 段会忠 张怀琴 王 颖

EMBA

工商管理

李新武 黄奎良 玄昌伟 张红霞 武玉江
唐金文 王学勇 王 强 谷志国 贾元学
赵西亮 郑明坤 杨维江 苏传贵 罗永焕
杨尊献 于 纳 鲁玉栋 张国敏 侯秉山
于洪军 于永康 耿来军 杨丛森 张建军
徐东芬 周 峰 张黎明 江 源 张艳红

大连理工大学第八届学位评定委员会第4次会议授予硕士、博士学位名单(2006-10-20)

博士学位

[1]工学

物理与光电工程学院

光学工程

孙 伟 赵向阳 荆振国 宋世德

工程力学系

计算力学

王宇新

机械工程学院

机械设计及理论

刘占伟

机械制造及其自动化

史丽萍 张 旻 张银霞 霍凤伟

机械电子工程

郝秀春 苗 刚 胡红英 赵智忠 刘梦伟
王 辉

材料科学与工程学院

材料表面工程

苗收谋

材料学

高 强 张可敏 阎小军

土木水利学院

防灾减灾工程及防护工程

李秀领

港口海岸及近海工程
郑艳娜　马小舟　袁丽蓉　刘忠波　李俊花
吕　林　勾　莹
结构工程
孟宪宏　魏春明
水文学及水资源
林剑艺　王　昊
计算机应用技术
于　滨
水力学及河流动力学
耿艳芬
化工学院
化学工程
吴雪梅
化学工艺
李新成　白音孟和　张宏哲　靳立军　宋成文
材料学
刘鹏涛　段久芳　武春瑞　杨永强
应用化学
朱红军　刘希恩　董振堂
工业催化
任　靖
船舶工程系
船舶与海洋结构物设计制造
张利军
电子与信息工程学院
控制理论与控制工程
张永辉　李　勇　巫庆辉　宁树实
计算机应用技术
孙永奇
能源与动力学院
动力机械及工程
邱庆刚
管理学院
管理科学与工程
吕文彦　王建军　俞明南　窦志武　陈　雷
环境与生命学院
环境工程
石利军　万显烈　纪　磊　吕建晓
生物化工
杨国玲　刘晓明　王芳薇
[2]理学
应用数学系
计算数学
杨利民　王　琪
物理与光电工程学院
等离子体物理
郭　斌　王春华　张　超
[3]管理学
管理学院
技术经济及管理
洪忠诚
人文社会科学学院
管理科学与工程
杨连生　史宪睿　陈　悦
科学学与科技管理
金　福　郝韦霞　尹丽春

同等学力申请博士学位

[1]管理学
人文社会科学学院
科学学与科技管理
张景安
[2]哲学
人文社会科学学院
科学技术哲学
洪晓楠

2006届本科毕业生名单

化工学院

阿拉西加　胡　柏　刘　卓　万　灵　尹德刚
阿斯卡尔　胡金秀　柳超芳　汪明哲　尹福斌
白　杰　胡乃臣　龙清泉　汪奇志　尹俊玉
鲍俣晖　胡施俊　卢晓峰　汪　洋　于贝贝
毕　然　胡　嵩　陆　菲　王　冰　于大海
毕重海　胡晓昕　路　浩　王　兵　于德龙
卞文状　胡新武　吕菲菲　王　波　于国杰
簿世超　胡永超　吕宏伟　王　畅　于　浩
蔡　蕊　胡子益　吕文毅　王从新　于洪亮
曹　立　黄逸雯　吕争超　王　迪　于　琳
柴永峰　黄迎欣　罗方晶　王　飞　于　棚
常李静　黄志刚　罗佳琦　王国庆　于赛男

常明明 季明明 罗利佳 王欢东 于思江
陈畅 季文佳 罗如意 王欢欢 于文丹
陈闯 贾超 罗艳 王建忠 于小川
陈皓 贾昆明 马城 王丽丽 于哲
陈红伟 贾鹏真 马佳 王林江 于震坤
陈怀 贾松岩 马建 王留洋 余华峰
陈俊生 贾天瑞 马杰 王明爽 余照寒
陈礼春 江南 马丽 王墨 袁媛
陈亮 姜宝安 马玲 王钦 曾春晖
陈曼曼 姜丽丽 马锡涛 王青芳 曾庆生
陈默 姜舒舒 马岩辉 王清照 翟玲娟
陈晓东 姜双令 马友美 王茹洁 战颖
陈偕伟 姜伟娜 马圆圆 王生 张宝君
陈旭 姜妍 美努 王世阳 张兵
陈学峰 姜毅 孟理实 王帅 张博
陈亿民 姜缘意 闵鹏 王帅 张德智
陈永 蒋超 莫松权 王硕飞 张娣
陈跃飞 蒋茂则 牟立娟 王天佑 张飞
陈振宇 蒋猛 宁佳 王威 张凤娟
陈振忠 金丽华 牛思龙 王晓丹 张福桥
成功 金松国 潘成 王晓琳 张国剑
程广超 鞠志永 潘孟良 王鑫 张浩
程泉 康金龙 潘昱 王兴兴 张鹤耀
程伟 柯成冬 庞佳璇 王旭 张虹
程瑶 孔德宁 裴立东 王雪松 张建明
丛家彦 孔瑞林 裴彦鹏 王艳华 张建生
崔广斌 冷冰 朴慧善 王燕 张俊为
崔健 李晨 戚大伟 王阳 张磊
崔香芬 李聪 齐彬 王迎科 张磊
崔玉伟 李钢林 齐睿峰 王永强 张蕾
戴行涛 李广哲 秦娜 王涌 张明
邓晖 李红彩 邱洋 王元元 张明磊
邓佳钧 李宏伟 曲超 王振宇 张盼
邓玉琴 李华峰 曲忠春 王中华 张培立
丁玲 李辉 任晶 魏东 张颀
丁文瑾 李吉荣 任伟 魏立超 张晴
丁相林 李佳 任永锋 温静 张庆
董海成 李家顺 邵斌 温静涵 张世童
董健建 李甲 邵萃 温智 张韬
董谦 李建国 邵楠南 乌日娜 张婷
董玮群 李敬 邵青 吴凡 张伟
董志鸿 李静 邵仁杰 吴静波 张五金
杜红娟 李练达 佘明敏 吴庆权 张晓明

杜晓旭 李孟璇 佘永佳 吴琼 张亚辉
段金电 李明辉 沈鹏 吴卫杰 张阳
范兵 李明智 沈世旻 伍洋 张勇
范蕾蕾 李楠 沈武林 夏信虎 张云涛
范瑛琦 李宁 沈项飞 夏玉 张韵乐
方雯 李宁 石晓超 肖冰 张贞
冯寒凝 李鹏 石颖 肖少华 张志强
冯宏超 李人杰 石元磊 谢金芳 张智峰
冯书娟 李锐 史经冬 谢丽 章大桥
冯修成 李锐 史乐萌 谢王强 赵丹
付婧怡 李文科 舒朝著 谢元丕 赵宏宇
付世健 李想 宋昌鹏 信晓义 赵莉莉
付研 李晓丹 宋德宽 邢凤丽 赵倩
付艳芳 李炎 宋栋芳 邢广磊 赵强
高建喜 李永直 宋浩 邢珍珠 赵维军
高坤 李兆曾 宋和伟 徐刚 赵晓晨
高莉君 李宗齐 宋天喜 徐光明 赵晓航
高倩 梁菲 宋文龙 徐君涛 赵晓辉
高珊 梁康群 宋云龙 徐林 赵雄斌
高淑珺 林华清 宋喆 徐涛 赵旭
高翔 林剑 宋振福 徐婷 赵研
高小茜 林鹏 隋楚君 徐万丽 赵阳
高秀芹 林琦 孙丛婷 徐威 赵云
高燕峰 林全 孙大新 徐蔚蔚 赵振博
高英武 林蓉蓉 孙丹 徐勇 赵震宇
高远 林胜军 孙国梁 徐宇 郑鸿
郜蕾 蔺振华 孙慧 徐元坤 郑凯亮
葛长利 刘伯韬 孙静 许小慧 郑璐娜
耿艳萍 刘博 孙黎黎 宣根海 郑维峰
古丽拜尔 刘成伟 孙鹏 薛会敏 郑熠枫
谷智赢 刘聪 孙琪 薛英楠 钟九成
管凤鑫 刘翠华 孙双 荀晓文 周斌
郭灿锋 刘冬雨 孙铜 严明强 周凤元
郭丰艳 刘凤娟 孙翔宇 严鑫厚 周娟
郭廓 刘锋 孙辛 晏双华 周军
郭晓明 刘昊 孙鑫 杨博 周蕾
郭晓昕 刘寰 孙延吉 杨成豹 周亮
郭晓云 刘佳 孙岩 杨春宝 周世雄
郭秀芳 刘建民 孙彦彬 杨东杰 周通省
韩阔 刘俊 孙颖 杨金明 周岩
韩丽娟 刘丽 孙宇飞 杨浦闻 周轶然
韩丽轩 刘玲 孙煜广 杨全真 周禹君
韩艳 刘明亮 孙远飞 杨威 朱嚣

韩永进　刘牧　孙赟辉　杨威　朱建军
郝连忠　刘萍萍　孙运实　杨文强　朱明磊
郝艳　刘爽　孙志超　杨翔　朱莹
何戈宁　刘晓　孙壮　杨烜　朱珍亮
何阳　刘欣　汤为锋　杨亚青　祝东君
何玉鑫　刘旭东　唐皓　姚广　邹积琴
和露霞　刘旭阳　唐荣娟　姚慧强　邹桐
和艳霞　刘学魁　滕福成　姚路　邹文婷
贺瑞华　刘艳辉　田鸣　叶飞　左海新
贺威　刘洋　田朋　叶富鹏　左锐
洪亮明　刘英伟　铁镝　易小建　左铁
侯博　刘忠文　佟硕　殷铁群

环境与生命学院

柏杨巍　胡洋　梁二芳　孙谦　尹怀奇
曹连秋　黄惟　刘伯实　孙淑杰　于永海
曹颖琼　黄英　刘钢　孙玥　原伟光
陈福祥　黄志红　刘建军　王春松　袁维波
陈杰　黄仲斌　刘淼　王昊　翟增伟
陈娴　姬芳玲　刘晓婷　王继勇　张德明
陈秀静　贾学径　刘子儒　王开来　张广之
陈燕燕　姜如娇　路莹　王雷　张辉
程先明　蒋萍　吕鹏飞　王涛　张建伟
董琦　焦玲　罗强　王巍　张晶皓
段艳　金虹　马成伟　王晓婵　张敬
樊爽　金朋利　马书明　王晓岭　张黎霞
范永强　金英文　马颖　王晓艳　张禄艳
房梁　鞠蕾　毛玉玺　王欣　张瑞雪
房中则　瞿声利　苗壮　王亚昀　张省漪
冯卫军　孔涛　缪智力　王弋　张婷婷
冯月　李长东　宁振国　王昀　赵辰燕
傅毅　李春　潘玉婷　王芝兵　赵大伟
高慧鹏　李大虎　齐珊珊　王志远　赵利
葛圣锋　李峰　綦非牧　尉小旋　钟书朗
古真　李华　屈明博　武星　周觅
关永彬　李鹏　赛凯　武学龙　朱雯
韩丽红　李炎女　邵纯君　肖璐　宗海峰
郝峰　李艳　宋婷　杨夕　胡翠敏
李一川　孙海涛　杨玉林

应用数学系

艾淼　黄文涛　刘向前　王丰敏　于雪芳
鲍镜如　黄曦　刘小川　王欢　于勇
蔡品汶　黄晓昆　刘晓鸣　王慧楠　臧勇
蔡宇　霍金玲　刘晓邃　王俊凯　曾旭
曹隽喆　籍泷尧　刘岩　王可　翟文博
常大威　计玉华　刘振东　王力博　张博
车文彬　贾大鹏　刘志明　王瑞　张博
陈焕义　姜鸣　吕大川　王万金　张超
陈丽丽　姜欣　吕杰　王晓欢　张海涛
陈明　姜艺　吕明　王笑蕾　张进
陈婷　矫丰聪　吕振信　王雅娟　张露韬
陈阳　金鑫　马蕾　王元斌　张美艺
陈洋　冷冰　马丽丽　王智睿　张苗苗
陈雨　李海龙　马一丹　温维亮　张楠
陈泽涛　李鸿韵　孟玲玲　邬李波　张鹏
初翔　李慧丹　米丽华　吴佳　张伟
丛敏政　李建业　牛秋霞　吴仲霖　张鑫
崔朝志　李磊　潘明亮　熊雪钢　张艺
崔睿赟　李梅　裴红梅　徐亮　张佑辉
崔亚楠　李名君　彭财元　徐明军　张彧杰
邓会鹏　李鸣威　彭少明　徐修炎　章卉
董云龙　李世宁　齐宝明　徐泽阳　赵皓月
杜磊　李晓晔　秦博洋　许佳音　赵金文
杜跃　李延玲　秦建华　许学琳　赵蕾
范亮　梁国强　任家超　杨大维　赵昕
方伟　梁珊　荣玲　杨东圣　赵彦琦
冯磊　林丹丹　阮勇　杨卉卉　赵永田
刚毅　刘超　佘佑明　杨金锁　郑慧
葛嵩　刘翀　宋宏峰　杨阳　郑磊
宫婷　刘冠宇　宋楠楠　杨毅君　郑伟
谷德义　刘翰林　孙权东　姚桂丰　支群
管文华　刘辉　孙旭东　殷虹飞　周超
韩颖　刘继丹　孙智强　尹波　周贺男
侯振生　刘磊　唐绍婷　于美　周恒宇
胡凤林　刘宁　佟研　于乔　周双双
黄炳强　刘权章　佟永达　于思未　周田坤
黄昆　刘烁　汪铁丰　于涛　朱健行

物理与光电工程学院

阿里木江　哈斯　马骞　王庆竹　于鑫
安爱亮　韩雪　马政　王少添　余初亮
巴松月　侯楠楠　孟宪芹　王硕　运晨霞
白羽　胡松宁　穆洪伟　王松松　曾竟
柏婧娜　黄志辉　庞源　王巍　张传宝
毕振华　贾春艳　戚琳　王阳　张洪强

卞广玉　焦鑫　任重　王佑锋　张籍权
曹晓磊　解家宇　桑永昌　王战　张磊
柴硕　赖志浩　邵翠茹　王植平　张玭
陈冠旭　李昌　申文峰　魏挺　张琦
陈娇　李长军　沈洪洋　吴宽功　张炜
陈磊　李冬超　沈小亮　武斌　张学伟
陈希　李剑　史磊　武震林　张艳军
陈志远　李剑　宋金星　相煜　赵亮
程春雨　李金鲁　宋世巍　肖波　赵新宇
程峰　李明学　孙贝贝　辛欣　赵迎林
丛长平　李仁君　孙宏恩　徐磊　周承
崔达罡　李硕石　孙全　徐欣　周莉
崔日慧　李晓波　谭克　薛中华　周明达
崔泽光　李鑫　田鑫　杨佳琦　周盛春
杜森　李雪　田宇力　杨屾　周紫光
法朋亭　厉彦璐　汪浩　杨潇　朱锦霞
冯昆　刘雷　汪志明　杨晓青　朱骏杰
付强　刘善峥　王彬　杨旭　庄名赞
高博　刘亚萍　王春锐　杨忠楠　宗响涛
高长亮　刘义亮　王寒　殷树胜　高巍
刘志田　王宏军　游洋　高峥　陆义
王经纬　于昊　郭媛媛　栾其斌　王曼
于立鑫

工程力学系

蔡希君　贺勇　林琳　唐政　于哲
常富洋　洪羽　刘家兴　王川　余士奇
陈磊　黄浩　刘清苹　王洪俊　喻鹏
陈铮　黄旭　刘宇　王沙利　张令庆
迟建　黄毓　卢青针　王晓明　张陆
崔学龙　解兆谦　路平　王艳强　张宁
代凤玉　孔喆　吕树艳　王阳阳　周博
邓佳琦　赖姜　吕岩　吴斌　周翌勋
都本海　雷松　罗铖　吴春龙　周鹰
都郁　李娇颜　雒金中　吴迪　周震寰
段政　李丽新　马长飞　吴海标　朱峰
封吟川　李曼　孟凡星　徐浩　朱贺
付强　李锐　裴青平　严默非　朱智哲
付月　李爽　彭海军　杨榕　竺汝彬
宫伟伟　李中富　钱佳宁　叶宏飞　祝敬文
谷晓雨　连博　钱景峰　勇为　祝雷震
郭洪亮　梁鹏　沈双　于永阔　邹亚军

机械工程学院

白莉燕　蒋晨　刘文博　王夫伟　于明鹤
蔡海鹏　蒋永全　刘小卓　王富强　于宁
曹帅　接权　刘晓杰　王会平　于帅
曹向东　金大宇　刘煜　王金刚　于伟
曹志诚　金天　陆宗峰　王津　于喜郎
柴原小娟　靳玲　路阳　王可　于翔
常海华　靳双源　栾美洁　王磊　于亚东
常文杰　井水森　罗向军　王立壬　于泽涛
陈健　鞠哲　马建伟　王亮　于志光
陈连军　阚野　马静　王林　于子龙
陈铭　康晓　马立杰　王麟　俞洋
陈曦　孔繁久　马亮　王璐　原庆先
陈永珂　孔维东　马森　王梦茹　曾洋
陈阵　雷小荣　马天亮　王明东　战绪超
陈振洲　冷波　马云峰　王宁　张斌
褚建昆　李斌　毛文涛　王平　张春光
丛佐晨　李成本　孟德才　王涛　张贵宾
崔英杰　李驰　米尔扎提　王文浩　张晗
崔振北　李刚　苗壮　王文龙　张辉
戴菊良　李国安　明阳　王鑫　张吉智
党国航　李华政　慕孝儒　王雪　张俊丽
狄子建　李劲　南小海　王洋　张恺
丁俊杰　李磊　潘现甫　王永浩　张磊
丁学磊　李玲　戚林　王禹石　张亮
董纯洁　李璞　祁淑娜　王钰娟　张亮
董纯真　李琼　齐朝旭　王钊　张琳珊
董广宁　李群　乔为禹　王兆喆　张谟煜
窦涛　李松　裘超　魏传良　张奇
杜洪亮　李唐　曲立林　魏伟　张书己
杜剑　李香波　曲秀娟　魏伟力　张巍
范广鑫　李小乐　曲政　温泉　张伟
方小东　李晓峰　全璐琳　吴东超　张文
冯秀丽　李鑫　全肆成　吴芳　张希芳
付和国　李学元　阮晔　吴明辉　张兴阁
付永杰　李艳成　赛明辉　吴晓霞　张旭辉
富今　李艳艳　沙仁涛　吴雪垠　张杨
富洋　李幼超　邵嫣　吴哲　张洋
高诚　李园园　邵珠蕾　席学平　张永贵
高辉　李泽浩　沈健　夏长龙　张於
高继巍　李章博　沈阳　夏昊　张越
高建　李肇宇　盛则富　线野　张钊

高 亮 李 正 石明哲 肖建华 张智峰
高晓轩 李志明 时梦明 谢伟安 张忠贺
葛君廷 李 壮 宋 娇 辛成涛 张重阳
宫 辉 李自军 宋鹏飞 邢宏杰 赵兵健
龚孟虎 连世坤 宋 莎 修 伟 赵春燕
谷德君 梁 波 宋书杰 徐金帅 赵国鑫
关长明 梁 峰 宋先权 徐庆乐 赵宏飞
郭 超 林 鹏 宋宪鹏 徐云锋 赵 缧
郭大权 林尚涛 宋 振 许 宁 赵 亮
郭广鑫 刘宝亮 苏博文 许同德 赵 鹏
郭 帅 刘 彪 苏 琳 宣 进 赵 珊
郭志良 刘冰洋 苏 展 玄朝晖 赵文斌
郭智春 刘 博 孙东栋 亚夏尔 赵晓青
韩 雪 刘 畅 孙广远 阎矜驰 赵艳君
韩雅娟 刘春兰 孙江岳 颜秉钊 赵 瑜
郝仲君 刘 峰 孙千慧 颜 博 赵宇辉
何应超 刘 刚 孙晓希 杨大伟 赵昱棠
贺贯峰 刘高波 孙秀峰 杨 磊 周健伟
洪绍君 刘海波 孙学孟 杨 名 周 密
侯 东 刘海涛 孙雪磊 杨树军 周明辉
侯 华 刘洪波 孙 艳 杨思闯 周松贤
胡海锋 刘华一 孙 营 杨晓岫 周雄辉
胡 曼 刘 辉 孙志璞 杨鑫焱 周宇鹏
胡志强 刘皎妍 孙治成 杨煦斌 周志杰
胡治文 刘 俊 谭 松 杨 毅 朱 晨
黄海健 刘奎浩 唐 超 杨玉巍 朱东昱
黄仁忠 刘 坤 唐闻天 杨兆鹏 朱海涛
黄文聪 刘良超 滕 锴 姚鹏飞 朱静峰
霍 岩 刘明禹 田晓伟 叶福成 朱士斌
贾存真 刘 鹏 田 宇 叶贤进 朱 艳
江朋世 刘 爽 佟贵富 尹鹏和 朱正韡
江雪铭 刘松凯 万 毅 于长庆 祝清旺
江志耀 刘 婷 王 斌 于春平 姜荣昌
刘 威 王大运 于春宇 姜思生 刘伟倩
王 峰 于宏海

陈 朔 贾 岩 刘晓亮 王超碧 张 帆
陈秀明 贾屹峰 刘永星 王德涛 张 昊
程秀荣 姜大川 刘永贞 王登科 张弘达
迟广宇 姜 君 卢新来 王剑钊 张红庆
褚永威 姜 明 陆遥遥 王 林 张 华
崔金华 焦 坤 吕 磊 王明豪 张吉宏
崔仁杰 焦治国 罗大伟 王 森 张建磊
单 闯 金正力 罗忠兵 王文涛 张 健
党 珅 孔繁磊 马 达 王延波 张 进
邓希光 兰 天 马 佳 王一奇 张 雷
董汉伟 礼为鹏 马蕾娟 王 迎 张 力
杜 巍 李东亮 马庆超 王永强 张 亮
杜 文 李东明 马晓东 王增睿 张 娜
段 明 李桂花 马玉军 韦荣选 张培科
方铁辉 李国臻 苗 博 蔚 翠 张 涛
冯金山 李霁时 牟云飞 吴国龙 张 伟
付青照 李旻才 宁礼奎 肖迪志 张炜林
付伟佳 李 铭 宁世杰 行 平 张学宇
高 飞 李先亮 庞 磊 邢李志 张 艺
高 峰 李 昕 彭 博 邢向杰 张 宇
高 磊 李 妍 齐振伟 徐 龙 赵安昆
高力波 李耀忠 秦 博 徐荣正 赵 坚
高利和 李元元 秦子健 徐 洋 赵 鹏
葛军军 梁承梅 邱 月 许京文 赵鹏飞
耿 明 梁 健 任韵晖 闫 迟 赵文丰
宫达飞 梁蕾蕾 桑 伟 闫 佳 周 敏
龚文林 梁 爽 沙 楠 闫增伟 周 伟
郭洪岩 廖文军 邵 毅 杨德明 周玮庆
郭 鹏 林中楠 舒 颖 杨恭建 朱 刚
韩卓达 刘 鼎 宋 平 杨 件 朱 红
何 滔 刘 峰 宋喜龙 杨 鹏 朱亮清
胡艾艾 刘吉东 孙存良 叶占春 朱马汗
胡帮锋 刘 佳 孙 林 尹 璐 庄春强
胡 颖 刘 锴 孙双双 于 泓 黄渤海
刘立群 孙 妍 于金杰 黄鸿归 刘 亮
孙兆勇 于璟泽

材料科学与工程学院

安 靖 黄曙光 刘 美 孙志强 俞 快
卞金龙 黄宪禹 刘 琪 谭 亮 袁 亮
曹春娥 黄鑫尧 刘 尚 田春堂 袁倩倩
曹国栋 惠 宇 刘 玺 汪逸安 臧华勋
曹 洋 纪小明 刘宪秋 王炳正 翟 娟
陈立鹏 贾启忠 刘晓飞 王 博 张 碧

能源与动力学院

阿不都艾尼 郭 鹏 刘艳艳 王卿颖
张根强 艾冬柏 郭玉龙 楼华锋 王 爽
张桂玲 安凤博 韩邦昱 吕忠思 王晓峰
张家驰 白云飞 韩 冰 栾永军 王旭升
张 雷 边 健 韩道明 罗淇方 王 颖

张石　卜一凡　韩明　马天驰　王勇
张守祖　柴家丽　韩思宇　马雅非　王元
张帅　常城　郝兆龙　么志刚　王正严
张维　常磊　郝振元　蒙春林　魏巍
张文军　陈硕　赫楠　孟令伟　邬海江
张鑫　陈宪鹏　胡朝阳　倪平　吴旭雷
张雪刚　陈骁　黄海焱　宁树宇　肖丹
张毅欧　陈莹　黄兴　帕丽达　徐陈
张英佳　初晓涛　回凤娜　潘德明　徐亮
张由之　从奇　贾春雷　任焕　许亮
张志强　崔树鑫　贾金　任建新　许铁军
赵丹　崔馨　姜振华　任显龙　许学超
赵迪　丁春雨　蒋代春　任晓华　薛伟
赵栋　董福人　金鑫　石冬滨　闫伟星
赵坤林　董日京　孔凡锋　石磊　颜东滨
赵美森　董鑫　邝桂林　宋鑫玉　杨术
赵腾飞　董一民　李斌　孙成功　杨勇
赵天淳　杜崇洋　李海鹰　孙光耀　杨宇
赵显若　杜庆吉　李家富　孙宏业　叶刚
赵卓宽　冯博　李杰　汤万林　叶剑
郑磊　冯特　李伍亮　汤志鸿　衣永海
郑茂　富亮　李雪松　滕浩　尹必军
周长勇　高义东　李艳荣　汪浩　尹长青
周德青　高志远　李智　王兵　尹栋
周赫　葛松　梁峰　王博　盈亮
周细洞　耿兴华　刘枫桦　王超　于雷
朱文冰　龚灵华　刘赫　王超峰　于鹏
左黎　关明义　刘继伟　王聪　于涛
郭飞　刘军　王丹　于洋洲　郭磊
刘心刚　王宏峰　张博　郭立勇　刘兴波
王娇　张聪

船舶工程系

曹超　李佳　彭小剑　田文静　叶宇
董利民　李杰　邵昊燕　万劢　殷斌
范贤臣　李强　申玫　汪宇鹏　由际昆
范瑜　李响　石亮　王海权　于小伟
方志远　李迎华　宋南　王其峰　张浩
冯殿东　李在鹏　宋巍　王通赫　张丽华
龚林　梁祖涛　宋晓杰　王文杰　张日曦
管官　林丹红　孙见章　王业伟　张希
郭超　林琳　孙景亮　韦智元　张毅飞
郭磊　蔺巍　孙龙泉　吴帆行　赵赫
郭爽　刘楠　孙蔚婧　吴小明　赵阳
郝兆祥　刘晓雷　孙勇　吴禹婷　周成
胡裕国　刘铁杰　孙紫麾　阎岩　周锦
金桐君　刘卓　汤煜　杨成文　周璐
蓝天　吕大鹏　唐新龙　杨万鹏　朱珏
李宏伟　马翊峰　陶承虎　姚雯

土木水利学院

安楠　黄强　刘玥　王海林　杨学斌
巴图　黄勇　刘增杰　王健　杨铁文
白虹　黄远泽　刘振辉　王凯　杨迎安
白明辉　计柳迪　陆高飞　王兰　杨宇
白培杰　贾娟娟　吕福强　王凌河　杨宇杰
包文龙　贾茹　吕品　王猛　杨育昕
边疆　贾云嵩　吕品　王娜　姚南
蔡小玉　江君　罗东生　王琴红　伊利亚尔
陈闯　姜超　罗琼　王庆余　尹丰
陈广　姜成科　罗岁丰　王冉　尹永欣
陈佳　姜雪锐　马国坡　王仁科　应巩邦
陈强　孔军　马亮　王汝翀　由宗元
陈思远　况丽娟　马希宁　王瑞军　于仁全
陈伟　李彬彬　马忻　王帅　于世鹏
陈熠　李斌　马哲　王巍　于水
陈英男　李闯　马志强　王巍　于洋
陈振远　李冲　苗林　王炜芹　于泳波
初鸿睿　李芙蓉　莫先红　王文渊　袁琦
丛君义　李光辉　母睿　王小林　苑艺
丛月明　李国强　牛福新　王晓东　张保华
崔洋　李海　农伟明　王晓冬　张赫
邓守来　李浩瑾　欧家阳　王晓庆　张恒
邓昱　李红岩　潘滢　王学志　张佳运
邓宗真　李鸿波　彭利良　王雪卿　张洁
丁乐　李骥　戚军志　王岩　张金中
董德岐　李建二　强旭红　王杨　张静
董浩　李金龙　秦凯　王屹久　张军
董琳　李金哲　秦立江　王永飞　张磊
董诗洋　李久福　秦强　王宇　张磊
董宇　李雷　邱嘉荣　王玉岭　张磊
杜安民　李灵君　曲剑　王钰婕　张丽丽
杜伟　李明　屈健　王峥　张淼
杜喆　李秋爽　饶华亮　王铮　张鹏
范娜　李荣达　任仕博　韦子龙　张茜
范世鹏　李世阳　任小龙　温秀媛　张士友

冯冠 李涛 尚庆磊 闻思远 张伟
冯锴 李涛 邵琪 翁鹤 张秀敏
付东伟 李文越 邵文成 吴春雷 张旭丹
付尧 李亚辉 石亮亮 吴迪 张雪峰
甘钊南 李一卓 史洪楠 吴迪 张永茂
高栋 李宇静 宋广飞 武鹏 张永鹏
高勇 李云飞 宋树伟 武青山 张玉良
葛巍巍 李正华 宋伟 夏春阳 张元
耿俊峰 李志 苏宁刚 夏庆义 章伟
谷亮 李志华 苏新宽 夏荣茂 赵翠英
谷文强 李志远 苏豫东 肖鑫 赵可
谷占朋 李中原 孙道军 谢伦振 赵丽妍
顾峰 栗佳 孙德壮 谢树磊 赵亮
顾延臻 林长木 孙刚森 谢喆 赵鹏
关聪 林杨 孙海嵩 邢尧 赵岩
关丽颖 林园 孙金鹏 徐波 郑会龙
关震 刘冰雪 孙珣 徐宏 郑鹏翔
官蕊 刘超 孙宇明 徐林 郑欣
管军华 刘福海 孙玉威 徐效州 郑永红
郭扬 刘焕纯 孙岳 许斐 郑哲
韩明泽 刘美荣 汤振阳 许雷 郑重
韩旭 刘娜 唐明秀 许云成 钟卫华
和佳一 刘楠 田龙 薛凤娟 周晨光
侯勇 刘祺 佟洪江 闫磊 朱辉
胡安 刘树杰 万晓明 闫攀 朱彦博
胡江 刘晓波 王艾琳 闫秋实 祝嘉
胡乃龙 刘学波 王长胜 杨俊 庄冲
胡维思 刘阳 王德慧 杨青 庄智超
胡曦光 刘洋 王栋 杨球武 邹蜜
胡运 刘勇 王芬旗 杨新刚 邹一波

建筑与艺术学院

安源 姜欧客 吕丹 汤超 于琳
陈金 姜兆虹 吕振玉 唐克 于晓磊
陈钟 蒋希尧 栾兰 滕春雪 于智超
董刚 金宗杭 马丽 铁宏 于作洋
杜芳芳 鞠鹤宁 马琳 王超 臧久龙
方东明 李光元 毛琪 王丹丹 翟晓玲
高雯 李广 木塔力甫 王娇 张波
高圆 李季 宁兆恒 王谦 张娜
宫美丽 李家锋 齐莹莹 王涛 张英斌
宫婷 李蕊 曲莉莎 王一 张勇
顾帆 李晓书 史彦 王莹 赵德毅
顾健 栗力 宋文凝 吴远航 赵刚
关盛力 梁艺凡 宋奕辰 夏蓓雪 赵晶
郭勇 刘洁 宋忠毅 徐冰 赵茜
国萃 刘颂 苏子格 薛广 赵寿堂
韩丽娜 刘婷婷 孙嘉威 燕文姝 钟晓东
韩凌子 刘玮 孙晓楠 杨帆 仲丹丹
胡海兴 刘文博 孙亚光 杨林 朱璐
黄岚 刘欣 孙怡 杨怡楠 霍丹
刘义 索麟 殷娇 纪力文 刘勇
谭鑫强 于翀

电子与信息工程学院

阿布扎 贺兆明 刘洋 王勃 杨洋
安姣 侯世新 刘颖 王博 杨永志
安飚 侯世研 刘中南 王超 杨宇
白亮 侯天倚 卢大明 王臣凯 姚超
白仁刚 侯勇智 卢国峰 王川 姚鲁智
白杨 胡晨旭 卢海朋 王翠云 姚群
包天元 胡红钢 陆旭 王大慧 叶迪
毕崇文 胡琳 路鹏 王迪 叶发敏
毕海 胡宇 吕乐天 王海峰 叶俊辉
边丽华 华东旭 吕鹏 王浩 衣晓伟
才莉 皇甫毅杰 吕平平 王恒 殷春明
蔡海连 黄成刚 吕庆伟 王宏科 尹航
蔡连博 黄昊 栾日超 王虹静 尹伟
曹骏 黄俊 罗建华 王慧丽 尹文
曹雷 黄牧 罗立冬 王建兴 尤煜敏
曹兴华 黄睿 罗全琳 王健 于丹
曹旭 黄守红 罗致力 王进锋 于方辉
曹轶 霍岩 马钢 王婧 于青
曹迎 季晓玉 马良 王靖智 于婷婷
常新峰 贾浩 马龙 王军 于潇凡
常月 江云起 马玉宝 王俊 于洋
陈博 姜立群 马征 王俊山 于业江
陈晨 姜楠 马志峰 王侃 于跃
陈德金 姜涛 马志韬 王珂 余乘浪
陈迪新 姜维 马中峰 王磊 袁金鹏
陈江 姜文会 马忠志 王蕾 袁秦
陈静 姜忠龄 梅放 王立宁 岳会阳
陈俊璐 焦世斗 蒙奎君 王丽珍 岳松颂
陈磊 金春光 孟丽 王明潭 翟佳
陈玲玲 金晶 孟庆铎 王妮 张爱军
陈续锋 金路路 孟四荣 王普刚 张博

陈瑶 陈永卓 陈咏诗 陈宇 陈毓晶 陈泽含 陈张 陈忠 陈子根 程炜杰 程晓亮 迟小鸣 匙航 仇正亮 褚金锁 褚善杰 代福全 戴春亮 戴磊 单晶 党明 邓凯明 邓仁忠 丁昊晨 董巍 董香花 杜磊 杜鹏 段盼爽 鄂永 范圣冲 范薇 范扬 范宇程 房旭 冯浩 冯化龙 冯庆 冯升富 冯园园 付长波 付冬岩 付磊

金太仁 金巍巍 靳胜鹏 鞠华 康亮 孔庆宇 蓝天航 郎海娟 雷树锋 黎上芩 李宝华 李本义 李博 李长利 李超 李超 李朝 李成娇 李丹 李德才 李德峰 李东 李刚 李光琳 李海龙 李浩平 李佳 李金秀 李磊 李廉洁 李玲玲 李猛 李宁 李宁 李秋亮 李飒 李彤 李伟 李鑫 李信 李璇 李雪峰 李妍龙

苗雨 莫海波 年佳 聂宇 潘碧全 潘莉 潘晓菲 潘晓雯 潘岩 庞传虎 彭超 彭名洪 朴雪梅 戚赟炜 祁磊 祁学豪 齐明明 齐烨 綦振宇 秦华伟 秦永海 秦志林 邱洪军 曲凤丽 曲宏伟 曲睿 商慧子 商瑶 邵帅 邵伟 沈毅 盛祥宝 石栋 石美美 史凌斌 舒永明 宋川 宋恩德 宋贵哲 宋磊 宋明丽 宋嫱嫱 宋鑫

王强 王仁智 王绍冰 王深志 王升 王盛 王硕 王硕 王巍 王伟 王伟 王晓迪 王晓峰 王鑫 王旭航 王演 王洋 王一頔 王以芳 王英 王颖 王永强 王铀铀 王云晶 王云淼 王泽宇 王召莉 王兆阳 王震 王震宇 王峥 王政 王志强 王志伟 王志永 王志远 王子凡 位正 魏剑 魏可远 魏利利 魏天才 吴迪

张琛 张川 张传龙 张春雷 张春玲 张大鹏 张代 张迪 张海波 张鹤超 张弘 张鸿儒 张欢 张佳美 张垈 张健 张金品 张金章 张俊鹏 张奎 张磊 张磊 张梦晗 张鹏 张起尧 张睿 张守刚 张帅 张帅 张巍 张玮 张晓鹏 张旭 张旭舟 张铁北 张毅 张勇 张娱 张远飞 张兆惠 张之君 张志彪 张志伟

付楠 付伟 富国锐 高晨宇 高聪 高峰 高强 高伟 高阳 高业坤 格佛海 葛元杰 宫靖君 宫子刚 龚勋 龚治宇 谷华楠 谷金阳 顾俊杰 顾佩钊 顾维 关磊 关路远 管绪坤 管延安 管源渊 郭昌建 郭峰 郭猛 郭山河 郭伟 郭鑫 郭真 韩峰梅 韩海 韩涛 韩涛 何凡 何淋波 何强 何世洋 何兴 何玉鑫

李永华 李羽 李云龙 李兆坤 李哲 李政 李智赫 李中海 梁硕 林乐民 林泉 林晓峰 林杨 刘二飞 刘芳芳 刘冠廷 刘昊 刘建建 刘剑平 刘净轩 刘静雅 刘来增 刘霖 刘孟丹 刘淼 刘明锋 刘铭 刘娜 刘倩 刘瑞 刘审川 刘生 刘诗洋 刘庶民 刘帅 刘思禹 刘桐言 刘伟 刘伟 刘文礼 刘小芳 刘学维 刘旸

宋学一 宋宜蒙 宋振秋 宋之玮 苏俊 隋森 孙波 孙传昱 孙恒 孙怀东 孙辉业 孙继涛 孙宁 孙琦 孙琪 孙胜凯 孙天罡 孙伟 孙文博 孙晓光 孙晓梅 孙宇 孙峥 孙自榜 邰鑫月 谭瑞东 谭文明 谭学科 谭艳芹 汤鸿旭 陶荆 陶玲 滕达 田苏洁 田毅佳 田英鹤 佟英杉 童于东 汪嘉胤 汪鹏 王奥博 王宝鹏 王斌

吴迪 吴华玉 吴静 吴俊 吴琼 吴世杰 吴姝祎 吴挺 吴晓明 吴昱程 相峥 肖巍巍 谢芳琳 谢辉 辛天卿 修明珠 徐承辉 徐利 徐娜 徐庆生 徐涛 徐洋 徐祖乐 薛旺喜 薛彦会 薛振华 闫波 闫超 闫核心 闫虹 闫肃 阎亚男 杨超 杨海军 杨浩 杨健业 杨丽丽 杨亮 杨铭 杨帅 杨天博 杨晓亮 杨彦

赵炳辉 赵光亚 赵华东 赵健飞 赵立强 赵勤 赵赛远 赵婉思 赵伟奇 赵晓奇 赵妍 赵燕斌 赵翼 赵莹 赵颖楠 赵宇 郑秉权 郑纯亮 郑丹晨 郑琴琴 郑虓 郑旭 郑智华 仲伟伟 周国梁 周洪 周健 周亮 周少林 周舒阳 周席龙 周晓川 周芝娜 朱晨铭 朱春晖 朱红林 朱俊燃 朱鹏夫 朱彤彤 朱小杰 朱晓虎 朱阳阳 邹正茂

电气工程与应用电子技术系

卜大鹏　蒋冠华　彭　雷　王壮业　张　磊
曹　建　李　波　乔纯陆　魏孟刚　张启全
陈吉庆　李国辉　任丽娜　吴伟芬　张巧钗
陈苏扬　李国振　苏　勇　行　震　张天祥
迟愚非　李佳林　孙　亮　徐长明　张　悦
崔鲁强　李明恒　孙　挺　徐　勇　赵东生
单剑敏　李　响　谭　平　薛明雨　赵　亮
冯　建　梁　双　陶　冶　严　耿　赵　倩
高　诚　刘保杰　田海松　阎　超　赵郁婷
高　凯　刘　施　王　翱　杨　光　郑能涛
耿　涛　刘天杰　王大庆　杨　浩　周　鑫
郭　晋　卢福永　王　东　杨　威　周振强
韩　冰　马　晴　王海玉　叶　川　朱　芳
韩　笑　马　逊　王　欢　袁晓鹏　朱　懿
何　浩　苗千秋　王　俊　张光忠　朱志伟
胡宁俊　穆兆辉　王　鹏　张桂盛　邹诗华
黄立军　聂　磊　王少杰　张会永　姜　峰
潘　亮　王亚飞　张晶阳

管理学院

曹晶晶　洪宗瑜　李　麟　孙明巍　肖　愈
陈　观　胡建庆　李晓东　孙宁宁　徐　成
陈　佳　胡小鹏　李　瑶　孙　雪　杨春志
陈　黎　胡晓晔　刘　达　孙　妍　杨大瀚
陈俐至　黄　河　刘剑峰　索　健　杨　丽
陈小良　黄禄鹏　刘　瑾　滕　超　杨群兴
陈中源　黄小茜　刘玉莲　田一辉　姚　远
迟文倩　贾一鸣　吕丽丽　王阿丽　于　江
崔建议　贾志省　吕昀泽　王　海　于滢莹
代懿琮　江美华　马晓晖　王　磊　张　苹
单文静　江争荣　马晓蕾　王　鹏　张声荣
狄跃强　姜福红　孟　境　王秋英　张占宇
董　颖　姜金玲　倪常权　王雪铭　张振兴
窦　喆　金　珊　曲　慧　王治江　张宗伟
杜　彬　晋　美　桑育亮　卫　巍　赵丹龙
冯祎哲　李　博　时洪赟　温安宇　赵　昊
古丽娜孜　李　灿　宋　娟　温　阳　智　达
韩建国　李春雨　宋明元　吴旭光　周　瑛
贺　威　李柯佳　宋新芳　肖少雄

经济系

边瑞霄　李　刚　马　强　王鑫磊　于　洋
陈　芳　李　双　马英侠　王　媛　张建鹏
陈桂林　李桃杏　孟　琳　王　振　张　亮
陈晓明　李伟仲　潘月娥　吴东梅　张　琳
崔姗姗　李　阳　裴晓薇　吴　楠　张书营
单敬辉　李　阳　彭　宇　吴晓川　张琬婷
董慧惠　李英儒　朴　蕊　吴章艳　张　譞
都君超　梁艳欣　邱婉玲　夏　冰　赵思维
范美玲　林胜乐　曲　洋　徐创创　周　静
冯　浩　凌思远　任梓铭　徐　路　周沈丽
高　微　刘　超　孙　晶　薛　平　朱　萌
关　静　刘明辉　唐　炜　薛　伟　庄　宏
关　朕　刘倩倩　田　雨　杨海江　邹婵娟
胡竞峰　刘永芳　王　冰　杨　蕾　邹　杨
黄大鹏　刘源远　王　丹　杨小培　左培直
焦金磊　吕　杰　王　刚　易　凯　金　丹
吕遐辉　王怀华　于晨光　寇珍珍　吕耀琪
王　辉　于　斐　李复振　罗　妍　王　萌
于尚昆

外国语学院

白雪娇　纪若鸿　鲁　强　王　倩　杨秀云
陈蕾蕾　江　南　栾　兰　王　昕　姚会颖
陈　伟　杰　坎　罗　颖　王学民　姚雪勤
陈　旭　金雪花　马金凤　王延锦　尹智宇
陈媛媛　金雪梅　马宁宁　王　影　有　真
崔志蕊　经　爽　马盈盈　王聿博　于　雯
代晓晴　阚文颖　牟　誉　王智勇　张　宝
丁克科　李　丹　欧丽绮　吴　笛　张洪莉
丁　蕾　李　娜　彭　帅　肖　沫　张盟盟
丁玲艳　梁　荻　朴美香　肖亚男　张　媛
范文婷　刘　博　綦　文　邢立刚　赵洪延
冯雪梅　刘方平　任丽洁　徐莉贞　赵玲玲
高　翠　刘惠亭　沈　烨　徐　伟　赵天琪
郭　健　刘　佳　宋晓晶　薛　洁　周定玲
国　佳　刘　婧　苏德容　杨　冰　周久莉
郝艳卓　刘苗苗　孙国轩　杨琳琳　朱　淼
何　明　刘　鹏　孙　跃　杨乃银　胡姗姗
刘若愚　王　丹　杨　嵩　霍学伟　刘晓欧
王慧芳　杨　巍　霍紫烨　刘　鑫　王　琨
杨　文

人文社会科学学院

安晓媚　靳卫峰　刘振刚　王　楠　勇　群

白艳菲 靖薇薇 马高亮 王倩 由曦
曹芳 康乐 苗迪 王若佳 于蕾
曹晖 冷鸿涛 潘春娜 王先亮 于千
曹月 李畅 齐会茹 王兴松 张超
陈滨 李朵 钱凤欢 王颖 张冬
陈方方 李洪 秦巍 王瑜 张菲
陈彦娇 李婧璇 曲颖 王兆婷 张郭岩
程铭 李琳 任玲 魏丽 张静
丁隽胜 李明 邵丹 魏巍 张凯
董娟 李鹏飞 盛东旭 温权 张楠
董馨 李群 石恒宇 吴静波 张品
樊琳 李绍升 史文森 吴秋锦 张倩
高兰 李文姹 史云博 席旸 张甜甜
顾婷 李宪坡 宋宝琳 夏晶 张晓翠
郭梦茹 李肖乐 宋广及 夏世勋 张燕
郭秀梅 李欣 孙国峰 夏妍 张英辉
郭旭 李英 孙皎 肖瑞 张英欣
郭瑶 李玉强 孙俊珺 谢慧 赵静
韩晶晶 厉恒 孙蕾 徐超 赵振宇
韩晶晶 梁瀚 孙维 徐海涛 郑中兴
韩笑 梁笑梅 孙小溪 徐莹莹 钟海瑜
侯雪媛 刘冰 孙欣 许桂敏 钟慧
胡诚 刘翠翠 孙扬 薛颖 周博
胡毅 刘绩宏 孙媛媛 薛志华 周晨
黄妍妍 刘继斌 田美梓 闫海奇 周会峰
季佳玉 刘精晶 田勇 闫磊 周堃
江南 刘静冉 万磊 杨春娜 周乃丽
姜军 刘美炀 王琛 杨晶晶 卓娅
姜姝 刘炯 王峰 杨柳 佐晓磊
姜亭肖 刘欣 王寒 杨妮 金丹
刘洋 王洪丽 杨一 金培 刘影
王珏 姚莉 金鑫 刘元志 王敏
殷亮

软件学院

阿布都卡迪尔 何伟 刘掬森 王俊超
于颖 白野 贺扬 刘鹏 王瑞彪
于跃 柴晓明 霍承家 刘秋水 王森
虞童 陈凯 纪梦 刘涛 王杨
袁凯耀 陈林 贾会东 刘以峰 卫巍
岳勇 陈曦 姜维军 陆才奇 吴迪
张慧 陈越 鞠春茂 苗经纬 肖永跃
张雷 陈治宇 赖轲 齐步云 邢晓书
张连洋 崔继伟 李迪 乔琪 徐方中
张龙庆 邓丽东 李珂楠 邱洋 徐海波
张小卫 杜培亮 李琳娟 宋璐 徐海耀
张远 冯雪 李楠 宋帅闻 徐进
张镇 高维维 李人志 宋威 许盈盈
赵东东 宫加林 李伟杰 孙东旭 杨洁
赵胜利 宫梁 李尧 孙福洋 杨晓东
赵文俊 顾家铭 李子系 孙怀韬 杨扬
赵熙 郭适 林之光 孙铮 杨勇生
钟英武 郭宇 刘刚 汪峰 姚立海
周美娜 韩民智 刘冠 王竞伟 殷源

第二学士学位

陈孟博 刘晋 谈永昉 许博 赵强
杜江 刘婷 王宏伟 于淼 周维
李佳 孟祥汀 王晓明 张付壮 贾传青
李敏隆 齐小楠 王忠波 张鹏 李楠
任哲 息媛 张玉龙 李鹏 施勇
辛冲 赵复南 李雪虎 孙丽 徐浩
赵靖

2006年　大　事　记

1月4日　辽宁省高校宣传思想工作研究会理事长会议在沈阳召开，会议表彰了2005年度辽宁省高校宣传思想工作先进单位和优秀个人。我校党委宣传部被评为辽宁省高校2005年度宣传思想工作先进单位，我校新闻中心陈志强同志被评为辽宁省高校2005年度宣传思想工作先进个人，我校郭金明同志多年来在宣传思想工作中做出了突出贡献，因工作需要已经调离宣传思想工作岗位，被授予"辽宁省高校宣传思想工作突出贡献奖"荣誉称号

1月7日　大连理工大学能源与动力学院成立，揭牌仪式隆重举行。校长程耿东院士与受聘我校能源与动力学院名誉院长的中国工程院院士、浙江大学机械能源工程学院院长岑可法同为能源与动力学院成立揭牌。

1月9日　全国科学技术大会表彰了获得2005年度国家科学技术奖的人员，我校由孙宝元、钱敏、郭东明、张军、贾振元等完成的《压电石英现代测试理论、方法、系列化新型测量仪及其应用》项目获得国家技术发明二等奖。另外两项我校参与完成的科技成果《大型旋转机械和振动机械重大振动故障治理与非线性动力学设计技术》和《碾压混凝土拱坝筑坝配套技术研究》也获得了国家科学技术进步奖二等奖。

1月13日　经中央批准，中国大连高级经理学院在我校正式揭牌。中国大连高级经理学院是依托我校成立的，是继中国浦东、井冈山、延安干部学院之后成立的又一所国家级教育培训基地。中央组织部副部长王东明受中共中央政治局委员、书记处书记、中央组织部长贺国强同志的委托，代表中央组织部向中国大连高级经理学院的成立表示祝贺。国务院国有资产监督管理委员会副主任、党委副书记王勇和教育部党组成员、部长助理郑树山共同为学院揭牌。国家发展和改革委员会社会事业发展司司长李守信，中组部干部教育局局长李培元，国务院中央机构编制委员会办公室四司副司长牛占华，中共辽宁省委常委、组织部长骆琳，中共大连市委副书记怀忠民，我校党委书记林安西等出席揭牌仪式，仪式由我校校长、中科院院士程耿东主持。

2月3日～7日　我校在2006年国际大学生数学建模竞赛中共获得一等奖一项、二等奖九项，获奖总数在所有参赛单位中位列第四，是东北地区参赛单位中获奖数最多的学校。

2月21日　教育部办公厅通报了2005年度向教育部办公厅报送信息工作情况的表彰结果，我校被评为"2005年度向教育部办公厅报送日常信息先进单位"和"2005年度向教育部办公厅报送互联网信息先进单位"；学校办公室张巍和崔丹两位同志分别荣获"2005年度向教育部办公厅报送日常信息先进个人"和"2005年度向教育部办公厅报送互联网信息先进个人"称号。

2月22日　全国博士生学术论坛的第一次工作会议在我校研究生院会议室召开，标志着我校2006年全国博士生学术论坛工作正式启动。会议确立了我校主办本次论坛的指导思想，讨论了组织机构成员人选，明确了职责分工，并安排布置了近期各部门的工作重点，与会各部门对本次论坛的工作时间流程、宣传、接待等工作提出了建设性的意见。

2月23日　辽宁省普通高校2006年大学生思想政治教育工作会议在沈阳召开，我校思想政治教育工作先进集体和优秀个人受到表彰。

2月23日～24日　全省科学技术大会在沈阳辽宁人民会堂隆重召开。省委书记李克强、省长张文岳等省领导分别为获得2005年度省科技

功勋奖和获得2005年度省科学技术奖的科技人员代表颁奖，我校12项科技成果获得表彰。

2月27日 中共辽宁省委高等学校工作委员会、辽宁省教育厅联合向我校颁发了“安全文明校园”的牌匾，授予我校辽宁省安全文明校园称号。

3月29日 2005年度长江学者特聘教授、讲座教授受聘仪式暨长江学者成就奖颁奖典礼在人民大会堂隆重举行，国务委员陈至立出席受聘仪式并颁奖，教育部部长周济发表了讲话。我校全燮、张淑芬受聘为长江学者特聘教授，姜辛、宋春山受聘为长江学者讲座教授。2005年共有102位长江学者特聘教授和89位长江学者讲座教授受聘。

3月31日 2006年全国高等学校科技工作会议在贵阳闭幕。我校科技处获“高等学校科技管理先进团队”称号，科技处副处长娄颖同志获“高等学校科技管理先进个人”称号。

3月 在全国网络高等教育在校生英语和计算机统一考试中，我校取得突破性佳绩，整体通过率达到95%，远远高于全国约75%的平均水平，取得的成绩居于全国参加现代远程教育试点高校的前列。

4月8日 我校首届公共管理硕士(MPA)开学典礼在伯川图书馆多功能厅举行，80名各级政府部门及非营利公共管理机构人员成为首届学员，辽宁省政协副主席赵新良出席典礼并接受聘请担任我校兼职教授。

4月16日～17日 国家自然科学基金委员会工程与材料科学部组织有关专家，分别对我校两个重点项目进行结题验收。这两个项目是土木水利学院林皋院士主持的“高拱坝地震破坏机理和大坝混凝土动态强度研究”和土木水利学院许士国教授主持的“松嫩平原洪水资源利用与湿地生态环境管理的研究”。专家组在认真听取项目研究工作汇报并充分讨论的基础上，对两个项目的研究成果给予了充分肯定，认为这两个项目全面完成了研究计划书预定的研究内容，研究工作取得了突出成果，综合评价均为“A”。

4月27日 我校在伯川图书馆报告厅召开全校干部大会，宣布中央关于大连理工大学校长职务变动的决定，由欧进萍院士接替程耿东院士担任大连理工大学校长。中组部干部三局副局长夏崇源宣布中共中央和国务院的决定。教育部副部长吴启迪，辽宁省委常委、大连市委书记张成寅分别代表教育部和辽宁省委、大连市委讲话。教育部人事司司长吴德刚、教育部直属司副司长陈维嘉、国防科工委人事教育司副司长武浩丽、辽宁省委组织部副部长王业卿、辽宁省教育厅副厅长周浩波、大连市委常委、组织部部长李敏也等领导出席了会议。

5月11日 来自中央及国资委监管的部分国有重要骨干企业的60名高级经理人齐聚我校，参加中国大连高级经理学院的首期专题研讨班。中组部干部教育局副局长张家声，辽宁省委组织部副部长赵战鼓，大连市副市长何建中，大连市委组织部副部长马辉，我校党委书记兼中国大连高级经理学院院长林安西，工程院院士、校长欧进萍等领导出席了开班仪式。据悉，今年将共有240名“国字号”高级经理人来校培训，学员几乎涵盖了所有重点国有企业。

5月14日～15日 教育部组织的专家组对我校“十五”“211工程”建设项目的完成情况、建设成效及经费使用情况等进行了全面考察。专家组在听取建设情况汇报、实地考察建设项目以及和项目负责人、学科带头人、中青年骨干教师进行座谈等充分调研的基础上，对我校“十五”“211工程”建设项目取得的成果给予充分肯定。

5月15日 2006年辽宁省普通高校毕业生就业工作会议在辽宁大厦隆重举行。大会对2004～2005年度在毕业生就业工作方面做出贡献的先进集体及优秀个人予以表彰。授予我校“2004～2005年辽宁省普通高校毕业生就业工作突出贡献奖”先进集体称号，我校党委副书记兼副校长姜德学荣获“2004～2005年辽宁省普通高校毕业生就业工作突出贡献奖”优秀个人。此外，我校戴倩云等14位同志荣获“2004～2005年辽宁省普通高校毕业生就业工作优秀工作者”称号。

5月17日～20日 教育部组织专家组对我

校英语专业进行了本科教学工作评估。经过充分调研、认真研究和讨论,专家组形成了评估意见,对我校英语专业在学科规划、师资队伍、教学资源、教学内容和管理、教学效果等方面所取的成绩给予了肯定。

5月25日 校党委书记、校务委员会主任林安西与日本岩手大学校长平山健一先生共同为"大连理工大学-岩手大学国际联合与技术转移中心"揭匾。签约暨揭匾仪式在图书馆多功能厅举行。日本岩手县知事增田宽也先生等一行,辽宁省外事办副主任赵建国,大连市外国专家局副局长郭秀武,大连市外事办等有关部门领导,我校副校长郭东明出席了签约仪式。

5月26日~28日 由教育部组织的"国家示范性软件学院"建设项目验收专家组莅临我校,对我校"国家示范性软件学院"建设项目进行了为期三天的检查验收。验收汇报会在开发区校区软件学院综合楼会议室举行。专家组成员有:北京工业大学副校长兼软件学院院长侯义斌、中国科技大学信息科学学院副院长王煦法、天津大学软件学院副院长张钢、中软国际有限公司副总经理唐振明、东方通科技公司技术总监李春青。我校副校长兼软件学院院长沈宏书、软件学院副院长惠晓丽、王秀坤、薛强、徐胜君、霍星及有关部门负责人和教师代表出席了汇报会。

5月29日 我校阳光创业团队、一片片蓝莓创业团队、让梦飞翔创业小组获得了第四届"挑战杯"辽宁省大学生创业计划大赛金奖,同时获得了9月份参加全国"挑战杯"大学生创业计划大赛的资格。

6月7日 以中央军委法制局副局长朱建业、国务院法制办处长姚茂斌、教育部体卫艺司调研员赵延平、共青团中央宣传部副处长吴国雄等一行六人组成的国家国防教育检查组对我校贯彻落实《国防教育法》和国防教育工作进行检查指导。检查组领导听取了我校党委副书记兼副校长姜德学所作的工作汇报,并实地检查了《国防教育法》贯彻和国防教育工作开展情况。检查组认为,大连理工大学扎实开展国防教育工作,《国防教育法》贯彻得很好,并希望我校利用人才和科技优势,在开展全民国防教育中,发挥更大的社会辐射作用。

6月14日~18日 2006年"第十届机器人世界杯"紧随人类世界杯的步伐在德国不来梅举行,来自全世界36个国家和地区的440支队伍,约2500人参加了此次比赛。经过国内外激烈选拔赛,我国包括清华、北大、浙大、中科大、上海交大、同济、大连理工大学等高校在内的多支队伍入围决赛,代表我国参加了其中的六类赛事。我校大学生创新院组织的梦之翼队(英文名:Fantasia)代表我校参加了3D仿真组的比赛,并以8胜9平1负的战绩在本届机器人世界杯3D组入围的32支队伍中名列第11名,开创了我校学生走出国门,参加世界高水平的科技竞赛的先河。

6月21日 由我校和东北大学联合主办,我校承办的第六届全球智能控制与自动化大会在大连香格里拉酒店举行。来自12个国家和地区的1400多名智能控制和自动化领域的专家学者出席这一学术盛会。教育部副部长吴启迪、辽宁省副省长鲁昕、大连市副市长贺旻到会祝贺并讲话。中国自动化学会理事长戴汝为院士,我校校长欧进萍院士,东北大学校长赫冀成教授分别致辞。李衍达等10位国内两院院士,何毓琦等4位美国工程院院士应邀出席大会。

6月23日 代表国家哲学社会科学最高学术水平的国家社会科学基金2006年度项目评审结果揭晓,我校获得2项,分别是人文学院王前教授申报的"以'道''技'关系为核心的中国技术哲学研究"(哲学)和管理学院仲秋雁教授申报的"基于作者共被引和元分析的知识管理流派研究"(图书馆、情报与文献学),共获研究经费14万元。

6月27日 我校与中科院沈阳分院签署全面合作协议。根据协议,我校与中科院沈阳分院将本着"资源共享、平等互利、优势互补、合作共赢"的原则,在探索和拓展合作领域与合作模式、高效利用双方科技教育资源,进一步加强相关学科的交流、协同创新以及构筑高素质创新人才学术交流平台,联合培养研究生和博士后等多个方面开展合作。协议的签订有利于双方进一步贯彻落实国家、省科技大会精神和中长期科技发展规划，加快建设区域创新体系，提高自主创新能力，更好地为国家和地方经济建设及社会发展服务。

6 月 29 日 省委在辽宁人民会堂隆重召开全省庆祝中国共产党成立 85 周年暨总结保持共产党员先进性教育活动大会。省委书记、省人大常委会主任李克强出席会议并作重要讲话。省委副书记、省长张文岳主持会议。会议表彰了先进基层党组织和优秀共产党员、优秀党务工作者，我校党委被评为先进党委。

6 月 在 2006 年全国大学生英语竞赛决赛中，经过激烈角逐，我校 12 名参赛选手中刘硕、陈广明、吕晓燕、刘宇、蓝欣怡、王朝、郭一平 7 名学生获得特等奖，李云、温静涵、刘琪、吴熙、石倩 5 名同学获得一等奖。另外，学校教务处获得竞赛优秀组织单位奖，郭梅等 12 位教师获优秀指导教师奖，于迎昕、尹平凡两位教师获得竞赛优秀组织个人奖。我校在辽宁省已经连续 4 年保持获得特等奖人数第一的好成绩。

7 月 4 日 首届东北三省高校后勤社会化改革校长论坛在我校召开。教育部规划司后勤处处长朱宝铜，辽宁省教育厅副厅长何晓淳，吉林省教育厅副厅长迟学智，辽宁省高校后勤研究会理事长朱恩田，黑龙江省教育厅规划处处长李维校等出席了此次论坛。

7 月 16 日 在中国科学院院士、科学家、教育家、工程学家钱令希教授 90 华诞之际，《力学与工程应用》文集首发式和《力学与工程应用》系列报告会隆重举行，以出版学术文集和举办学术交流活动的形式向钱老九十寿辰献礼。

7 月 在苏格兰举行的国际炭科学国际会议上，化工学院邱介山教授被推举为国际著名刊物 CARBON 的副主编（Editor），合同任期从 2006 年 10 月开始。

8 月 7 日 由中国石化、中国石油、中国化工、中国电力、中国冶金施工（建设）协会、中建协核工业分会和我校七家单位联合举办，中国石化施工企业管理协会大型吊装和运输专业委员会承办的第一期吊装工程师培训班开学典礼在我校举行。

8 月 20 日 2006 年全国优秀博士学位论文评选工作已经全部完成。共有 99 篇学位论文被评为全国优秀博士学位论文；137 篇学位论文被评为全国优秀博士学位论文提名论文，其中我校有 3 篇博士论文获提名。

8 月 24 日 为进一步推动我省学科建设工作，增强各高校间的交流，推广学科建设中的先进经验，省教育厅组织召开了“辽宁省高校学科建设工作研究会 2006 年会”。我校获得“辽宁省高校学科建设工作先进集体”荣誉称号。

8 月 25 日 教育部召开新闻发布会，公布了 8 月 16 日教育部作出对第二届高等学校教学名师奖获奖教师进行表彰决定的有关情况。我校化工学院化学系主任兼基础化学实验中心主任、国家工科化学教学基地负责人孟长功教授名列其中。他是继高占先教授被评为首届国家级教学名师之后，我校第二位国家级教学名师奖获得者。

9 月 1 日 雷清泉院士兼职教授聘任仪式暨学术报告会在三束材料改性国家重点实验室会议室举行。我校校长欧进萍院士、副校长邹积岩出席了聘任仪式。

9 月 5 日 “东北大学金属材料研究所—大连理工大学材料科学与工程学院联合研究中心（IMR-DUT Research Center）”揭牌仪式在日本东北大学举行。位于日本东北大学校内的研究中心是在双方去年签订的关于成立“大连理工大学材料科学与工程学院—日本东北大学金属材料研究所联合研究中心”协议书及备忘录的基础上，作为协议书的重要组成部分——双方互设的联合研究中心之一，经过半年多紧张而有序的筹备工作，于今年 9 月正式成立的。

9 月 4 日～5 日 2006 中俄等离子体高科技研讨及项目合作洽谈会在我校国际会议中心举行。会议就等离子体技术相关领域的科学与应用问题进行了研讨，并在中俄专家和大连市企业间展开项目合作洽谈。中国工程院院士闻立时，我校副校长郭东明，中俄双方等离子体研究领域的专家学者出席了会议。

9月6日 由团中央学校部副部长李小豹为组长,新华社山东分社副总编丁锡国、教育部思政司宣传处副处长荆辉等为成员组成的中央督查组,对我校贯彻落实中共中央国务院《关于进一步加强和改进大学生思想政治教育的意见》(中央16号文件)进行检查指导。督查组听取了我校党委书记林安西所做的工作汇报,就关心的问题同我校领导和有关部门负责同志进行了座谈,并实地考查了学校加强和改进大学生思想政治教育工作开展情况。

9月15日 我校化工学院化学系主任兼基础化学实验中心主任、国家工科化学教学基地负责人孟长功教授,被中国教科文卫体工会全国委员会授予"全国师德标兵"荣誉称号。

9月16日 校长欧进萍院士与瑞典皇家工学院院长 Anders Flodström院士共同为物理与光电工程学院成立揭牌。瑞典皇家科学院Börje Johansson 院士成为我校首任外籍院长。

9月27日 由我校机械工程学院承办的"第九届磨粒加工技术国际会议(ISAAT2006)"在科技园国际会议中心举行。来自国内外178名专家学者参加了会议,其中来自欧、美、澳洲、日本、韩国和港台地区的海外学者80人。国际磨粒技术学术委员会主席 Prof Jun'ichi Tamaki,副主席 Prof Tsunemoto Kuriyagawa,大连市科学技术协会副主席吴纪华先生,我校副校长郭东明教授以及有关部处负责人、机械学院负责人等出席了开幕式。

10月5日~8日 "2006中国机器人大赛暨首届 RoboCup 中国公开赛"在苏州举行,我校大学生创新院组织的梦之翼队(英文名:Fantasia)代表我校参加了 RoboCup 足球机器人项目中的3D仿真组和小型组比赛,其中3D仿真荣获2006中国机器人大赛和 RoboCup 中国公开赛两项冠军,小型组荣获第六名。

10月17日 学校在土木水利学院会议室举行仪式,聘请中国葛洲坝集团副总经理兼总工程师周厚贵为我校兼职教授,校党委副书记孔宪京教授向周厚贵总工程师颁发兼职教授聘书并佩戴校徽。

10月15日~18日 第五届"挑战杯"中国大学生创业计划竞赛终审决赛在山东大学举行。竞赛中,我校的阳光创业小组最终进入全国终审决赛并最终获得"挑战杯"大学生创业计划银奖。

10月16日~18日 由教育部教育管理信息中心主办的"第六届全国多媒体课件大赛"决赛于16日在北京举行,我校化工学院刘志广的《物理化学场景式网络虚拟实验室》多媒体课件荣获大赛一等奖,机械学院胡青泥的《机械制图网络课程》和刘志广的《场景式有机化学网络虚拟实验设计平台》多媒体课件获得大赛二等奖,机械学院王丹虹的《机械制图电子题解》和化工学院张华的《现代有机波谱分析》多媒体课件获得三等奖。

10月22日 我校在首届"辽宁省大学生创业成果展洽会"上荣获首批"辽宁省创业工作示范校"称号。

10月23日 我校在伯川图书馆多功能厅举行仪式,聘请日本东北大学副校长山本嘉则教授为我校名誉教授,校长欧进萍院士向山本嘉则教授颁发名誉教授聘书,并为他佩戴校徽。随后,欧进萍校长和山本嘉则副校长共同为大连理工大学-日本东北大学催化科学联合研究中心揭牌,这是我校和日本东北大学联合建立的第二个研究中心。

10月26日 中国共产党辽宁省第十次代表大会胜利闭幕,会议选举产生了新一届中国共产党辽宁省委员会、省纪律检查委员会。我校党委书记林安西同志当选为新一届省委委员。

11月1日 经过专家委员会各位专家的认真评审和领导小组最终认定,我校机械学院钱敏被评为首届"大连优秀工程师标兵"。首届"大连优秀工程师标兵"评选出10人,另有100人被评为首届"大连优秀工程师"。

11月1日 在刚刚结束的"新世纪百千万人才工程"评选中,教育部直属高校共有90位教师入选,占总入选人数530人的17.0%,入选率为40.2%。我校管理学院胡祥培教授入选。

11月4日 由全国哲学社会科学规划办公室组织的2006年度国家社科基金重大项目招投

标和评审工作日前结束。我校管理学院迟国泰教授做为首席专家投标的《全面贯彻落实科学发展观的综合评价体系》项目获准立项，资助经费50万元。这是我校首次获得国家社科基金重大项目立项。

11月6日～9日 由我校工程力学系和工业装备结构分析国家重点实验室主办的第四届中日韩结构与机械系统优化学术会议在昆明召开。我校程耿东院士任大会主席，力学系刘书田教授任大会组委会主席。来自中国、日本、韩国的137名代表和2位来自美国和丹麦的特邀学者参加了此次会议。会议得到了我校、中国计算力学学会和中国自然科学基金委员会的支持。

11月8日 我校副校长邹积岩在伯川图书馆贵宾厅会见了大连理工大学—瑞典皇家工学院联合研究中心外方主任 Anders Hagfeldt 教授一行，Anders Hagfeldt 教授受聘为我校客座教授。

11月11日 中国科学院数学与系统科学研究院副院长汪寿阳教授受聘为我校兼职教授仪式暨汪寿阳教授学术报告会在管理学院六角楼举行。副校长李志义，中国工程院院士王众托，管理学院党委书记党延忠，院长苏敬勤等出席了仪式。

11月13日 学校召开研究生培养机制改革工作布置会。校长欧进萍，校党委副书记兼副校长姜德学、副校长薛光、邹积岩、李志义，学校研究生培养机制改革领导小组成员，研究生院、各院、系(部)及高科技研究院主要负责人和主管研究生工作负责人参加了会议。

11月13日 学校在伯川图书馆普罗名特厅举行仪式，授予美国纽约州立大学教授 Denis Fled Simon 博士为我校客座教授。

11月13日 辽宁省教育厅发出《关于批准在部分普通高等学校建立紧缺本科人才和艺术类人才培养基地的通知》(辽教发[2006]131号)，我校被批准建立石油化工技术人才培养培训基地。

11月14日 根据教育部关于印发普通高等教育"十一五"国家级教材规划选题的通知，我校有43种选题被列入"十一五"国家级教材规划。

11月15日 由国家知识产权战略制定工作领导小组常务副组长、国家知识产权局张勤副局长一行9人来我校进行国家知识产权战略制定工作调研。辽宁省知识产权局胡权林局长、王杰副局长、大连市科技局(知识产权局)施中岩副局长、我校知识产权委员会办公室和专利中心等人员参加了会议。

11月20日 在武汉举行的庆祝中国高校"伙专会"成立二十周年大会上，我校饮食中心申报的中心食堂荣获"中国百佳食堂"称号。同时，饮食服务中心被评为2006年度行业先进单位，张福仁同志被评为先进个人。

11月28日 校长助理李俊杰率队参加了浙江省台州市路桥区政府举行"大连理工大学中朋机电研发中心"签约仪式。台州市路桥区副区长叶勤华主持签约仪式并致欢迎辞，李俊杰在会上介绍了近两年来我校与路桥区建立全面合作关系的合作项目，并简要介绍了我校的基本情况。

12月9日 由中央电视台、亚太 MBA 联合会联合中国二十家主流媒体及亚太地区百所知名大学管理学院共同举办"国际 MBA 群英会暨2006中国 MBA 人物评选活动"，推选"推动中国 MBA 贡献人物"和"中国 MBA/EMBA 风云人物"，在北京举行盛大颁奖典礼。我国著名国务活动家、经济学家袁宝华获得"推动中国 MBA 教育发展终身成就奖"，我国德高望重教育家、原大连工学院(大连理工大学前身)老院长屈伯川和美国前商务部副部长巴鲁奇荣获"推动中国 MBA 教育特别贡献奖"，大连理工大学管理学院喜获大会惟一学院奖"中国 MBA 教育开拓奖"，另外大连理工大学校友冯丹龙荣获"中国 MBA 风云人物"奖、杨汉松荣获"中国 EMBA 风云人物"奖。

12月15日 我校代表团参加了在北京举行的2006创新中国暨2006年全国三位数字建模大赛颁奖典礼。我校在首届全国三维数字建模大赛技能赛中，王宝华、田炳龙同学获一等奖，王博同学获二等奖，赵国凯同学获三等奖。

12月22日 曾宪梓教育基金会在北京人民

大会堂举行了“第二期优秀大学生奖励计划”2006年度颁奖大会。我校电气工程系李蕊同学、管理学院刘云福同学喜获该项奖励计划“优秀大学生标兵”称号。

12月26日 教育部在北京召开“2006年度中国高等学校十大科技进展”评选结果揭晓暨颁奖仪式,教育部副部长赵沁平出席会议并发表讲话。北京大学、大连理工大学共同完成的“磁重联零点及其邻近磁场结构的卫星观测研究”名列榜首。王晓钢教授作为入选项目代表出席会议并接受表彰。

12月27日 在辽宁省科教文卫体工会表彰大会上,我校被授予辽宁省科教文卫体系统“模范职工之家”称号。

12月28日 2006年全民国防教育先进单位、先进个人表彰会议在北京隆重召开。我校在会上荣获“全民国防教育先进单位”荣誉称号,是辽宁省获得此项称号的惟一一所高校。

12月31日 教育部公布了第二批国家级实验教学示范中心评审结果(“教育部关于公布第二批国家级实验教学示范中心名单的通知”教高函[2006]33号),我校工程训练中心在综合性工程训练中心类别中位列榜首。